·南开大学学术专著建设项目"新生代农民工信息能力研究"（91922254）
·南开大学中央高校基本科研业务费项目"信息资源管理学科团队建设"（63192406）
·南开大学亚洲中心项目"农村地区信息贫困治理体系与制度供给路径研究"（AS2001）

新生代农民工信息获取与分化研究

樊振佳 著

XINSHENGDAI NONGMINGONG
XINXIHUOQU YU FENHUA YANJIU

中国社会科学出版社

图书在版编目(CIP)数据

新生代农民工信息获取与分化研究/樊振佳著. —北京：中国社会科学出版社，2020.8
ISBN 978-7-5203-6419-5

Ⅰ.①新… Ⅱ.①樊… Ⅲ.①信息技术—农民教育—研究 Ⅳ.①G202

中国版本图书馆 CIP 数据核字（2020）第 071101 号

出 版 人	赵剑英
责任编辑	刘 艳
责任校对	陈 晨
责任印制	戴 宽

出　　版	中国社会科学出版社
社　　址	北京鼓楼西大街甲158号
邮　　编	100720
网　　址	http://www.csspw.cn
发 行 部	010-84083685
门 市 部	010-84029450
经　　销	新华书店及其他书店

印　　刷	北京明恒达印务有限公司
装　　订	廊坊市广阳区广增装订厂
版　　次	2020年8月第1版
印　　次	2020年8月第1次印刷

开　　本	710×1000　1/16
印　　张	16
插　　页	2
字　　数	223 千字
定　　价	86.00 元

凡购买中国社会科学出版社图书，如有质量问题请与本社营销中心联系调换
电话:010-84083683
版权所有　侵权必究

目 录

第一章 绪论 …………………………………………………………（1）
　第一节 研究背景与意义 ………………………………………（1）
　　一 现实背景 …………………………………………………（1）
　　二 理论背景 …………………………………………………（4）
　　三 背景反思 …………………………………………………（6）
　　四 研究意义 …………………………………………………（8）
　第二节 研究对象与问题 ………………………………………（9）
　　一 研究对象 …………………………………………………（9）
　　二 研究内容 …………………………………………………（11）
　　三 研究问题 …………………………………………………（12）
　第三节 研究思路与方法 ………………………………………（13）
　第四节 结构与创新点 …………………………………………（14）
　　一 本书结构 …………………………………………………（14）
　　二 主要贡献与创新点 ………………………………………（16）

第二章 研究综述 ……………………………………………………（17）
　第一节 文献调研总体描述 ……………………………………（17）
　　一 文献来源 …………………………………………………（17）
　　二 基本描述 …………………………………………………（19）
　第二节 信息分化研究 …………………………………………（26）

一　信息分化研究对象 …………………………………………（27）
　　二　信息分化内涵及表现维度 …………………………………（31）
　　三　信息分化影响因素 …………………………………………（36）
第三节　信息能力研究 ………………………………………………（38）
　　一　信息能力研究对象 …………………………………………（38）
　　二　信息能力内涵及表现维度 …………………………………（40）
　　三　针对农民和农民工群体的信息能力研究 …………………（43）
　　四　典型的信息能力模型 ………………………………………（52）
第四节　信息社会问题综合研究 ……………………………………（60）
　　一　基于信息能力的信息分化研究 ……………………………（60）
　　二　整体性的研究视角 …………………………………………（62）
　　三　面向发展的研究取向 ………………………………………（65）
第五节　本章小结 ……………………………………………………（67）

第三章　信息能力概念框架与模型构建 ………………………………（71）
第一节　理论基础 ……………………………………………………（71）
　　一　可行能力理论 ………………………………………………（71）
　　二　信息世界理论 ………………………………………………（75）
　　三　效用主义哲学 ………………………………………………（78）
　　四　意义建构理论 ………………………………………………（80）
　　五　赋权理论 ……………………………………………………（80）
第二节　信息能力概念框架梳理 ……………………………………（82）
　　一　信息能力概念基本框架 ……………………………………（82）
　　二　信息能力概念扩展框架 ……………………………………（85）
第三节　信息能力模型构建 …………………………………………（88）
　　一　扎根理论过程 ………………………………………………（88）
　　二　信息能力关联因素 …………………………………………（95）
　　三　信息能力表现维度 …………………………………………（99）

四　信息能力一般模型 ……………………………………（100）
　第四节　本章小结 ………………………………………………（104）

第四章　新生代农民工信息能力的实证调查 ……………………（106）
　第一节　调查设计与实施 ………………………………………（106）
　　一　新生代农民工群体基本特征 ……………………………（106）
　　二　新生代农民工信息能力相关假设 ………………………（109）
　　三　问卷设计与调查实施 ……………………………………（111）
　　三　访谈设计与调查实施 ……………………………………（115）
　第二节　问卷调查结果描述 ……………………………………（117）
　　一　概括描述 …………………………………………………（117）
　　二　基本信息活动 ……………………………………………（121）
　　三　可用资本情况 ……………………………………………（126）
　　四　信息能力认知 ……………………………………………（130）
　第三节　访谈结果描述 …………………………………………（133）
　　一　概括描述 …………………………………………………（133）
　　二　部分案例 …………………………………………………（135）
　第四节　本章小结 ………………………………………………（138）

第五章　调研结果分析与讨论 ……………………………………（140）
　第一节　量化分析与讨论 ………………………………………（140）
　　一　结构因素 …………………………………………………（141）
　　二　能动性因素 ………………………………………………（145）
　　三　具体情境 …………………………………………………（156）
　　四　个体发展 …………………………………………………（159）
　　五　假设检验结果汇总 ………………………………………（160）
　　六　关键关联因素讨论 ………………………………………（162）
　第二节　质性分析与讨论 ………………………………………（169）

一　信息能力认知 ·· (169)
　　二　信息能力期望 ·· (172)
　　三　改善信息能力的行动 ·· (173)
　　四　讨论与思考 ··· (174)
　第三节　新生代农民工信息能力模型 ································ (179)
　第四节　新生代农民工信息分化类型 ································ (181)
　第五节　本章小结 ·· (184)

第六章　新生代农民工信息能力改善对策研究 ··················· (186)
　第一节　信息能力改善的需求分析 ··································· (186)
　　一　新生代农民工信息能力改善的需求 ························· (186)
　　二　赋权途径的必要性 ·· (189)
　第二节　外力赋权对策 ·· (190)
　　一　新生代农民工信息能力改善的外部主体 ··················· (190)
　　二　宏观环境 ··· (192)
　　三　外力赋权对策 ·· (194)
　第三节　内力赋权对策 ·· (197)
　　一　自我赋权的情境 ··· (197)
　　二　不同类型的新生代农民工自我赋权过程对策 ············· (198)
　第四节　本章小结 ·· (200)

第七章　研究结论与展望 ··· (202)
　第一节　研究结论 ·· (202)
　第二节　研究贡献与创新点 ··· (204)
　第三节　研究局限和未来研究方向 ··································· (205)
　　一　研究局限 ··· (205)
　　二　进一步研究问题 ··· (206)

参考文献 …………………………………………………………（207）

附录 A　质性数据概况 ………………………………………（229）
附录 B　深度访谈大纲 ………………………………………（232）
附录 C　调查问卷 ……………………………………………（234）
附录 D　问卷设计及回收补充信息 …………………………（243）

后记 ……………………………………………………………（246）

第一章 绪论

作为全书绪论,本章旨在从整体上对本书脉络作简要说明,通过对研究背景的交代引出核心学术问题,围绕核心问题界定研究对象、研究内容并细化具体研究问题,结合研究内容和研究问题选用有针对性的研究方法,进而对全文结构、主要贡献和创新点作出基本描述。

第一节 研究背景与意义

一 现实背景

人类社会进入 21 世纪以来,以互联网为代表的信息和通信技术(ICTs)获得了突飞猛进的发展。特别是近十年,云计算、物联网、移动互联网、社交网络、大数据、智能交互等新技术接踵而至,这些新技术不再是专家、学者口中的概念,而已经深深影响着商业实践和日常生活。20 世纪 90 年代中期,尼古拉斯·尼葛洛庞帝(Nicholas Negroponte)提出"数字化生存"(Digital Survival)的概念[1],时至今日,我们真正进入了前面所述的以"云、物、移、大、智"等为新特征的"信息社会"(或"数字化时代")。此外,据中国互联网络信息中心(CNNIC)2015 年 2 月发布的统计数据显示[2],"截至 2014 年 12 月,中国网民规模达

---

[1] [美]尼古拉斯·尼葛洛庞帝:《数字化生存》,范海燕译,海南出版社 1997 年版。
[2] 中国互联网络信息中心:《CNNIC 发布第 35 次〈中国互联网络发展状况统计报告〉》(http://www.cnii.com.cn/internetnews/2015-02/04/content_1528557.htm)。

6.49亿，互联网普及率达47.9%。……我国互联网在整体环境、互联网应用普及和热点行业发展方面取得长足进步"。透过这些现象，不难看出，随着技术的进步，ICTs 几乎已经无孔不入地渗透到人们的生活，在前所未有的深度和广度上影响着人们的行为、生活方式、价值取向等社会生活的各个层面。

国际图联（International Federation of Library Associations and Institutions，简称 IFLA）在一份趋势研究报告[1]中指出信息社会的五大趋势，表现在：新科技将同时扩大及限制人们的信息获取权利、在线学习将均化与崩解全球教育的资源限制、隐私权与数据保护的边界将重新定义、超链接社会将倾听与授权新网络社群的声音和新技术将推动全球信息环境转变。

我们在充分享用技术进步带来的便利的同时，也应该清醒地认识到其伴随而来的一系列社会问题，我们生活在信息量极为丰富的时代，信息量的丰富并不必然导致信息资源的均衡分配和信息效用的普遍提升，由此引发的不平等和分化现象是信息社会无法回避的问题。

由于信息居于中心地位而造成了一系列问题[2]，例如：（1）因信息量增大而导致的信息收集代价上升；（2）信息已经变得富于技术性，加强信息传递媒介，将增加社会的开支；（3）人所能吸收的信息量有一定限度，信息越多，人所能获得的信息量的比例就越小。这样，吸收和利用信息要具备一定的条件，其中最重要的是主体自身的能力，能力不足常常导致有用信息的匮乏。因此，信息社会要求人们在有效获取和利用信息方面付出更大的成本，更完善地解决人们所受到的能力限制的问题成为具有紧迫现实意义的研究问题。

在信息社会，由于在 ICTs 和信息资源的获取、利用方面的差异，部分社会群体（如传统意义上的农民和农民工）沦为边缘和弱势群体，被贴上"信息贫困"的标签。按照学界对"信息贫困"的传统界定，信息

---

[1] IFLA, IFLA Trend Report 2013 (http://trends.ifla.org).
[2] 严翅君、韩丹、刘钊：《后现代理论家关键词》，江苏人民出版社2011年版。

贫困是信息社会发展过程中由于经济发展水平上的差距，导致在信息基础设施普及、信息技术开发和应用及信息获取、处理、吸收等方面产生差距而形成的一种社会贫困现象，是伴随信息革命和信息化浪潮出现的一种贫困类型。在以往的大部分研究中，信息贫困的人群通常被视为或基本等同于社会经济地位和人口学特征上处于劣势地位的群体。然而，传统意义上的一些社会弱势群体或边缘群体在新型ICTs主导的数字阶层分化中有可能实现跃迁流动而摆脱信息贫困乃至跨入信息富裕阶层。同时，我们也不难发现，同一社会阶层内还有一部分人依然保持着信息弱势地位，过去因为无法拥有和使用电话、计算机、互联网等信息设备、技术和资源而处于信息社会的边缘，现在仍然不能有效利用ICTs改变自己的处境，这是在同一社会阶层内部出现的"信息分化"状态。

新生代农民工是具有这种"信息分化"特征的社会群体之一，作为当前中国城市化进程中的重要社会力量，与传统农民工相比，他们在生活习惯、消费心理、价值取向等方面都表现出较为显著的差异，特别是在ICTs和信息资源获取、利用方面更加接近城市同龄人的状态。但是，该群体内部表现出了"信息分化"，在设备拥有、操作技能、网络接入、信息获取等多个方面都表现出差异，特别是在汲取信息效用和利用信息促进个人发展方面这种分化更加明显。在新的技术条件下，一部分人从原来的信息弱势群体逐渐变成拥有相对优势的群体，表现为拥有并使用智能手机，使用社交软件，每天甚至每时每刻都在获取、利用、产生、传播、共享大量信息，工作和生活的绝大部分信息需求也依赖于这些新设备和新技术。直观上来看，新的ICTs催生了新的信息贫富格局，为一些曾经的信息弱势群体提供了改善自身信息地位的机遇。

中国中央政府一直对信息分化问题给予高度的关注，在信息技术、信息化、信息资源等方面出台了一系列重大战略性指导文件，例如，2006年3月发布的《2006—2020年国家信息化发展战略》中明确提出了"坚持政府主导、社会参与，缩小区域之间、城乡之间和不同社会群体之间信息技术应用水平的差距，创造机会均等、协调发展的社会环境"的要求。国务院在 2013 年 8 月出台的《促进信息消费扩大内需的若干意见》(国发〔2013〕32 号) 中进一步提出"信息消费规模快速增长""信息基础设施显著改善"和"信息消费市场健康活跃"三大主要目标,并针对各个目标给出了具体指标,保证社会各个群体能够共享社会信息化带来的红利,关注弱势群体在信息化过程中不被边缘化,是科学研究和制度设计的共同取向。

二 理论背景

根据韦伯斯特（Frank Webster）的总结,信息社会至少可以从科技（Technological）、经济（Economic）、职业（Occupational）、空间（Spatial）和文化（Cultural）等视角来理解,除了上述方面,韦伯斯特还指出存在第六个视角,即强调"信息的特性改变了我们的生存方式"[①]。这些不同的视角在信息资源对社会变革和发展的主导地位这个问题上是存在共识的。

对信息社会问题的关注是图书馆学情报学（Library and Information Science）学科的传统,这一点在社会信息学（Social Informatics）、社群信息学（Community Informatics）等分支学科体现得更加明显。与"信息分化"属于近缘概念的有"信息/数字不平等""信息贫困""数字鸿沟"等概念,各个概念在内涵和外延方面有所差别,但本质指向都是信息社会的技术和信息资源不均衡分布现象。来自信息管理（国外对应的往往是 LIS 学科）、社会学、社会心理学、政府管理和公共政策等领域的学者在信息分化领域开展了不少卓有成效的研究工作,为该领域的后续科研提供了良好的研究切入点和理论情境。美国信息科学与技术协会（American Society for Information Science and Technology,简称 ASIST,2013 年更名为 Association for Information Science and Technology）在信息分化领域出版了一系列研究成果,Information and Equity (Lievrouw &

[①] ［英］弗兰克·韦伯斯特:《信息社会理论》（第三版）,曹晋等译,北京大学出版社 2011 年版。

Farb，2003）就是 ASIST 刊物《信息科学与技术年评》（简称 ARIST）中一篇颇具代表性的述评文章。面对数字鸿沟、信息分化等问题，Schiller 出版了《信息不平等：美国正在加深的社会危机》（Information Inequality：the Deepening Social Crisis in America）[1]，van Dijk 出版了《正在加深的鸿沟：信息社会的不平等》（The Deepening Divide：Inequality in the Information Society）[2] 等专著，都在信息分化的表现和根源分析方面做了系统的梳理与归纳。除此之外，我国部分学者也积极在信息分化领域开展研究工作，例如，谢俊贵[3]在"信息的富有与贫乏"领域的学术实践活动、曹荣湘[4]对"数字鸿沟"的长期关注、于良芝[5]提出"个人信息世界"概念作为逻辑出发点用于阐释信息不平等问题的努力等都为该领域的理论推进做出了积极的探索。

结构因素方面，从信息政治经济学视角来看，信息不平等的根源在于媒介所有权的集中、信息生产的垄断、信息的商品化与收入差距的拉大等宏观因素。在这些因素的作用下，那些在政治、经济、社会等方面占据优势地位的人也相应取得了在信息获取和利用方面的优势。该视角将信息分化理解为社会结构的产物，通过个体的建构很难产生出以信息平等为特征的新结构。

能动性因素方面，自我认知在很大程度上影响着信息主体对 ICTs 的认识和利用行为。ICTs 的作用并不能得到所有人的认同，例如一项在新西兰开展的研究[6]显示："并非所有的信息缺乏者（Information Have-nots）都希望变成信息拥有者（Information Haves），并且他们也不认为 ICTs 对

---

[1] Schiller H. I., *Information Inequality：the Deepening Social Crisis in America*, New York：Routledge, 1996.
[2] van Dijk J. A. G. M., *The Deepening Divide：Inequality in the Information Society*, Thousand Oaks：Sage, 2005.
[3] 谢俊贵：《信息的富有与贫乏：当代中国信息分化问题研究》，上海三联书店 2004 年版。
[4] 曹荣湘：《解读数字鸿沟：技术殖民与社会分化》，上海三联书店 2003 年版。
[5] 于良芝：《"个人信息世界"：一个信息不平等概念的发现及阐释》，《中国图书馆学报》2013 年第 1 期。
[6] Crump B. and McIlroy A., "The Digital Divide：Why the 'Don't-want-tos' won't Compute：Lessons from a New Zealand ICTS Project", *First Monday*, Vol. 8, No. 12, 2003.

于改变他们的生活质量能起到积极的作用……这些人相信他们足以胜任他们的工作和交流,当问起是否感觉被(信息社会)'遗忘'的时候,有四分之三的人回答没有这种感觉。"不同的人对ICTs的认同为什么会产生不同的看法?为什么有些人宁可节约其他方面的开支,也要在ICTs设备和信息服务方面提升自己的消费水平,而另外一些人对ICTs和信息却依然保持漠视甚至排斥的态度?

除了上述两方面之外,如果信息主体能够接受并利用ICTs,利用技术手段固然有可能提升信息获取和利用水平,有助于改善信息弱势处境,但有一点不能忽视,信息并不总是在那里等着被索取,而是可能被拥有者占有并刻意隐藏起来,技术装备的先进性、信息素养的增强是摆脱信息弱势地位的必要条件,但并非充分条件,除此之外,至少还要考虑一个现实因素:信息资源流动的制度性约束(例如,政府信息的公共获取过程,关键不在于信息技术和信息主体的信息素养,而是制度或其他层面的限制)。

三 背景反思

"信息分化"现象背后的一系列问题值得思考:为什么同样的ICTs却不能被不同的群体同等程度地获取和利用?是由于已有的结构因素限制了他们的信息获取和利用自由,还是他们自身的能动性因素导致了这种自由被剥夺?如果承认结构因素和能动性因素都会对这种分化产生作用,那么二者又是以怎样的关系共同作用于信息主体的信息获取和利用过程的?如何保证这种分化中的弱势群体可以获得有效的救济和帮扶以摆脱弱势地位?哪些社会主体通过什么样的途径可以提供这种保障?……

上述的一系列问题涉及多个方面,我们无法通过某一个学科的理论解释或通过对某个领域的研究给出圆满的解答。现有的文献分布表明,来自图书馆学情报学、社会学、新闻传播、公共管理等多个学科的学者和实践领域的实践者都对这些问题给予了很大的关注。上述问题基于不同理论视角都获得了不同程度的解释或回答,在很大程度上对于我们全面理解"信息分化"问题起到了推动作用。但是,这种多元视角的解答也存在一定的缺陷,基于不同理论视角得出的结论可能无法获得坚持其他理论视角的研究者的认同(例如,强调技术接入的数字鸿沟研究视角得出的一些推广ICTs的建议,往往就无法获得强调主体能动因素影响的研究者的认可,甚至还会被质疑带有"技术殖民"的色彩)。正因为如此,国内有学者[①]呼吁信息社会问题应走向整体性研究,即从个人与社会、结构与主体能动性、客观与主观的交互作用中,探寻信息分化和信息贫困现象的根源,研究视野也相应地从宏观社会关系逐步转向具体社会群体甚至个体的特性,这是当今信息社会问题特别是信息分化问题研究中表现出的一个趋向。

如何定义信息贫困问题?这种贫困状态是绝对贫困(Absolute Poverty)还是相对贫困(Relative Poverty)?如果是绝对贫困状态,那就意味着是一种最低水平,即缺少维持基本生存的信息资源这样一种状态,实际上几乎没有人处在这种状态。相对贫困状态则是,相比于整个国家或其他类型的整体处于社会底层的人群,不论他们的生活方式如何都被认为处于低下的水平。例如,那些在农村地区的"万事通"(消息灵通的人)在所在地区显然不是信息贫困人群,当他们刚刚前往信息技术发达的陌生城市地区务工时,很有可能被认为是所在城市的信息穷人,因为他们在短时间内不能借助先进的设备和技术手段获取并利用主流文化认为重要但并非生存必需的信息资源。从这个意义上讲,即使一个人被认定为信息穷人,也很有可能比一个几十年前的"信息富人"在信息获取和利用方面"富裕"得多。

所以说,信息贫困是外界强加给特定群体的标签,尽管已经不乏一些试图通过量化指标来测度信息贫富程度的成果,但就信息贫困这个定义本身来说,是存在争议的,或者说信息贫困本身就是一个有缺陷的

[①] 于良芝、刘亚:《结构与主体能动性:信息不平等研究的理论分野及整体性研究的必要》,《中国图书馆学报》2010年第5期。

定义。

有些人拥有先进的智能设备（如智能手机、iPad 等），或者居住在公共图书馆附近，但他们在日常工作和生活中并没有在信息获取和利用方面表现出相应的优势。在现有研究中，这种现象往往被归因为信息意识低下或技能不足，但他们未必认同这种状态和归因，并且还有可能认为自身获取和利用信息的状态是良好的。在信息获取和利用方面，不同的群体为什么会出现如此显著的认知偏差呢？

按照社会学的观点，底层阶级（Underclass）一般指的是长期缺乏技能和培训的群体。那么，信息贫困最终不仅仅是信息资源匮乏的问题，而是与社会和文化资源密切相关的问题。信息贫困与其他类型的贫困有相关关系，信息贫困不应当被单独考察，而应该与信息主体所处的社会经济状态和发展目标结合起来考察。从这个意义上讲，信息分化研究有必要强调信息对信息主体的实际意义，而不仅仅是信息资源的分配。通常，向上社会流动（Social Mobility）的理念是一项普适的价值观。我们需要寻找一个合适的逻辑起点（概念）来重新认识信息贫困和信息分化问题，并且不能仅仅局限在信息领域本身讨论信息分化问题，应该指向信息主体的实际发展需求。

综上，就现有现实和理论双重背景而言，要想对新生代农民工的信息分化现象有较为深入的审视和解读，寻求整体性（Integrated）、以人为本（Human Centered）、超越信息和技术（Technology and Information Beyond）的研究视角和逻辑起点是必要的。

四　研究意义

受到所处的经济、政治、社会、文化等结构因素的限制，不同的个体在对技术和信息资源的获取方面表现出差异，并且，还有不少人因为自身的知识水平、信息意识、信息技能等因素的限制，在能动性方面也无力去弥补结构性方面的缺陷，进而形成叠加效应，使得信息分化问题在这些个体身上表现得更加严重。与此同时，我们也发现，部分个体能够跨越自身所在的"数字阶层"去积极寻求信息获取和利用手段,在信息行为方面呈现出"跃迁"现象,这些"特例"在实践层面证明了不同的因素是可以彼此互补的,这种"互补"形成的原因及各因素的作用机制就成为需要关注的学术问题。综合考虑结构因素和能动性因素的"整体性"研究是一种可能更具解释力的研究取向。基于这方面的考虑,寻找新的逻辑起点甚至构建新的研究思路是有必要的。

信息主体的信息能力应当至少考虑信息素养、可用资本和信息效用这三个方面的内容,这三个方面在现有文献和实践领域都有所关注,但是并未形成统一的研究框架,本书尝试从整体性视角重构信息能力概念框架和模型并用于考察信息分化,是一个值得探索的研究途径。从这个意义上讲,本书具有一定的理论价值。

新生代农民工,作为一个特殊的社会群体,在生活习惯、文化习俗、就业取向、价值目标等方面更接近于城市市民,并且与传统农民工相比有了更多自主和自觉意识[①],但因为制度和体制原因在短时期内难以真正融入城市生活。该群体处于过渡转型期,从思想上更加接近城市群体,也不会轻易放弃城市的生活方式。他们从文化上已经或者正在脱离农村,生活方式和文化价值观都将更加紧密地与城市相融合。目前,新生代农民工群体的信息行为研究相对较为分散,基于ICTs快速发展并广泛渗透、新生代农民工的社会角色及其转型等问题日益紧迫及推动相关信息政策完善等多重现实情境,研究新生代农民工信息能力及信息分化的问题,具有相对重要的现实意义。

第二节 研究对象与问题

一 研究对象

本书的研究背景是信息分化,研究主题是新生代农民工信息能力,

[①] 王春光:《新生代农村流动人口的社会认同与城乡融合的关系》,《社会学研究》2001年第3期。

现将关于研究对象群体的选取和相关概念说明如下。

为了便于描述、解释和验证的操作，本书选取新生代农民工作为研究对象群体，因为该群体至少要满足以下特征：第一，该群体确实存在较为明显的信息分化现象，即不同的主体在ICTs和信息获取、利用方面存在较为明显的差异；第二，这个群体普遍具有较强的"发展"追求并确实有案例表明借助ICTs和信息优势可以实现这种追求；第三，这个群体对研究者本人来说是比较容易介入和开展调研的。

本书所使用的"新生代农民工"概念，参照国家统计局给出的界定："1980年及以后出生的农民工"，本书仅从如下方面对"新生代农民工"做界定性描述：在城市务工的青少年农民工群体（根据问卷反馈情况，绝大部分受访对象为1980年以后出生，本书实际操作中将个别出生年介于1976—1980年的样本也纳入统计范围）。

本书各章节所涉及的术语，绝大部分为图书馆学情报学领域通用意义上理解的概念，非特定语境下使用一般不再作专门界定。为了避免理解上的歧义，部分来自其他学科的、图书馆学情报学领域较新提出和根据研究需要本书重新界定的重要概念介绍如下：

（1）信息能力（Information Capability）

信息能力指信息主体为了满足某种信息需求在特定语境下可以自由发挥的信息行为能力，是信息主体在信息行为中拥有的实质性的自由。信息能力与结构因素、能动性因素和信息行为具体情境等因素相关。具体论述请参见第二章和第三章相关内容。

（2）信息效用（Information Utility）

信息主体的信息活动为个人福利所带来的实际效果，即信息需求获得满足之后对信息主体现实目标的影响，具体可以表现在个人经济社会地位的提升或个人身心健康程度的提高等方面。

（3）信息分化（Information Differentiation）

信息分化，简单理解即不同信息主体在信息获取和利用方面表现出来的差别化现象，既可以指群体之间的差别，也可以是某个群体内部不同个体相比较体现的差别。本书界定的信息分化为新生代农民工群体内部的信息分化，同时，引入信息效用维度，即新生代农民工群体的内部分化除了体现在信息设备的拥有和使用、信息资源的占有、信息技能的高低及信息吸收利用水平的差别等方面之外，还体现在利用信息所取得实际效果的差异方面。

二 研究内容

前面提到，即使同一个社会群体内部也依然会出现"信息分化"问题，并且伴随着这种分化还有可能导致一部分个体实现"社会流动"（如某些处于社会较低阶层的主体借助于ICTs和信息优势改善了自己的经济社会地位），如果这种"社会流动"对于主体而言是符合其追求目标的话，就可以被视为一种"发展"状态。据此，我们至少可以描述成，"信息分化"跟"个体发展"存在一定的关系，尽管直观上二者的联系不容否认，但是稍加分析就不难发现，直接将二者作为自变量和因变量是很牵强的，我们需要寻找一个与二者具有共同关系的概念。本书尝试重构"信息能力"的概念并将其作为研究"信息分化"的逻辑出发点，这是一个兼顾结构因素和能动性因素并且关注具体情境的概念，而且较好地连接了"信息分化"与"发展"这两个概念。

根据上述研究需求，本书的研究目标是：结合信息能力领域现有研究成果及相关理论基础，通过质性材料扎根理论实现对信息能力概念框架及模型的重构，将信息能力作为信息分化研究的逻辑出发点，选定新生代农民工群体作为研究对象，检验信息能力的模型在该群体的适用性，并在进一步分析该群体信息能力关键关联因素的基础上开展信息能力改善对策研究。

本书的研究内容主要包括如下方面：

（1）利用文献综述对信息分化和信息能力及其相关领域成果开展述评，重点在表现维度、影响因素及信息能力模型梳理等方面；

（2）基于信息能力领域现有成果梳理总结信息能力概念的基本框

架，结合相关理论对其进一步扩展形成信息能力概念扩展框架，对信息能力内涵和外延作出重新界定；

（3）通过质性材料扎根理论分析信息能力关联因素及表现维度，结合信息能力概念框架实现对信息能力一般模型的重构；

（4）基于信息能力一般模型，提出信息能力关联因素的基本假设，并据此设计针对新生代农民工群体的问卷调查和访谈方案，结合具体实证数据，对相关假设进行检验，分析新生代农民工信息能力关键关联因素并据此划分该群体信息分化类型；

（5）基于新生代农民工信息能力模型和信息分化类型，分析新生代农民工信息能力改善的需求和条件，针对该群体信息能力改善开展对策研究。

三 研究问题

鉴于来自现实和理论两方面的情境需求，本书在ICTs推进的背景下，围绕"以信息效用为导向，信息主体在信息能力方面存在怎样的差异及这种差异的原因"这一核心问题，重点从信息能力概念及模型的重构及其对信息分化的解释两方面开展质性研究和量化研究，核心问题可以进一步细分为若干具体问题，在接下来的章节中针对细分的问题分别展开分析讨论。相关问题细化为如下具体研究问题：

（1）信息分化与信息能力领域现有研究成果主要在哪些方面为本书提供支持？存在哪些不足？二者是否存在理论衔接点？

（2）信息能力领域现有成果可以提取什么样的信息能力概念框架？

（3）基于整体性视角、以人为中心和关注效用的研究取向，哪些理论基础可以为信息能力概念的扩展提供支持？

（4）本书重构的信息能力概念内涵和外延是什么？

（5）信息能力的关联因素有哪些？具有哪些表现维度？

（6）针对新生代农民工群体，其信息能力的关键关联因素有哪些？其信息分化状态如何划分？

（7）针对新生代农民工群体内部信息分化，应该从哪些途径改善其信息能力？

第三节 研究思路与方法

本书旨在以新生代农民工信息能力作为研究对象并用以解释该群体信息分化现象，需要对研究对象群体有较为深入的情境体验，注重情境参与是必然要求。此外，信息能力现有模型无法完全满足本书研究需求，信息能力概念框架和模型需要重构，基于相关成果，通过质性研究扎根理论提出信息能力模型，结合定量数据提取关键因素并修正模型，是本书的主体思路。

因此，本书注重在自然情境下对个人的"生活世界"进行探究，强调对研究情境的参与，将结构和能动性因素细化为逻辑彼此相关的科学问题集合，以质性研究和量化研究相结合的研究路径为主线，综合运用多种具体的研究方法来实现研究目标。为了回答在上一节提出的研究问题和完成相关研究内容，整理本书的主要研究思路如图1.1所示。

问题提出	理论研究	模型构建	验证分析	对策研究
基于现实背景和理论背景，提出研究问题和研究任务	梳理现有成果，提取概念框架支撑点，寻找相关理论基础	基于概念框架，结合质性材料扎根理论分析，构建信息能力模型	基于模型提出假设，利用量化和质性实证数据开展验证分析	基于验证分析结果，开展新生代农民工信息能力改善的对策研究

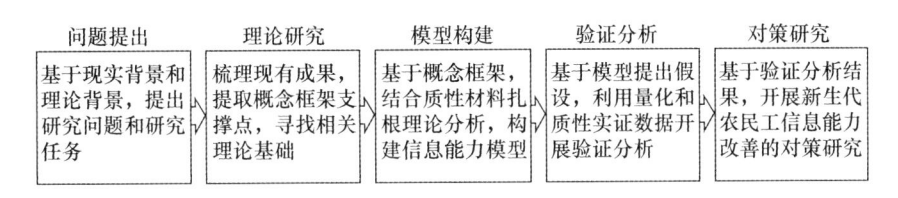

图1.1 主要研究思路

基于本书研究思路和研究内容的需要，主要研究方法及其应用范围说明如下：

（1）文献调研与综述研究。主要用于理论研究阶段，重点考察信息分化、信息能力主题及其相关领域的文献，抽取其中相关度最高的内容作为本书研究的理论基础素材和研究方案参考依据。

（2）田野调查。用于模型构建所需的质性材料收集阶段，面对信息社会分化的既有现实，实地感知并记录不同信息主体的信息行为，为解释相关现象提供实例佐证。

（3）扎根理论研究。用于模型建构阶段，基于质性材料，完成信息能力关联因素的编码和提取，为信息能力模型构建提供支撑。

（4）问卷调查。主要用于模型验证阶段，针对新生代农民工群体开展问卷调查获取量化数据，为相关假设的检验提供支持。

（5）深入访谈。主要用于模型验证阶段，参与到新生代农民工的具体信息实践中，了解其信息效用和信息能力期望，采集代表性案例，为模型验证和对策研究提供素材。

本书的素材主要包括质性数据（访谈记录、观察记录、采访日记等）和量化数据（调研问卷数据）两个方面。针对质性数据，采用以扎根理论为主的分析方法，借助 Nvivo 10 等工具对其进行编码和归纳；针对量化数据，采用以 Microsoft Excel 2013、SPSS 20 为主要工具的量化分析方法进行处理。为信息能力模型重构提供扎根理论来源的数据请参见附录 A，访谈大纲和调查问卷详情参见附录 B 和附录 C。

第四节　结构与创新点

一　本书结构

本书基本框架及成果节点如图 1.2 所示，各章基本内容简述如下：

第一章为绪论，作为全文的引言，重点交代研究背景、研究问题、研究对象、关键概念、研究内容与方法等基本信息。

第二章为研究综述，以信息分化、信息能力及其相关问题为对象进行描述和评价，旨在梳理现有成果，特别是对现有信息能力模型进行整理，找出信息分化与信息能力研究的理论衔接，为本书后续章节的展开提供理论视角、研究方法和可借鉴成果的文献材料支撑。

第三章为模型构建，主要包括基于相关理论基础的信息能力扩展概念框架构建和基于质性材料扎根理论的信息能力关联因素识别，在此基

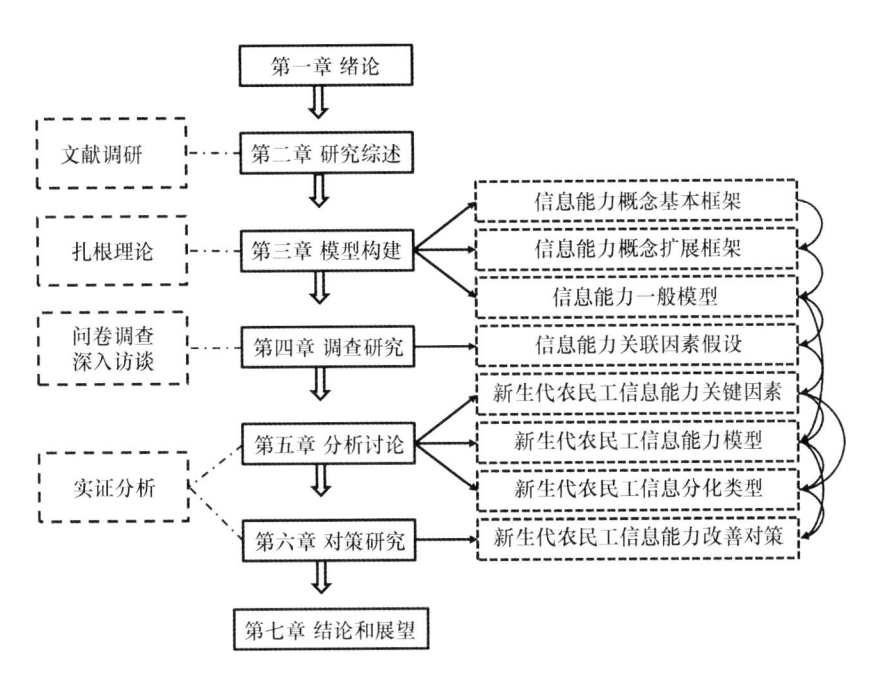

图 1.2 研究框架及成果节点

础上构建信息能力一般模型。

第四章为调查研究，基于第三章构建的信息能力一般模型，针对新生代农民工群体提出具体研究假设，完成问卷调查和访谈调查的设计和实施，并对数据基本情况进行描述。

第五章为分析讨论，在第四章的调查数据和前面章节的理论视角支撑的基础上，对量化数据和质性数据分别分析讨论，识别新生代农民工信息能力关键关联因素，并对该群体信息分化类型进行划分。

第六章为对策研究，结合研究综述相关成果和第五章的新生代农民工信息能力模型及信息分化类型，展开新生代农民工信息能力改善的对策研究。

第七章为结论和展望，对全书主要研究任务及取得的主要结论和贡献作总结性描述，同时，对本书的局限性及未来研究展望做简要交代。

二 主要贡献与创新点

本书的主要研究贡献体现在如下方面：梳理、总结与扩展了信息能力概念框架，从整体性、以人为核心和关注效益的视角出发，为信息分化研究提供了新的逻辑出发点；构建了信息能力模型，将结构因素、能动性因素和情境因素综合考虑，为描述和解释信息分化问题提供切入点；分析新生代农民工信息能力现状，抽取关键关联因素，并据此划分信息分化类型，为相关对策研究提供依据；提出了内外部相结合的赋权途径作为新生代农民工信息能力改善对策。

本书创新点主要集中在以下两方面：

（1）本书重构的信息能力模型从整体性视角出发，综合考虑结构因素、能动性因素和情境因素，对描述和解释信息贫困、信息分化等问题具有一定的理论创新贡献。

（2）针对新生代农民工群体提出的内外部赋权相结合的赋权途径作为信息能力改善对策，对该群体信息分化问题应对政策制度的完善具有可能的创新参考价值。

第二章 研究综述

信息分化是本书的研究语境,信息能力是主要研究内容,本章以"信息分化"和"信息能力"为主题,兼顾与之相关的其他主题,以定性与定量相结合的形式,厘清相关研究脉络,重点对信息分化和信息能力领域现有成果从研究对象、表现维度、影响因素等方面展开分析和述评,并对信息能力已有模型进行梳理,进而为本书后续章节研究的开展提供文献材料的支撑。

第一节 文献调研总体描述

本节旨在梳理 2000—2014 年国内外信息分化与信息能力主题的研究成果,采用文献调研、词频统计等研究方法,重点对现有成果来源、时间、主题等外部属性进行描述。

一 文献来源

本书涉及的文献类型主要包括期刊论文、专著、学位论文、会议论文、文摘与引文、内部文献等形式,其主要来源见表 2.1。

本书收集的文献仅包括中文和英文两个语种的文献,上述来源涉及的具体数据库主要包括:英文数据库主要有 LISTA(Library, Information Science and Technology Abstracts)、Academic Research Library、Academic Source Premier、ACM Digital Library、Elsevier Science、Emerald、John Wiley 等；中文数据库主要有 CNKI[①]、万方、维普等。除了特殊说明外，一般性的新闻报道类文章不纳入统计范围内。

表 2.1　　　　　　　　　　文献类型及主要来源

文献类型	载体	主要来源	备注
期刊论文	数字版	（1）北京大学图书馆、印第安纳大学图书馆论文数据库	
		（2）Google Scholar 数字版论文	
		（3）百度学术数字版论文	
	印刷版	（1）北京大学图书馆	
		（2）国家图书馆	
学术专著	数字版	（1）Google Scholar 数字版专著	
		（2）超星数字图书馆	
	印刷版	（1）北京大学图书馆	
		（2）国家图书馆	含 CALIS、BALIS 互借
		（3）上海图书馆	含 CALIS、BALIS 互借
		（4）辽宁省图书馆	
学位论文	数字版	（1）北京大学学位论文库	
		（2）CNKI、CALIS、NSTL 等学位论文文摘和全文	
		（3）国家图书馆学位论文文摘	
	印刷版	（1）北京大学图书馆	
		（2）国家图书馆	
会议文献	光盘版	国内学术会议交流	
	数字版	北京大学图书馆中英文会议论文数据库	
	印刷版	国内学术会议交流	

---

① 注：CNKI 已经收录了部分外文文献，包括 40 多家国际著名出版商的期刊文献题录数据，涉及 Springer、Taylor & Francis、Wiley、Elsevier、ProQuest、PubMed、DOAJ、DBLP 等外文数据库等。文献量共计超过 5000 万篇，可以通过篇名、关键词、作者、DOI、作者单位、刊名、ISSN 等项进行检索，题录信息可免费浏览，全文下载由各大出版商平台提供。因此，本书获取的部分外文文献，直接来自 CNKI 外文文献数据库。

续表

文献类型	载体	主要来源	备注
其他文献		（1）CCF、ACM、中国图书馆学会等学会协会内部文献	
其他文献		（2）北京大学、印第安纳大学等内部研讨会非正式文献	
		（3）现场学术报告、阅读札记等	包括录音、视频等
		（4）偶然获得的其他文献	

文献获取的基本策略是以研究问题为导向的检索和筛选，对数据库论文文献（期刊论文、会议论文、学位论文等），采用主题词作为检索入口，基本布尔逻辑检索式为：

（Ⅰ）信息分化主题：主题词 = '信息分化' + '信息不平等' + '数字鸿沟' + '信息公平' + '数字不平等' + '数字贫困' + '信息贫困' + '知识沟'

SU = 'information differentiation' + 'information inequality' + 'digital divide' + 'information equity' + 'digital inequality' + 'digital poverty' + 'information poverty' + 'knowledge gap'

（Ⅱ）信息能力主题：主题词 = '信息能力' + '信息素养' + '信息素质' + '数字能力' + '数字素养' + '情报能力' + '情报素养'

SU = 'information literacy' + 'information competence' + 'digital literacy' + 'information ability'

初步文献调研阶段，检索时间段设定为"不限"，针对全部检出结果通过题名、摘要进行人工筛选确定列入调研范围的文献。需要说明的是，针对在阅读过程中发展和积累的重要引文，会不定时地对原始文献开展回溯检索，及时补充进文献调研范围。

二 基本描述

期刊论文由于数量大、出版周期相对较短和对前沿热点反应较灵活等特点，可以在一定程度上反映某个领域的研究进展。为了便于描述，本节对检出的相关文献选定2000—2014年时间段的期刊论文作为统计对象，重点从年度分布、主题词频次、期刊来源等方面进行描述。

（一）期刊论文年度分布

信息分化主题的期刊论文年度分布如图2.1所示。从论文数量的年度分布情况看，信息分化主题的论文数量在2007—2008年度达到最高值，此后至今发文数量呈缓慢下降的趋势，数量并没有锐减，最近几年趋于平稳。按照学术发文的规律，这在一定程度上也反映出，该主题的学术研究在逐步进入沉淀和相对平稳发展期，该问题仍然是广受关注的重要学术话题，并且已经进入相对务实的研究阶段。

图2.1 2000—2014年信息分化主题的中英文期刊论文数量年度分布对比

信息能力主题的期刊论文年度分布如图2.2所示。从论文数量的年度分布情况看，信息分化主题的论文数量在2008—2009年度达到最高值，此后至今，发文数量略有起伏，但年度之间数量差别不大，特别是近5年数量近乎平稳。随着社会信息化程度的提升，信息能力问题持续受到学界的关注。

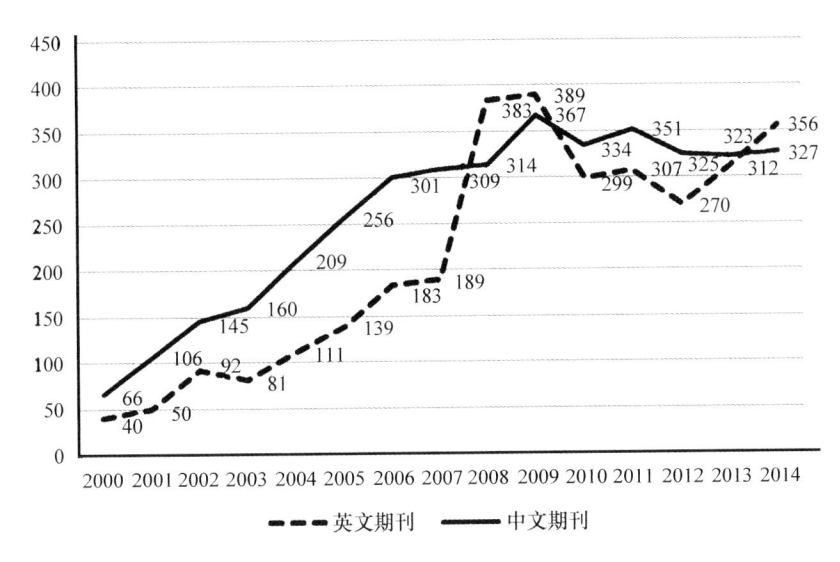

图 2.2　2000—2014 年信息能力主题的中英文期刊论文数量年度分布对比

（二）主题词频次分布

通过对国内外文献题录信息的词频统计，信息分化、信息能力领域的中英文主题词 TOP 20 分别见表2.2、表2.3。

表 2.2　信息分化领域中英文主题词词频排序对比（TOP 20）

排序	主题词	词频	排序	主题词	词频
1	数字鸿沟	434	1	digital divide	998
2	信息（不）平等	392	2	Internet	863
3	信息社会	365	3	knowledge gap	614
4	信息贫困	311	4	ICTs	556
5	农村地区	302	5	network	455
6	政府信息	278	6	health information	400
7	农民	275	7	information systems	368
8	信息公平	223	8	information inequality	321
9	信息公开	204	9	development	298
10	ICTs	200	10	e-learning	212x
11	互联网	186	11	information society	211

续表

排序	主题词	词频	排序	主题词	词频
12	手机	180	12	access to information	206
13	信息需求	167	13	e-government services	198
14	日常信息行为	153	14	digital inclusion	188
15	数字包容	144	15	information poverty	165
16	信息共享	124	16	information needs	142
17	信息查询	120	17	information seeking	132
18	信息自由	104	18	community	125
19	测度	96	19	knowledge	101
20	公共信息	72	20	public service	96

表2.3　信息能力领域中英文主题词词频排序对比（TOP 20）

排序	主题词	词频	排序	主题词	词频
1	信息素养	898	1	information literacy	714
2	大学生	803	2	higher education	687
3	信息意识	789	3	library	673
4	信息素质	788	4	e-learning	626
5	图书馆	760	5	computer skill	601
6	信息需求	699	6	web 2.0	582
7	信息服务	623	7	digital literacy	542
8	计算机素养	601	8	college student	505
9	信息能力	556	9	standard	498
10	读者	555	10	ICT literacy	483
11	终身学习	432	11	digital divide	444
12	网络环境	365	12	information seeking	427
13	评价	301	13	media literacy	399
14	农民	275	14	program-integrated	342
15	媒介素养	214	15	teaching	334
16	课堂教学	211	16	self-directed learning	291
17	培训	205	17	health	280
18	老年人	118	18	community	272
19	弱势群体	98	19	life-long learning	268
20	IT能力	89	20	instruction	199

从主题词的分布情况来看，在信息分化研究中，持"技术决定作用"看法的成果仍居于主导地位；从研究方法来看，部分成果对实证有所关注，强调从具体对象数据出发分析问题；从学科分布来看，来自图书馆学情报学、新闻传播、社会学、教育学、信息技术等诸多学科都有研究者参与，但是，来自不同学科的成果在话语偏好方面呈现出各自学科的特点，有一定的交汇融合趋势。

与国内研究相比，国外信息分化研究领域涉及内容更加广泛，所讨论的问题一般以数字鸿沟、知识沟、信息不平等、数字排斥、信息贫困等概念出现。从技术扩散的角度，研究者更关注信息分化与Internet和ICTs、数字鸿沟与信息系统、知识沟与信息系统的关系等方面；从个体行为的角度，研究者主要关注信息分化与个体信息需求、信息查询、信息素养等的关系；从社会学的角度，研究者更关注农村地区、社会边缘人群的信息贫困问题；从政治与社会的角度，不少研究者更关注信息分化背景下的电子政务、选举系统、公共服务等问题。总体来看，国外在信息分化研究领域的覆盖面相对较宽，几乎涵盖了社会生活的各个方面，这与信息化的覆盖情况是一致的。

在信息能力领域，国内外研究主题词呈现出较为明显的差别：国内的研究群体主要集中在两大学科领域：图书馆学情报学与教育学。相应的关注对象也主要是大学生、读者和教师等，并且由于国内概念使用的多元化，"信息素养""信息素质""信息能力"等概念在不同学科或不同领域交替使用，实际关注的领域相对较窄。而英文文献则表现出较宽的覆盖范围，涉及图书馆信息素养、终身学习、自主学习、媒介素养、健康、社区发展及数字鸿沟等议题。在一定意义上，国外的信息能力研究领域与信息分化领域表现出更多的共同兴趣。

（三）中英文期刊论文来源

信息分化和信息能力领域中文论文来源期刊分布情况分别如图2.3、图2.4所示，英文论文来源期刊分布见表2.4。

信息分化的期刊论文在中文期刊集中特征明显，绝大部分都集中在图书馆学情报学专业期刊，其他领域的刊物刊文呈零星分布。而英文期刊则不然，刊文量最高的一区名录中就有来自计算机科学、信息传播、政府信息等领域的多种刊物，相对而言，刊物较为分散地分布在多个学科，这也在一定程度上反映了国内外对信息分化这个主题关注的学者的学科分布差别。国外的学科分布更有利于多元化视角分析同一个问题，国内目前尚未形成这种学术局面。

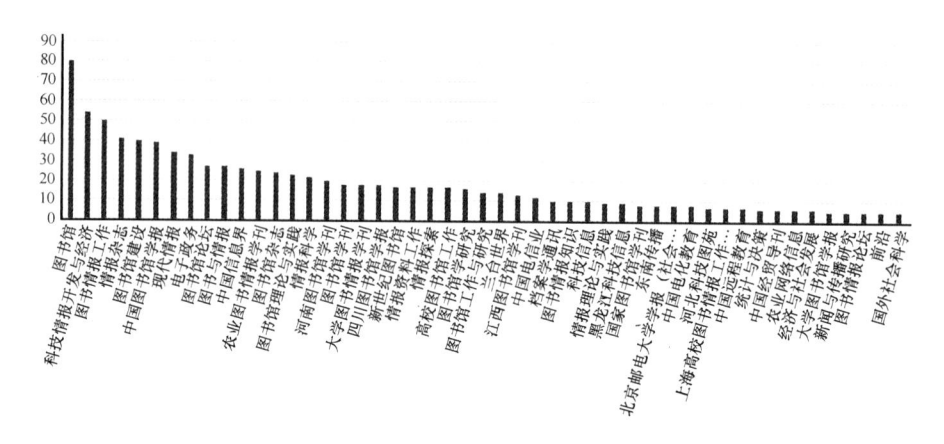

图 2.3　信息分化主题中文论文来源期刊分布

注：按刊发相关论文数量倒序排列。

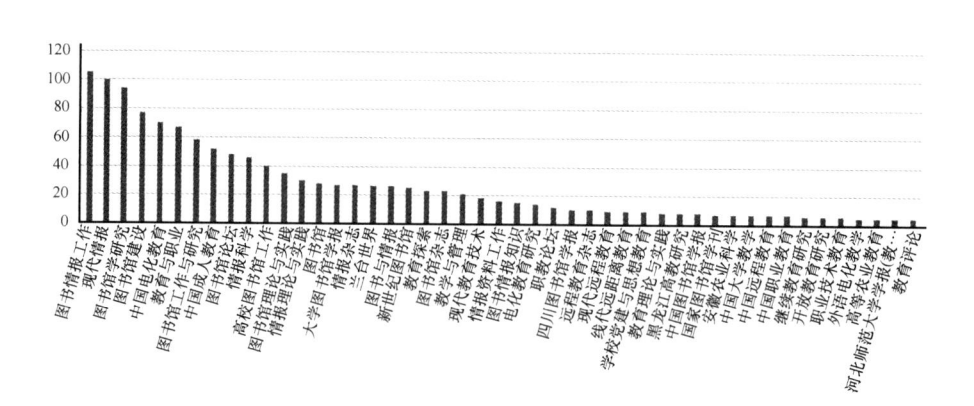

图 2.4　信息能力主题中文论文来源期刊分布

注：按刊发相关论文数量倒序排列。

表2.4 信息分化与信息能力主题英文论文来源期刊分布（TOP 30）

序号	"信息分化"来源期刊	序号	"信息能力"来源期刊
1	The Information Society	1	The Journal of Academic Librarianship
2	Telecommunication Policy	2	New Library World
3	Information, Communication & Society	3	Library Review
4	Government Information Quarterly	4	College & Undergraduate Libraries
5	Computers & Education	5	Communications in Information Literacy
6	Telematics and Informatics	6	The Electronic Library
7	The Electronic Library	7	Reference & User Services Quarterly
8	First Monday	8	International Journal of Digital Literacy and Digital Competence
9	Journal of Global Information Technology Management	9	The Australian Library Journal
10	Journal of Information, Communication and Ethics in Society	10	Health Information & Libraries Journal
11	Journal of Computer-Mediated Communication	11	Evidence Based Library and Information Practice
12	Computers, Networks & Communications	12	Journal of Documentation
13	Journal of Medical Internet Research	13	American Libraries
14	Information Technology for Development	14	Teacher Librarian
15	Information Economics and Policy	15	Australian Academic & Research Libraries
16	Info	16	JASIST
17	Ethics and Information Technology	17	Community & Junior College Libraries
18	Universal Access in the Information Society	18	Library and Information Science Research
19	International Information and Library Review	19	The International Information & Library Review
20	Information Technology & People	20	International Information and Library Review
21	The International Information & Library Review	21	Internet Reference Services Quarterly
22	JASIST	22	Journal of Business & Finance Librarianship
23	Studies in Health Technology and Informatics	23	Computers & Education

续表

序号	"信息分化"来源期刊	序号	"信息能力"来源期刊
24	Journal of Medical Systems	24	Library Management
25	Information Systems Research	25	Journal of Library & Information Services in Distance Learning
26	Computers in Human Behavior	26	Journal of Library Administration
27	Technological Forecasting & Social Change	27	Medical Reference Services Quarterly
28	Computers and Composition	28	Aslib Proceedings
29	Procedia-Social and Behavioral Sciences	29	Information Technology Business
30	Journal of Technology in Human Services	30	Computers, Networks & Communications

注：按刊发相关论文数量倒序排列。

信息能力的期刊论文主要在图书馆学情报学和教育学两大学科领域分布，在其他与信息相关的学科期刊有部分分布。英文期刊分布也呈现出类似的特征。上述期刊分布情况在一定意义上表明，国内外在信息能力研究领域的学科归属问题上看法基本一致。相对统一的学科归属有利于研究视角的聚焦，也有利于相关成果的交流。

通过对这两个领域成果作者及其单位的发文数量统计发现，信息分化领域中文成果发文作者绝大部分为图书馆学情报学领域的学者，发文量最高的前20家单位除了国家信息中心之外均为高等院校；信息能力领域的中文作者主要集中在图书馆学情报学和教育学两大领域。这两个领域的英文成果表现出类似的学科分布，这两个领域都吸引了来自计算机科学、新闻传播学、图书情报学、医疗卫生、心理学等其他领域的学者，值得一提的是，这其中包括以 informatics 命名但实际上并不属于传统图书情报学科的院系或研究机构的学者，其中还不乏跨国家、跨单位、跨学科的合作研究。

第二节 信息分化研究

无论是在学术文献还是在大众传媒的话语体系中，用来描述"信息分化"现象的术语都有很多不同的表述方式,如"信息分化"(Information Gap、Information Divide、Information Differentiation 或 Information Disparity)、"信息不平等/公平"(Information Inequality 或 Information Inequity)、"信息穷人与信息富人的差距"(Information Rich vs. Information Poor 或 Information Haves vs. Information Have-nots)、"知识差距"(Knowledge Gap)、"信息贫困"(Information Poverty)、"知识贫困"(Knowledge Poverty)、"信息穷人"(Information Poor)、"信息缺乏者"(Information Have-nots)、"信息相对缺乏者"(Information Have-less)等。

如果从字面上严格区分,上述概念各有侧重,例如,信息分化,体现在不同人群在信息行为各个阶段的差异;信息不平等,更侧重不同人群在信息获取、利用、吸收信息效用等方面的不平等,不仅仅是信息资源在量上的分配不均等;信息富人/穷人(the Information Rich / Poor),是信息分化现象中处于不利地位的人群,这种提法通常隐含了外界对信息主体的一种"标签";数字鸿沟,对数字化技术利用的两极分化,强调由于数字化技术利用的分化而导致信息获取水平不同;数字不平等,可以理解为对数字鸿沟概念的延续,强调数字化信息技术获取和利用方面的不平等状态是连续的,而不是简单的"信息拥有"(Information Have)和"信息缺失"(Information Have-not)的两极分化状态;信息公平,侧重在理念上不同信息主体的信息获取和利用机会应当均等。不同学者对上述概念有不同使用偏好,本书在文献综述时不拘泥于具体表述的差异,从其内涵出发将这些概念视为同义、近义的同族概念使用,涉及引用时尊重原文作者的表述方式。

本节从信息分化的研究对象(哪些人群表现出了分化)、信息分化的表现维度(在哪些方面体现了分化)、信息分化的影响因素(哪些因素影响或造成了分化)和信息分化的解决对策等方面对现有的文献展开述评。

一 信息分化研究对象

从信息分化的研究对象出发,不难发现,现有的研究成果中涉及信息分化的研究对象至少存在于以下几个不同的层面。

第一个层面，以地域作为比较主体，如国家之间、地区之间、城乡之间等。从该层面出发研究信息分化，大多是以"数字鸿沟"（包括"全球数字鸿沟"）为话语空间展开，按照不同地域的计算机拥有数量、基础设施完备程度、网络带宽情况等量化指标作为划分依据，这种层面的理解将地域作为对象，那么这样一来，处于不同地域的人群往往会根据所处地域被划分成不同的信息分化状态，例如，偏远农村地区往往是信息基础设施覆盖薄弱的地区，生活在那里的人群也往往被视为信息贫困群体。长期以来，我们对数字鸿沟的解读，更多的是从"获得鸿沟"层面理解的，偏向关注互联网、新媒体技术的普及率，强调缩短硬件方面的差距。例如，工信部副部长尚冰[1]在"2012中国互联网大会"上指出："中国在宽带普及率和接入速度等方面，与国际先进水平差距很大，而且城乡区域之间的普及程度差异更加显著，数字鸿沟仍然存在。"在国际视野中，Massimo Ragnedda 和 Glenn W. Muschert 合编的《数字鸿沟：国际视野中的互联网与社会不平等》(The Digital Divide: The Internet and Social Inequality in International Perspective)[2] 一书中沿袭了 Witte 和 Mannon 在《互联网与社会不平等》(Internet and Social Inequalities)[3] 的理论框架，从五个区域选取案例介绍各自的数字鸿沟表现，这五个区域分别是：(1) 高度现代化的国家或地区（如欧盟、美国和日本）；(2) "金砖"(BRIC) 国家（包括巴西、俄罗斯、印度和中国）；(3) 东欧国家（如罗马尼亚、爱沙尼亚和塞尔维亚）；(4) 中东国家（如以色列、埃及和伊朗）；(5) 欠发达国家，特别是现有研究中较少关注的国家和地区（如拉丁美洲、中亚地区的前苏联加盟共和国和尼日尔）。

---

[1]《工业和信息化部尚冰副部长在2012中国互联网大会上做主旨报告》(http://www.isc.org.cn/zxzx/xhdt/listinfo-22448.html)。

[2] Ragnedda M. and Muschert G. W., *The Digital Divide: The Internet and Social Inequality in International Perspective*, New York: Routledge, 2013.

[3] Witte J. C. and Mannon S. E., *The Internet and Social Inequalities*, New York: Routledge, 2010.

基于这个层面来理解信息分化具有宏观视角的意义，可以为宏观调控和政策分析提供相应的统计数据支撑，便于制定和实施相应的政策方案。然而，这种宏观的划分也容易使得对具体群体的认识带有明显的"标签"效应，即可能会造成这样一种感觉：处在发展中国家的人们与处在发达国家的人们相比自然要处于信息的弱势地位；居住在城市社区的居民与居住在农村的居民相比似乎也更具信息优势；等等。应当注意到，这样的视角存在将问题简单化的倾向，比如，国家制定的信息政策可能会出于对农村地区的信息扶持而有所倚重，学者们的研究重点也更多放在农民的信息贫困问题上，这就可能有意无意忽略了那些住在城市却实际处于信息弱势地位的群体的信息贫困问题。

第二个层面，按照职业或者人口学特征划分群体作为信息分化的研究对象。这种视角与前一种视角相比，已经从地域转向特定人群，所采用的指标也更加注重不同人群的人口学特征数据，大学生、公务员、农民等群体的信息分化研究是比较典型的代表。例如，胡延平[1]在描述对数字鸿沟的理解时，提到不同人群对信息、网络技术应用程度差异导致了创新能力差别，进而形成"信息落差""知识分割"和"贫富分化"现象；Hanson[2]认为数字鸿沟既是贫穷国家和富裕国家之间的差异，也是城乡地域之间、不同社群之间的差异；Dijk[3]描述了不同社会地位和个人特征的人群如何利用数字媒体的四种类型，数字鸿沟被置于网络社会的结构因素不平等的语境中加以考察，社会结构地位不同的人群对网络的接入机会也是不同的。

---

[1] 胡延平：《跨越数字鸿沟：面对第二次现代化的危机和挑战》，社会科学文献出版社2002年版。
[2] Hanson E. C., "Globalization, Inequality and the Internet in India", in: Abbott J. P., *The Political Economy of the Internet in Asia and the Pacific: Digital Divides, Economic Competitiveness, and Security Challenges*, Westport: Praeger Publishers, 2004, pp. 57 – 76.
[3] van Dijk J. A. G. M., "A Theory of the Digital Divide", in: Ragnedda M. and Muschert G. W., *The Digital Divide: The Internet and Social Inequality in International Perspective*, New York: Routledge, 2013, pp. 29 – 52.

第三个层面,将视野聚焦在某个特定的社区或社群进行比较。例如,Bure[①]以流浪人员群体作为研究对象,提出这些群体如何有可能或有机会进行信息消费,而不至于被排除在数字技术带来的便利之外。作者对苏格兰中部地区的一些流浪人员进行了多方面的调查与访问,观察这些人如何把网络和手机融入日常生活中,进行ICTs的消费。此外,李红艳等人[②]研究表明,作为信息传播的受众,农民工群体与市民群体这两个群体内部的分化已经超出了这两个群体之间的分化,相比较而言,农民工群体对信息传播内容接受程度的内部分化是一个更加需要关注的现实问题,这种分化对中国城乡一体化发展起着举足轻重的作用。

	IT采纳阶段		
个体	数字接入鸿沟	⇒ 数字能力鸿沟	⇒ 数字结果鸿沟
组织			
全球			

图 2.5 数字鸿沟三层次框架

资料来源:Wei K., Teo H., Chan H. C., et al., "Conceptualizing and Testing a Social Cognitive Model of the Digital Divide", *Information Systems Research*, Vol. 22, No. 1, 2011.

有学者[③]试图整合不同层面的研究,将数字鸿沟与IT采纳阶段结合起来,形成三层数字鸿沟框架(如图2.5所示),纵向分为个人、组织和全球三个层面,横向分为数字接入鸿沟(Digital Access Divide)、数字能力鸿沟(Digital Capability Divide)和数字结果鸿沟(Digital Outcome Divide)。这种尝试在一定程度上拉近了信息分化(数字鸿沟)领域不同层

---

① Bure C., "Digital Inclusion without Social Inclusion: The Consumption of ICTs within Homeless Subculture in Scotland", *The Journal of Community Informatics*, No. 2, 2006.

② 李红艳、安文军、旷宋仁:《农民工和市民作为受传者的信息传播内容之分析:北京市民与农民工之间信息传播内容的实证研究》,《图书与情报》2009年第5期。

③ Wei K., Teo H., Chan H. C., et al., "Conceptualizing and Testing a Social Cognitive Model of the Digital Divide", *Information Systems Research*, Vol. 22, No. 1, 2011.

面研究对象成果的话语空间,对于信息分化内涵的梳理有积极的推动作用。

二 信息分化内涵及表现维度

van Dijk 将"信息分化"描述为不同社会成员在信息占有与使用方面表现出来的差距,其中的"占有"和"使用"差距在程度上都是连续的,并非"有""无"这两种简单的两极区分[1][2]。作为信息分化最常见的同族概念,与英文的 digital divide 相比,中文"数字鸿沟"的提法作为通俗词汇比较直观形象。但作为学术术语,英文 digital divide 本意是描述由于数字技术的利用而导致的分化、隔离等,一旦翻译成"鸿沟"就带有难以跨越的意味,而实际上数字化时代的信息分化并非是简单的两极分化。结合现有文献成果,对信息分化涉及的不同内涵及其表现维度汇总见表 2.5。

表 2.5　　　　　　　信息分化的内涵与表现维度汇总

内涵	表现维度	代表性表述
(1) ICTs 接入和利用的差距	(1-1) 设备拥有 (1-2) 软件配备 (1-3) 互联网接入 (1-4) 自主程度	"要么能接入 ICTs,要么不能接入"(Harak & Stevens, 2006);"是否能够支付或接入电脑软件、硬件以及新信息媒介的信息渠道"(Mack, 2001);"(措施)致力于硬件和工程设计方面"(Warf, 2001);"接入计算机和网络上的差异"(Wilson, 2003);"获取 ICTs 方面的差距"(曹荣湘,2001);"数字技术使用方面存在的差异"(罗德隆,2005);"使用和不使用互联网之间存在的差异"(汪明峰,2005);"ICTs 领域中存在的差距"(朱莉等,2003);"互联网带来的信息不公平"(任贵生等,2006);"以国际互联网为代表的新兴信息通讯技术在普及和应用方面的不平衡现象"(胡鞍钢等,2002);"不同主体在使用信息通信技术获取和利用信息资源上,存在的差距所造成的信息贫富分化问题"(陈艳红,2005)

---

① van Dijk J. A. G. M., *Universal Service from the Perspective of Consumers and Citizens*: *Report to the Information Society Forum*, Brussels: European Commission/ISPO, 1997.

② van Dijk J. A. G. M., "Widening Information Gaps and Policies of Prevention", In: *Digital Democracy*, Thousand Oaks, CA: Sage, 2000.

续表

内涵	表现维度	代表性表述
（2）信息素养层面的差距	（2-1）ICT技能 （2-2）信息意识 （2-3）态度 （2-4）信心 （2-5）需求表达 （2-6）信息行为控制 （2-7）培训	"利用技术的技能与培训形成的沟壑"（Joel Cooper et al.，2003）；"远比技术接入复杂、综合而持久的技术鸿沟"（Servon，2002）；"技术接入、教育、培训机会在不同人群之间的差异"（Kuttan et al.，2003）；"家庭和学校环境中计算机利用途径的社会差别"（Attewell，2001）；"包括媒介的可获取性、信息动机、信息意识等维度，……超越数字要素的……的不均现象"（Yu，2006）；"包括ICTs所有权、技能和利用状态等"（Dijk et al.，2003）；"占有、获取和运用信息能力方面的差距"（谢阳群等，2001）；"掌握和运用网络信息技术的差别"（刘晓苏，2002）
（3）信息效用汲取能力的差距	（3-1）知识结构 （3-2）信息资源质量 （3-3）信息筛选与甄别 （3-4）效用—需求匹配	"信息与知识获取和利用能力的差距"（赖茂生，2000）；"在信息接触和信息拥有方面的差距……不同信息主体之间信息差距的生成与扩大态势"（谢俊贵，2003）；"地区间的信息资源差距"（俞立平，2007）；"知识获取鸿沟"（韦路等，2006）
（4）社会包容与排斥	（4-1）参与社会活动 （4-2）促进个人发展	"社会排斥和社会包容的表现，取决于社会主体能否有效利用ICTs获取、采纳或者创造新知识"（Warschauer，2003）；"所反映的社会分层现象"（Steyaert，2002）；"从社会分层的角度来看待数字鸿沟"（Wessels，2013）；"ICTs接入机会、知识和技能方面的差异方面"（Cullen，2001）；"包括全球鸿沟、社会鸿沟、民主鸿沟"（Norris，2001）

注：上述来源文献均可在本书参考文献部分找到出处。

从表2.5可以看出，信息分化的内涵和表现维度绝大部分是在数字鸿沟的话语体系得以展开，在互联网接入和使用、ICTs获取和利用等表现维度中的观点有很多，而非物质性维度方面相对较少。信息分化研究存在着一些不合理之处，部分学者[1][2][3]对此提出批评和反思：（1）过分

---

[1] Kuttan A. and Peters L., *From Digital Divide to Digital Opportunity*, Lanham: Scarecrow Press, 2003.

[2] Warschauer M., *Technology and Social Inclusion: Rethinking the Digital Divide*, Cambridge: The MIT Press, 2003.

[3] Yu Liangzhi, "Understanding Information Inequality: Making Sense of the Literature of the Information and Digital Divide", *Journal of Librarianship and Information Science*, Vol. 38, No. 4, 2006.

强调接入和使用计算机及网络等物质层面,却在教育、素养、信息内容、语言、社会资源等方面有所忽视;(2)按照是否接入和使用ICTs的标准对信息分化现象作出二元划分,容易导致对数字化问题之外的经济社会问题的忽视;(3)信息分化的研究在一定意义上理论视角显得不足,其内涵和外延表现的定义有较大出入。

与"数字鸿沟"的表述相比,"信息分化"的表述方式相对更加宽泛一些,不刻意强调分化的截然对立和泾渭分明,在整个信息社会里这种差别应该是一个连续的状态,只不过在不同条件下可能表现出不同层级的聚类程度不同,闫慧[①]对此研究提出应该划分为赤贫、贫困、中产、富裕、精英5个阶层。实现一定的"跨越"也并非像预期的那样艰难,例如,一个没有使用过计算机和Internet的人,在传统"数字鸿沟"研究视野里很可能是一个信息贫困者,但这并不意味着他一旦拥有一部智能手机之后仍然无所适从,相反,实际情况是他往往很快掌握了使用要领并可以利用相关功能去从事信息活动,并从中获得信息效用。尽管我们还不能据此说他已跨入信息富裕阶层,但至少可以说他与原来所处的那个阶层的其他人相比已经是实现了向上的流动。"信息穷人"和"信息富人"等是外界强加的社会标签,他们自己未必认同,而这种标签一旦被贴上往往会给他们的社会行为产生重要影响。

20世纪90年代以后的研究更加注意"信息分化""信息贫困"与其他相关概念的区分,表现在:首先,经济意义上的富有/贫困不完全等同于信息的富有/贫困,除了需要具备获取信息资源的经济实力之外,信息富有者还须具备信息检索、价值评估及意义汲取等方面的条件[②],在某些情况下,他们还需具备政治方面的资本[③];其次,信息富有或贫困不等同于信息拥有量的多寡,信息超载同样会干扰人们对重要信息的关注,

---

① 闫慧:《中国数字化社会阶层研究》,国家图书馆出版社2013年版。
② Sweetland J. H., "Information Poverty", *Database Magazine*, Vol. 16, No. 4, 1993.
③ Sturgess P., "The Political Economy of Information", *International Information and Library Review*, Vol. 30, No. 3, 1998.

降低信息主体的信息处理能力，进而导致有用信息的匮乏[①]。

闫慧[②]认为数字不平等的核心内涵是：ICTs 接入者和利用者的分层化和多样化；ICTs 接入和利用背后的动机、利用能力和效果的不平等及其所反映出的各类社会不平等；数字不平等是文化复制的结果；传统社会阶层之间的控制与反控制关系在 ICTs 利用和接入中的表现等。对于数字鸿沟内涵的这种梳理兼顾了客观条件（如 ICTs 的接入）、主观因素（动机、能力）、文化和阶层的社会关系等诸多方面，较之于此前仅从结构主义角度（如 Internet 的接入率）看待数字鸿沟问题无疑前进了一大步。

数字鸿沟流派的研究大多基于公共政策和经济转型等视角，提倡通过对物质条件和素养水平的解决来实现"鸿沟"两端社会群体的数字平等。从本质上说，数字不平等与数字鸿沟并没有质的区别，数字不平等是数字鸿沟的承继，都以 ICTs 的获取与利用作为信息分化的根源，但是前者摒弃了原来的"有""无"二分法，将更多的相关因素纳入考察范围。Hsieh[③]将数字不平等定义为"技术获取之后持续使用的相关行为"。Hargittai 等[④]将数字不平等视为与知识沟（Knowledge Gap）相关的现象，认为技能是造成数字不平等最关键的因素。从这个意义上说，数字不平等比数字鸿沟更加贴近信息社会的现实，其理论成果也有更强的解释力。但是，至少从目前的成果而言，其理论视角并未真正摆脱"技术决定主义"的局限。

数字鸿沟（数字不平等）的研究取向存在这样一个不言自明的前提

[①] Goulding A., "Information Poverty or Overload?", *Journal of Librarianship and Information Science*, Vol. 3, No. 3, 2001.

[②] 闫慧：《数字鸿沟研究的未来：境外数字不平等研究进展》，《中国图书馆学报》2011 年第 4 期。

[③] Hsieh P. A., Rai A., et al., "Understanding Digital Inequality: Comparing Continued Use Behavioral Models of the Socio-economically Advantaged and Disadvantaged", *MIS Quarterly*, Vol. 32, No. 1, 2008.

[④] Hargittai E. and Hinnant A., "Digital Inequality: Difference in Young Adults' Use of the Internet", *Communication Research*, Vol. 35, No. 5, 2008.

假设,那就是推动那些原本不会使用数字化设备和数字化技术的人去使用,默认情况下只要用了就比不用好。但是,我们不能忽略这样的事实,使用数字化设备和技术并不总是意味着能为信息主体带来更多的信息效用或信息自由,最起码,不同主体对自由的感知是因人而异的。数字不平等关注信息弱势群体,却有意无意忽略了那些拥有先进设备或使用先进技术处理大量信息的"信息富裕"人群,与他们的信息需求相比,这种状态的信息能力未必是匹配的,他们也可能面临信息需求无法满足的信息饥渴或者信息焦虑状态。

信息分化研究涉及不同群体的信息行为分化,即一部分人相对于另外一部分人而言处于相对贫困或弱势地位。按照通常的理解,信息分化源于不同信息主体对信息设备和信息技术占有情况的不同,进而导致他们在信息获取利用的行为及结果出现分化。因此,如何推动 ICTs 为广大数字群体所接受和利用,成为目前信息分化研究的主流取向。尽管这种研究取向在一定程度上已经将主体的社会资本、文化资本等因素考虑进来,但仍然带有这样的隐性假设,即只要 ICTs 被接受和利用,信息分化问题就能解决。实际上,信息分化问题的复杂程度远远超出技术驱动的范畴,且不说不同主体面对 ICTs 的不同接受程度的原因,而且那些拥有先进设备并且掌握先进技术的主体也未必感觉自己处于信息富裕的状态,这些现象都难以通过技术途径来获得有效的解释[①]。

在社区帮助不会上网的人(如留守老人)学着操作电脑,提升他们接触和使用数字化设备及技术的意识和技能,进而保证他们不会在数字化社会被边缘化,或许是一件不太困难的事情,但如何让信息主体能够获得与信息需求相匹配的信息效用,不仅在操作上难度大得多,而且现有的理论也对此表现出解释力的局限性。按照图书馆学情报学的学科包容性要求,需要寻求更好的逻辑起点来看待信息分化问题。

---

① Kleine D., *Technologies of Choice? ICTs, Development, and the Capabilities Approach*, Cambridge, London: The MIT Press, 2013, p. 42.

三 信息分化影响因素

基于相关研究文献对信息分化影响因素的分析，本书将信息分化的影响因素汇总整理为经济、社会、政治、文化、个体素养、人口学因素等方面，见表2.6。

表2.6　　　　　　　　　　信息分化的影响因素汇总

因素类别	具体因素	代表文献来源
经济因素	设备与技术定价	Colby, 2008; Yu, 2006; Ganley, 2005
	信息服务定价	Norris, 2001
	经济发展水平	Ortiz, 2006; Yu, 2006; Warschauer, 2003
社会因素	社会网络	Whitacre, 2005
	社会阶层	Avgerou, 2005
	社会规则	Jaeger, 2010; Chatman, 2000
	社会歧视	Servon, 2002
政治因素	公共政策	Azari, 2009; Colby, 2008; Fiddner, 2007
	法律法规	Azari, 2009; Colby, 2008
	内容管制	Colby, 2008; Fikcs, 2005
文化因素	教育	刘亚, 2012; Edward, 2009; Drake, 2008; Ortiz, 2008
	信念	Smoot, 2007
个体素养	知识结构	Hung, 2004
	技能素养	周文杰等, 2015; Fuchs, 2009; Hargittai, 2008; Bessey, 2003; Hsieh, 2008; van Dijk, 2005
	个性	van Dijk, 2005
	价值观	Hsieh, 2008
人口学因素	性别	冯玲等, 2015; Fuchs, 2009; Hargittai, 2008; van Dijk, 2005; Shade, 1998
	年龄	Azari, 2009; Fuchs, 2009; van Dijk, 2005
	种族	Fuchs, 2009; Hsieh, 2008; Liu, 1995
	职业	周文杰等, 2015; DiMaggio, 2004; Castells, 2001; President, 2005
	婚育	Ono, 2007; van Dijk, 2005; Wilson, 2003
	收入	Azari, 2009; Hargittai, 2008; van Dijk, 2005

注：上述来源文献均可在本书参考文献部分找到出处。

第二章 研究综述

需要说明的是，部分学者尝试寻找新的概念对信息分化问题进行研究，这样的概念应尽可能地对多种影响因素具有包容性和可延展性，如"小世界"概念。Chatman[1][2][3][4][5]通过对贫困老年女性、服刑犯人、低技能工人、退休老年人等群体开展深入访谈，发现了社会规则和文化习惯对这些群体的信息行为产生了限制，在这些社会弱势群体中形成了"小世界"，进而造成了信息贫困。还有，针对某类社会群体验证某种通用的手段对其信息分化的可行性也是目前信息分化研究的着眼点之一，如教育对青少年群体信息贫困的影响在刘亚的博士学位论文中得到了阐释。

当前对信息分化的研究角度主要有：传统经济学或社会学意义的社会阶层在新的技术条件和社会状态下的数字化体现；社会不平等现象在ICTs支持下的复制、放大和加深；ICTs使用主体的多元化和分层现象；ICTs接入和利用机会的差别等。数字不平等现象已经从传统数字鸿沟研究强调的接入和利用维度扩展至ICTs主体心理状态、技能的不平等，以及文化、社会、经济、政治和组织五大类资本所体现出来的ICTs社会化程度的平等；其影响因素也在突破传统的人口统计特征的认识，将更多的要素考虑在内，如地域因素及经济、技术、社会、文化、人力、政治等资源的分配不均等；数字不平等的研究成果基本采用实证研究，但不局限于定量的实证研究。

信息分化领域期刊论文主要来源数据包括文献数据、调查数据、网络数据、实验数据、访谈数据及事实数据。在数据收集方面，除了传统

---

[1] Chatman E. A., "A Theory of Life in the Round", *Journal of the American Society for Information Science*, Vol. 50, No. 3, 1999.

[2] Chatman E. A., "Framing Social Life in Theory and Research", *New Review of Information Behaviour Research*, No. 1, 2000.

[3] Chatman E. A., "Information, Mass, Media Use and the Working Poor", *Library & Information Science Research*, No. 7, 1985.

[4] Chatman E. A., "The Information World of Low-skilled Workers", *Library & Information Science Research*, No. 9, 1987.

[5] Chatman E. A., "The Impoverished Life-world of Outsiders", *Journal of the American Society for Information Science*, Vol. 47, No. 3, 1996.

的访谈、调查和二手统计数据等收集方法之外，还融入了较多的人类学、社会学、政治经济学的研究思路，如民族志方法、调查、焦点小组、地图表示、案例分析、批判分析、内容分析等。典型研究方法包括现状描述、文献计量、比较研究、案例研究、预测研究、内容分析、社会网络分析等。

第三节 信息能力研究

自20世纪90年代中期开始，国内开始出现有关信息能力和信息能力培养的文章，内容侧重在对信息能力概念的引介方面。信息能力的概念在国内外尚未形成统一的定义，由于术语使用习惯的差异，多个术语指代同一个概念或相近概念的现象在该领域表现明显，例如，情报素养、信息素养、信息素质等概念经常与信息能力一起被用于指代同一个概念，对应的英文词汇也包括information literacy、information competence、information capacity 和 information power 等。在替代使用的意义上，与"信息能力"的提法相比，"信息素养/信息素质"的提法通常在专业学习或工作任务的语境下使用，对象往往是中小学生、大学生、图书馆馆员、读者、教师等特定群体，一般不指向日常生活的常规信息实践活动。在包含使用的意义上，"信息能力"有时候与信息意识、信息知识、信息伦理一起列为"信息素养/信息素质"的下位概念，这里的"信息能力"主要是信息技能、技巧、组织和运用能力的统称。这样的术语使用现象并不妨碍我们对信息能力内涵和外延的理解，结合本书的出发点，重点从研究对象、内涵及表现维度、影响因素和典型信息能力模型等方面对该领域的相关研究成果展开述评。

一 信息能力研究对象

关于信息能力的研究是目前可获得的文献中呈现出不同的研究对象，大体可以分为以下三个层面：

（一）国家或社会层面

从这个层面理解信息能力，通常将其视为国家竞争力的重要方面，如徐仕敏[1][2]重点对社会信息能力的内涵与结构、演进演化过程及其作用机制作了专门研究。在该层面研究信息能力的文献，往往注重对宏观社会信息流动状态的研究，目标聚焦在为相关信息政策的制定提供依据。

（二）特定社会主体层面

基于该层面的研究对象包括政府、企业、图书馆等社会主体，例如：周毅[3]将政府信息能力界定为包括"信息制度、信息资源管理、信息响应与网络舆情治理、公共信息服务"四个方面的能力的综合能力；如文献[4]将高校图书馆的文献资源、技术设备、人员结构、科研能力、服务水平等因素纳入高校图书馆信息能力考查范围；焦玉英、余彩霞等[5]指出企业信息能力是"企业从社会信息资源中获取、处理、分析和利用信息的能力，是企业竞争力的核心要素"；邱均平等人[6]对企业信息能力评价提出了评价指标框架。

（三）个体或特定群体层面

该层面的研究对象往往是具有某个共同属性的社会群体，如大学生、农民、青少年、图书馆读者等。该层面研究的是当今信息能力研究的主体部分。例如，周金元[7]将研究对象聚焦在研究生群体，把信息能力界定为科研信息检索、分析、评价及科研相关的专利、项目、成果等信息的获取能力。刘瑞华等[8]将个人信息能力界定为"对社会信息作出判断

---

[1] 徐仕敏：《论社会信息能力的演化》，《图书情报工作》2003年第7期。
[2] 徐仕敏：《社会信息能力的作用机制研究》，《中国图书馆学报》2003年第2期。
[3] 周毅：《论政府信息能力及其提升》，《情报理论与实践》2014年第10期。
[4] 同上。
[5] 焦玉英、余彩霞：《企业信息能力及其评价方法研究》，《现代图书情报技术》2005年第3期。
[6] 邱均平、粟大为、余以胜：《企业信息能力综合评价研究》，《情报科学》2006年第10期。
[7] 周金元：《研究生信息素质高级教程》，江苏大学出版社2009年版。
[8] 刘瑞华、魏毅、郑瑜：《图书馆信息能力研究引论》，《图书情报工作》2010年第5期。

和筛选并查找和利用所需信息的一种后天性技能"。李新松、张焕[①]将研究对象界定在大学生群体，其信息能力包括信息搜集、选择、分析、利用和信息道德五个方面的能力。

本书使用的信息能力概念主要聚焦在第三层面，特定信息行为或特定人群是信息社会问题研究的重要切入点。事实上，无论从什么角度理解信息分化问题，最终的结论都将落脚到人群之间的信息行为差异形成的过程、实质及其效果等方面。据相关文献显示，我国研究者对特定人群中出现的信息能力差异及其影响因素也给予了关注，具体信息行为包括数字阅读、互联网利用、手机利用等方面，涉及的人群包括大学生、农民、高中生、手机用户、网民等，有不少研究本身就是针对特定人群的特定信息行为展开的研究，为了统计的便利，本节对相关成果只按照某一维度归类。

二 信息能力内涵及表现维度

信息能力/素养/素质（Information Literacy）是图书馆学情报学学科长期持续关注的领域，特别是图书馆学领域对信息素养的关注成为多届IFLA的议题。信息素养概念自20世纪70年代由美国信息产业协会主席Paul Zurkowski率先提出以来，国内外专家学者对其展开了广泛讨论和研究，此后相关概念引起了学界高度关注，相关概念内涵、维度及代表性表述见表2.7。

20世纪70年代的信息能力（信息素养）概念，重点强调信息主体的信息意识、信息技能和对信息源的了解，在很大程度上停留在行为技能的层面。20世纪80年代后期，信息能力（信息素养）开始被置于个体能力的研究框架中，从信息意识、查寻、评价、组织、有效利用等多方面综合考察，强调将信息能力与用户教育和终身学习结合起来。

---

① 李新松、张焕：《新媒体环境下大学生信息能力的现状分析》，《现代情报》2013年第3期。

表 2.7　　　　　　　　信息能力及相关概念的内涵汇总

内涵	表现维度	代表性表述	文献来源
（Ⅰ）技术能力	设备拥有 联网情况 操作技能 技术使用时间 技术使用用途 对信源了解	所有经过训练的在工作中善于运用信息资源的人被称为具有信息能力（素养）的人，他们知道利用多种信息工具及主要信息资源使问题得到解答的技术和技能； 获取所需信息的技能，包括对图书馆组织机构的了解，对它们所提供的资源（包括信息形式和计算机化的查找工具）的熟悉程度，以及常用的查找技术方面的知识； 人们对情报活动、情报工作规律的了解，以及查询、获取、利用文献信息的知识和技能等； 强调技能、技巧、策略和方法； 获取识别信息，加工处理信息，传递、利用信息和创造新信息和ICTs应用能力，是一种技术能力； 专门针对计算机操作技能的素养，包括文本和表格、文宣作品制作、网络信息获取、演示文稿、图像处理和文件与系统管理； 是管理信息的一套新技能……克服信息过载的障碍	Paul Zurkowski, 1974；Doyle, 1992；丘东江, 2006；Behrens, 1974；李国秋, 2011；钟柏昌, 2013；何马克, 2013；周文杰等, 2015
（Ⅱ）信息行为的综合素养	信息意识 信息知识 信息技能 信息道德	识别、定位、评价和利用所需信息的能力； 利用信息工具及主要信息资源使问题得到解答的技术和技能。包括信息意识、信息知识、信息技能、信息道德等方面； 信息社会个体所具有的信息品质总和，包括信息智慧（信息知识、技能）、信息道德、信息意识、信息觉悟、信息观念、信息潜能、信息心理等； 属于人文素质的一部分，是人文社会的信息知识、信息意识、接受教育、环境因素影响等所形成的一种稳定的、基本的、内在个性、心理品质； 包括信息意识和信息需求的知识，是确定信息需求，检索定位信息，评价信息，对信息进行有效的组织和创造，最终使用和交流信息以解决问题的能力； 包括信息意识、信息知识与技能等要素； 包括信息意识、信息知识、信息能力和信息道德； 信息素养的过程结构与目标结构； 信息安全和知识产权也应该纳入框架	ALA, 1989；皮介郑, 2003；张厚生、袁曦临, 2007；《中国情报学百科全书》编委会, 2010；解敏, 2013；朱强、俞立平, 2009；厉宁、邹志仁, 2000；孙建军, 2001；莫力科、王沛民, 2004

续表

内涵	表现维度	代表性表述	文献来源
（Ⅲ）利用信息实现发展的能力	获得娱乐提升知识促进发展	有效地寻求、评价、利用和创造信息，以便达到其个人的、社会的、职业的和教育的目标；是人们有效参与信息社会的一个先决条件，是终身学习的一种基本人权；信息建设能力、信息获取能力以及信息运用能力	周建芳、刘桂芳，2012；张涛甫，2012；孙贵珍等，2009，2010；杨哲、王茂福，2014；姚缘、张广胜，2013

注：上述来源文献均可在本书参考文献部分找到出处。

20世纪90年代，国外的信息能力（信息素养）概念更加强调信息管理与交流能力，个别定义还强调对信息内容本身及其对社会、经济和政治的影响。从总体上看，这一时期的研究基本继承了1989年ALA报告中提出的信息素养概念，只是在表述和包含要素方面存在一些差异，学界对信息能力的认识基本趋于统一。

从信息活动的生命周期来看，信息素养可以分为信息工具的运用、信息获取、处理、表达、使用和交流等方面的能力，在更细节的指标中也体现了对信息意识、信息知识和信息技能的要求，皮介郑[1]将其总结为"信息素养的过程结构"，与之相对应的"信息素养的目标结构"则包括信息意识、情感、道德、常识等内容。除此之外，陈建龙[2][3][4]专门对信息（情报）意识作了理论、测量和特定群体差异的定量研究，王锦贵[5]也撰文论述信息素质问题。除此之外，在新的信息环境下，还出现了一些新的术语来描述特定情形的信息能力，如"比特素养"[6]，强调信

---

[1] 皮介郑：《信息素质理论与教育研究》，博士学位论文，中国科学院研究生院（文献情报中心），2003年。
[2] 陈建龙：《情报意识的理论研究》，《情报学刊》1990年第3期。
[3] 陈建龙：《情报意识测量方法论》，《情报学刊》1991年第6期。
[4] 陈建龙：《大学生信息意识的群体差异定量研究》，《大学图书馆学报》1993年第6期。
[5] 王锦贵：《论信息素质》，《大学图书馆学报》2006年第1期。
[6] ［美］何马克：《比特素养：信息过载时代的生产力》，郑奕玲译，电子工业出版社2013年版。

息过载的信息环境,聚焦在具体的信息管理行为,如在电子邮件删减、照片归类、文件命名等细节方面做好管理,会给工作和生活带来效率的提升,作者强调比特素养与计算机素养的区别,后者只是一种基本技能,并不指向信息过程的效果。

荷兰学者 Boekhorst[1] 将信息能力概念从三个方面加以总结:(1) ICTs 方面:通过 ICTs 来检索和发布信息的能力;(2) 信源方面:独立或借助媒介来找到和使用信息的能力;(3) 过程方面:信息需求、检索、评价、使用和发布信息,以获得更多知识的整个过程。这个概念将人视为一个信息系统,通过检索、评价、处理和利用信息来作出决策进而谋求更好的生存和发展空间。需要指出的是,这个概念已经开始在信息能力概念框架中关注信息效用问题,把信息主体的发展需求纳入信息行为研究视野。

当研究者认为信息能力是个体在信息活动中表现出来的各种能力之和时,研究者倾向于将这些不同的能力作为其要素,这些要素主要包括信息获取能力、信息加工能力、信息利用能力、信息交流能力和信息技术的利用能力等几个方面[2]。当使用"信息素质"这个术语时,一般认为信息能力首先并主要是一种品质或心理特征,研究者大多倾向于认为信息能力包括信息意识、信息实践能力、信息道德和信息观念等几个方面[3]。也有些研究者试图将两种认识统一起来,采取的方式则是将具体的能力要素作为信息能力的内容,而将品质特征作为构成要素;或者将具体能力要素和品质特征结合在一起共同作为信息能力的构成内容。

三 针对农民和农民工群体的信息能力研究

本书的研究对象群体为新生代农民工,该群体隶属于农民工群体并

---

[1] Boekhorst A. K., "Becoming Information Literate in the Netherlands", *Library Review*, Vol. 52, No. 7, 2003.
[2] 成列秀、尚克聪:《加强大学生情报能力的培养》,《晋图学刊》1999 年第 1 期。
[3] 樊振佳:《近十年国内信息能力研究综述》,《情报科学》2006 年第 7 期。

且来源于农民群体，这几个群体在面临的信息问题和解决方案方面存在一定的交叉。因此，本小节针对该群体的信息分化和信息能力研究成果所作的综述实际上从农民、农民工和新生代农民工三个角度展开。

(一) 针对农民群体

于良芝等[1]基于农民视角出发，通过对农村信息服务效果及其制约因素进行研究，表明现有农村信息服务的效果并不显著。在这篇文献中，将农村信息服务分为虚拟信息服务和实体信息服务两类，制约前者效果的表层原因是农民缺乏使用这些虚拟服务的设备和技能，制约后者效果的表层原因则是这些实体服务往往不被农民关注、知晓和接近。

在对河北农民的信息素质进行调查的基础上，孙贵珍等[2]指出，主动信息意识缺乏和信息能力普遍偏低的综合作用，造成农民整体信息素质偏低，阻碍了信息需求的认识和表达，进而成为农村信息贫困的成因之一。来自同一个研究团队的成果[3]再次表明农村信息供给方面存在如下问题：农村信息产品的有效性偏低、时效性和针对性差；农村信息供给的投入不足，信息供体形式单一，基层信息人员缺乏；农村信息市场发育迟缓，农村信息市场供给的激励机制缺乏；受众经济收入和文化程度低，制约其信息需求，进而影响农村信息供给。这些因素综合作用的结果，导致农村信息供给不足，成为导致农村信息贫困的一个重要原因。农村居民的信息劣势是一种"结构性弱势"。孙贵珍等[4]利用

---

[1] 于良芝、俞传正、樊振佳、张瑶：《农村信息服务效果及其制约因素研究：农民视角》，《图书馆杂志》2007年第9期。

[2] 孙贵珍、王栓军：《基于农村信息贫困的河北农民信息素质调查分析》，《中国农学通报》2009年第24期。

[3] 王栓军、孙贵珍：《基于农民视角的河北省农村信息供给调查分析》，《中国农学通报》2010年第22期。

[4] 孙贵珍、王栓军、李亚青：《基于农村信息贫困的农民信息购买力研究》，《中国农学通报》2010年第6期。

统计数据资料对农民的信息消费能力进行了分析，也发现在现有消费结构下，6.24%的农户无信息购买能力，约20%的农户信息购买能力不足。

影响农民信息获取机会的已知结构因素主要来自两种理论[①]。第一种理论凸显农民的地域劣势、收入、教育等因素，认为各因素的作用力相加，共同决定农民的信息劣势。第二种理论凸显资本的经济利益、政府部门的政治利益及城市居民的消费利益。在涉及农村信息基础设施、服务、资源的决策中，上述因素会在资本的经济利益主导下，出现利益趋同，共同制约农村信息基础设施、服务、资源的发展。这两组因素虽然来自不同理论，但由于分属不同层面，可以为农民的信息贫困问题提供互补的解释。

将农民划分为老一代和新一代，也是现有文献常见的研究切入视角。岳奎、赵小丽[②]对新老两代农民的信息能力进行比较，指出老一代农民在信息内容层次和信息利用率方面都低于新一代农民。此外，还表现出信息获取渠道较为单一、主体信息能力不足，并针对两种信息能力状态提出"强信息化范式"和"弱信息化范式"的对策。此外，高静、贺昌政[③]分析了信息能力对农户识别创业机会的影响，并提出从信息获取渠道拓宽、农户数据处理技术应用能力提升、专业化数据处理水平提高这三方面来提高创业农户的信息能力的建议。

（二）针对农民工群体

农民工，又称进城务工人员，是我国自20世纪80年代在"城乡人口流动"过程中形成的一类特殊社会群体，他们作为弱势群体在当前的政策语境中受到了广泛关注，也成为国内外学者关注的焦点之一，关于

[①] 于良芝、谢海先：《当代中国农民的信息获取机会：结构分析及其局限》，《中国图书馆学报》2013年第6期。

[②] 岳奎、赵小丽：《强与弱：代际农民的信息能力差异及信息化策略》，《河南师范大学学报》（哲学社会科学版）2015年第1期。

[③] 高静、贺昌政：《信息能力影响农户创业机会识别：基于456份调研问卷的分析》，《软科学》2015年第3期。

新生代农民工信息获取与分化研究

农民工对信息传播技术使用的研究，国内外均有涉及[1][2][3][4][5][6]。生存和发展是农民工在城市生活中的两项最主要的议题[7]，它们促成了 ICTs 的采纳与使用，农民工使用 ICTs 来维系初级关系、发展衍生关系。手机以及短信使用使农民工可以快速获得关于工作、生活、环境等各方面可靠、充足的信息，从而成为农民工职业变换的催化剂[8]。手机对于农民工意味着机会、信息和资源，维系着赖以生存的核心资源[9]。除了工作和社会交往信息需求，农民工还通过移动互联网获得娱乐需求的满足。有研究[10]显示，在虚拟情境中，"游戏"不但可以让农民工暂且搁下真实的社会身份，并扮演不同的社会角色，更让他们从现实中抽离，可以让使用者产生自主的感觉。陈军[11]、查春燕[12]等人的学位论文侧重于对农民工求职信息获取和利用过程中遇到的障碍问题进行研究并给出了解决对策。

---

[1] Cartier C., Castells M. and Qiu J. L., "The Information Have-less: Inequality, Mobility, and Translocal Networks in Chinese Cities", *Studies in Comparative International Development (SCID)*, Vol. 40, No. 2, 2005.

[2] Lin A. and Tong A., "Mobile Cultures of Migrant Workers in Southern China: Informal Literacies in the Negotiation of Social Relations of the New Working Women", *Knowledge, Technology & Policy*, No. 21, 2008.

[3] Ngan R. and Ma S., "The Relationship of Mobile Telephony to Job Mobility in China's Pearl River Delta", *Knowledge, Technology & Policy*, No. 21, 2008.

[4] Yang K., "A Preliminary Study on the Use of Mobile Phones amongst Migrant Workers in Beijing", *Knowledge, Technology & Policy*, Vol. 21, No. 2, 2008.

[5] 丁未、宋晨：《在路上：手机与农民工自主性的获得——以西部双峰村农民工求职经历为个案》，《现代传播》2010 年第 9 期。

[6] 曹晋：《传播技术与社会性别：以流移上海的家政钟点女工的手机使用分析为例》，《新闻与传播研究》2009 年第 1 期。

[7] 雷蔚真：《信息传播技术采纳在北京外来农民工城市融合过程中的作用探析》，《新闻与传播研究》2010 年第 2 期。

[8] Ngan R. and Ma S., "The Relationship of Mobile Telephony to Job Mobility in China's Pearl River Delta", *Knowledge, Technology & Policy*, No. 21, 2008.

[9] 樊佩佩：《从传播技术到生产工具的演变：一项有关中低收入群体手机使用的社会学研究》，《新闻与传播研究》2010 年第 1 期。

[10] 郑松泰：《"信息主导"背景下农民工的生存状态和身份认同》，《社会学研究》2010 年第 2 期。

[11] 陈军：《农民工求职的信息短缺问题研究》，硕士学位论文，湖南师范大学，2005 年。

[12] 查春燕：《农民工求职的信息障碍研究：基于工作搜寻理论的视角》，硕士学位论文，东北财经大学，2007 年。

陶建杰[①]基于"需求层次理论",将农民工的信息需求分为物质、安全、尊重、自我实现这四类信息,分别对这四类信息的满意度进行考察。通过实证研究发现,农民工总体信息满意度较高,但四类具体信息满意度有所不同;新生代农民工的信息满意度低于老一代农民工,并出现了亚群体分化;学历、外出时间、信息环境是影响农民工信息满意度最主要的因素,两代农民工的影响因素呈现出差异。新生代农民工具备更好的信息获取条件,他们对信息的需求更迫切,要求更高。卢喜梅[②]在对农民工信息需求现状调查的基础上,指出"信息能力不足"是当前制约该群体信息行为的重要因素。

图书馆是与农民工信息能力密切相关的社会主体之一。公共图书馆是农民工信息能力领域最受关注的图书馆类型,相关文献[③④⑤⑥⑦⑧⑨]对公共图书馆向农民工群体提供信息服务、助力该群体市民化进程、提供知识援助等从多个角度分布开展了相关研究,进一步证实了公共图书馆在促进农民工社会融入方面的重要作用。除此之外,社区图书馆[⑩]也是向农民工提供服务的关键主体,并且相比于其他类型的图书馆,社区图书馆有更加接近基层的优势。

媒介素养是与信息能力紧密相关的一个概念,部分对农民工媒介素

[①] 陶建杰:《新生代农民工的信息满意度及影响因素研究:兼与老一代农民工的比较》,《中国青年研究》2013年第8期。
[②] 卢喜梅:《我国农民工信息需求与信息行为的现状调查及特点分析》,硕士学位论文,华中师范大学,2014年。
[③] 王子舟:《图书馆如何向农民工提供知识援助》,《山东图书馆学刊》2009年第1期。
[④] 余光岚:《公共图书馆为农民工提供信息服务的理论与实践初探》,硕士学位论文,云南大学,2010年。
[⑤] 岳一凡:《公共图书馆为农民工提供知识援助的方法研究》,硕士学位论文,西北大学,2011年。
[⑥] 杨玫:《市民化进程中的农民工信息保障体系研究》,《情报资料工作》2013年第1期。
[⑦] 胡春娟:《公共图书馆:助力农民工市民化》,《图书馆论坛》2014年第8期。
[⑧] 雷兰芳:《关爱农民工:公共图书馆在行动:福建省公共图书馆农民工信息服务调查与思考》,《福建图书馆理论与实践》2014年第3期。
[⑨] 赵巳雨:《公共图书馆为外来劳务工提供社区信息服务的必要性分析》,《内蒙古科技与经济》2015年第1期。
[⑩] 陈喜红:《社区图书馆为农民工服务的探讨》,《图书馆论坛》2010年第4期。

养开展研究的成果从另一个方面对该群体的信息能力进行描述和分析，通过对媒介的利用能力分析间接体现其对信息的获取和利用能力。例如，杜忠锋、史晓宇[①]以昆明大学城建筑工地的农民工为研究对象分析其媒介素养，重点在该群体对媒介的认知、拥有和利用等方面描述其信息能力；李道荣、彭麟竣[②]对农民工媒介素养从宏观层面做了综合描述。作为学位论文，李洁玉[③]则是选取网络媒介素养作为研究内容，提出农民工网络媒介素养的提升策略；权丽桃[④]则是以新媒体为研究内容，重点对新媒体在农民工信息行为中的价值开展研究，强调新媒体对该群体信息行为甚至生活行为的关键影响。

关于农民工信息能力提升与培养问题，通过媒介使用技能培养提升信息能力[⑤]、通过图书馆的社会教育功能提升农民工信息素养[⑥]、借助于信息素养领域典型模型提出对策建议[⑦]、重点在意识层面关注农民工信息能力的短板及提升对策[⑧]等是从不同视角出发对同一个问题的解读，对农民工信息能力的提升和完善在一定程度上起到了积极推动作用。

（三）针对新生代农民工群体

"新生代农民工"是农民工群体中年龄层次较低并且对城市生活和新技术有更强的向往和适应能力的群体。从手机消费角度入手，杨嫚等人[⑨]通过对武汉新生代农民工的深度访谈，从手机消费的角度来诠释他

---

① 杜忠锋、史晓宇：《对农民工媒介素养现状的调查研究：以昆明大学城建筑工地为个案》，《东南传播》2011年第3期。
② 李道荣、彭麟竣：《中国农民工媒介素养问题研究》，《北京社会科学》2013年第5期。
③ 李洁玉：《农民工网络媒介素养现状及提升对策研究：以广州市为例》，硕士学位论文，暨南大学，2012年。
④ 权丽桃：《新媒体在农民工信息行为中的价值研究》，《图书馆论坛》2014年第9期。
⑤ 马意翀、许学峰：《农民工媒介素养教育初探》，《东南传播》2009年第7期。
⑥ 杨敏文：《培育农民工信息素养的服务策略探讨》，《农业图书情报学刊》2012年第8期。
⑦ 焦雪、黄丽霞：《Big 6视角下农民工信息素养教育研究》，《图书馆学研究》2013年第9期。
⑧ 赵媛、淳姣、王远均：《我国农民/农民工信息意识现状及提升对策》，《四川大学学报》（哲学社会科学版）2014年第6期。
⑨ 杨嫚：《消费与身份构建：一项关于武汉新生代农民工手机使用的研究》，《新闻与传播研究》2011年第6期。

们是如何在新技术使用、青年亚文化、阶层及城乡二元结构等多个层面的交织之中构建自我的社会身份的。研究表明,尽管手机消费为新生代农民工提供了表达自我身份的机会,但却无法从根本上重塑其社会身份,因为他们的手机消费方式与其在生产领域中的地位及所处的工作情境始终是紧密相关的。

公共图书馆是对新生代农民工的信息需求和能力提升有较强关注的社会主体之一。例如,肖永英、张淼[1]采用问卷调查方法对270名新生代农民工展开调研,指出新生代农民工的信息需求满足度不高的现实,并为公共图书馆面向新生代农民工开展有针对性的服务活动提出了建议。黄寅寅[2]、刘瑶等人[3]分别从新生代农民工对图书馆信息服务的需求和知识服务两个方面开展研究,指出公共图书馆对新生代农民工信息能力提升的作用。

在媒介素养特别是新媒体利用方面,基于社交媒体数据,张鹏翼[4]研究表明,新的技术环境(社会化新闻媒体、社交网站等)带来了推进社会融入的可能性,但同时也提升了数字鸿沟进一步拉大的威胁。因此,仅通过设备捐赠还不能有效解决弱势群体所面临的数字鸿沟问题,必须认识到新生代农民工群体内部的巨大潜能,该群体中很多人已经开始主动利用低端ICTs设备和社会网络资源来解决现实问题,应当在该群体中培育一定数量的"草根精英",以便在其群体内部产生出改变目前这种边缘化状态的力量和结构。杨英新[5]研究认为网络媒介素养是新生代农

---

[1] 肖永英、张淼:《新生代农民工图书馆服务调查研究——以广州市海珠区图书馆为例》,《图书馆论坛》2015年第2期。

[2] 黄寅寅:《"80后"农民工对图书馆信息服务需求的分析:基于浙江长兴县的调查》,《图书馆论坛》2011年第3期。

[3] 刘瑶、张新岭、林竹:《新生代农民工知识能力与公共图书馆知识服务研究》,《国家图书馆学刊》2012年第2期。

[4] Zhang Pengyi, "Social Inclusion or Exclusion? When Weibo Meets the 'New Generation' Migrant Workers", *Library Trends*, Vol. 62, No. 1, 2013.

[5] 杨英新:《城市融入之推手:新生代农民工的网络媒介素养》,《中国劳动关系学院学报》2012年第2期。

民工融入城市的重要推手，而王士军、彭忠良[1]则研究指出移动新媒体对解决新生代农民工信息饥渴问题带来了机遇和挑战，并为此提出了对策。

采用问卷调查方法，成华威、刘金星[2]利用问卷调查分析指出新生代农民工信息素养存在主动利用信息的意识淡薄、信息技能较弱、公共信息服务与培训缺失、抵制不良信息的素养缺乏等问题，并提出应建立起由政府、社区、公益组织及包括图书馆在内的公共信息服务部门构成的信息服务体系的对策建议。

在特定信息需求满足与保障方面，王芳等人[3]对农民工利用电子政务服务的现状进行描述和分析，并据此提出针对性建议。杨玫[4][5]在研究中也特别指出政府在对农民工市民化过程中信息保障方面政府应当承担的责任。求职就业信息需求是农民工信息需求的重要表现方面，苗婷秀[6]、纪琴[7]的学位论文在这方面有较为系统的梳理研究，前者对新生代农民工择业过程中的信息主体、服务体系、信息环境等方面开展研究，提出多方主体共同参与的对策建议；后者选取西安地区的新生代农民工作为研究对象，对其就业信息渠道的情况进行实证调研，发现非正式渠道是这些人群获取求职信息的主要渠道，通过对其根源的分析，提出了从政府、民办职介所、社会关系网络及非政府组织等层面出发来优化该群体就业信息渠道的建议。

面对新生代农民工的城市融入问题，李全喜[8]从新生代农民工融入

---

[1] 王士军、彭忠良：《论移动新媒体破解新生代农民工信息饥渴的机遇与挑战》，《河北北方学院学报》（社会科学版）2013年第3期。

[2] 成华威、刘金星：《新生代农民工信息素养现状及培养路径探析》，《情报科学》2015第2期。

[3] 王芳、陈永波：《我国农民工利用电子政务服务调查》，《中国信息界》2010年第10期。

[4] 杨玫：《市民化进程中的农民工信息保障体系研究》，《情报资料工作》2013年第1期。

[5] 杨玫：《农民工市民化信息保障中的政府机制研究》，《图书馆》2014年第1期。

[6] 苗婷秀：《新生代农民工择业过程中信息行为相关问题研究：基于昆明市南坝人力资源中心的实证调查》，硕士学位论文，云南大学，2012年。

[7] 纪琴：《新生代农民工就业信息渠道研究》，硕士学位论文，长安大学，2014年。

[8] 李全喜：《新生代农民工城市融入中的信息短缺问题研究》，《图书馆工作与研究》2014年第2期。

城市的信息短缺问题入手，指出其中的一个重要原因是该群体的信息能力弱，而相应的提升信息能力则是融入城市的关键途径之一。杨哲、王茂福[①]运用问卷调查法，考察了新生代农民工信息能力因素对于该群体融入城市的影响。研究发现，信息建设、信息获取及信息运用能力对此具有显著影响，并且呼吁"合适的信息能力政策"出台。姚缘、张广胜[②]利用新生代农民工就业史数据，分析了新生代农民工职业信息获取对职业流动的影响。研究发现，职业信息需求、信息获取渠道、获取方法与职业流动次数成正向相关关系，有利于新生代农民工职业的向上流动。徐艳霞[③]在对新生代农民工信息需求实现途径研究中指出，新生代农民工的信息需求，需要政府、用工部门、社会及新生代农民工自身等多方面共同努力才能满足。利用神经网络模型，吴诗贤等人[④]对农民工信息素养和城市社会融合度的关系问题进行研究，并提出神经网络映射模型。

关于信息能力的培养和提升问题，教育和培训往往是现有研究中最普遍关注的对策之一。例如，刘勇、王学勤[⑤]就以浙江省新生代农民工为例，探讨新生代农民工信息素养提升策略。对于新生代农民工而言，获得学校教育几乎已经不太现实，他们当中绝大多数人都是由于各种原因（如通过上学看不到改变命运的希望）才从正常的学校教育中退出进而加入到进城务工人员队伍中，他们对学校教育缺乏必要的认同或者已经被各种社会角色限制（如要承担起赡养老人和抚育子女的家庭责任就不得不务工）而无暇考虑接受学校教育。因此，通过正常的学校教育来改善新生代农民工这个群体的信息能力这条道路，在现实中是很难行得

---

① 杨哲、王茂福：《新生代农民工信息能力与城市融入研究》，《中国名城》2014年第8期。
② 姚缘、张广胜：《信息获取与新生代农民工职业流动：基于对大中小城市新生代农民工的调研》，《农业技术经济》2013年第9期。
③ 徐艳霞：《新生代农民工的信息需求及其实现途径》，《理论探索》2010年第2期。
④ 吴诗贤、张必兰：《农转城新市民信息素养与城市社会融合度的神经网络映射模型》，《图书情报工作》2013年第23期。
⑤ 刘勇、王学勤：《新生代农民工信息素养现状及提升策略研究：以浙江省为例》，《图书馆工作与研究》2014年第7期。

通的。

针对新生代农民工信息能力的上述研究大多是从特定方面的信息需求（如求职信息）出发，或者聚焦在某种信息工具（如手机）、对某种操作技能的考察，这样在特定情境或特定方面获得的结果对该群体信息能力全貌的描述显得说服力不足，其对策也往往聚焦在特定的技能提升或需求满足方面，并不能从信息能力角度实现对信息分化的有效解释。

四 典型的信息能力模型

无论是把信息能力视为信息素养的组成部分，还是等同于信息素养，大多数研究者都认可从信息活动全生命周期（从信息需求到信息利用与交流等不同阶段）表现出来的能力来理解信息能力。本书以时间顺序选取了六个信息能力模型，在对其作简单评判的基础上总结信息能力基本概念框架。

（一）Big 6 模型

为了培养学生信息能力，美国学者迈克·艾森伯格（Mike Eisenberg）与鲍勃·伯科威茨（Bob Berkowitz）在 1990 年提出[1]，涉及任务确定、信息搜寻策略、定位与获取、信息利用、信息集成和信息评价这六个主要技能领域的解决方案，该方案被称为 Big 6 模型，如图 2.6 所示。

由图 2.6 可以看出，Big 6 信息能力模型实际上是信息行为的六个步骤[2]，各个步骤涉及的具体任务简述如下：（1）任务的确定步骤：确定信息问题和解决信息问题所需的信息；（2）搜寻信息的策略步骤：分析与选择合适的信息资源；（3）检索和获取步骤：定位信息源并查找信息；（4）信息的使用步骤：感受并筛选相关信息；（5）信息集成步骤：

---

[1] Eisenberg M. and Berkowitz B., *Big 6: An Information Problem-solving Process* (http://www.big6.com).

[2] Murray J., "Applying Big 6 Skills and Information Literacy Standards to Internet Research", *The Book Report*, No. 11/12, 2000.

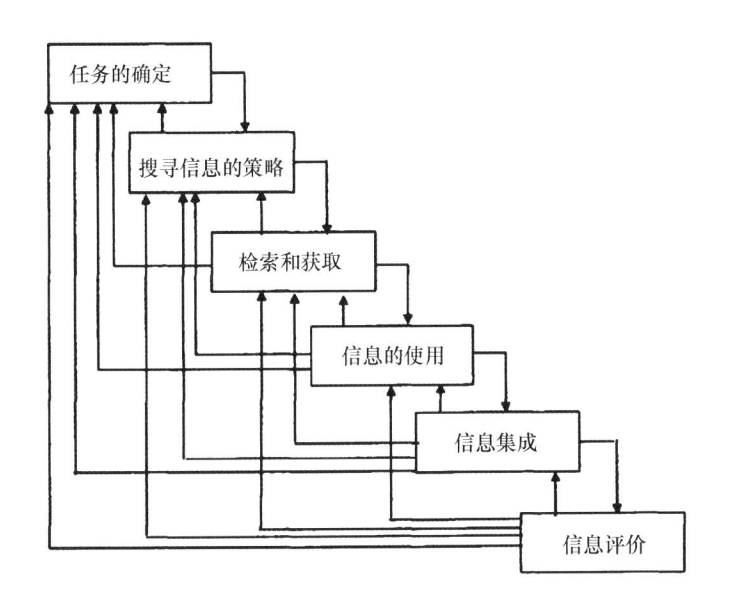

图 2.6 Big 6 信息能力模型

资料来源：根据文献整理。原始文献出处：Eisenberg M., *Information Literacy: Ensuring Effective Use of Information* (http://www.ischool.washington.edu/mbe/presentations/info%20Literacy-University%20of%20Puerto%20Rico%202-2004.ppt).

将多源信息组织、展示和表达出来；（6）信息评价步骤：评价效率和有效性。

（二）道尔模型

美国学者道尔（Doyle）[①]在《信息素养全美论坛的终结报告》（Final Report to the National Forum on Information Literacy）中运用德尔菲问卷调查方法得出了信息能力是由十种具体能力构成的结论，这十种具体能力采用列举式方法展示，它们之间却是逐级递进的关系，如图 2.7 所示。

[①] Doyle C. S., "Outcome Measures for Information Literacy within the National Education Goals of 1990", *Final Report to the National Forum on Information Literacy* (http://www.education.tas.gov.au/0278/issue/026/christina.htm).

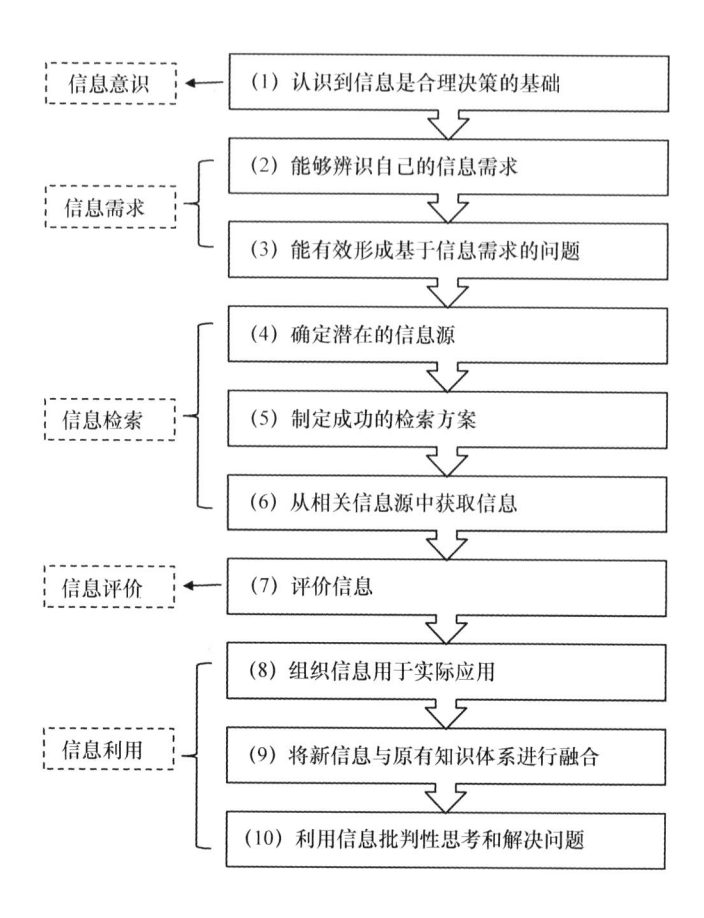

```
┌─────────┐     ┌──────────────────────────────┐
│ 信息意识 │ ←── │ (1) 认识到信息是合理决策的基础 │
└─────────┘     └──────────────────────────────┘
                              ↓
┌─────────┐     ┌──────────────────────────────┐
│         │     │ (2) 能够辨识自己的信息需求    │
│ 信息需求 │ ←── └──────────────────────────────┘
│         │                   ↓
│         │     ┌──────────────────────────────┐
│         │     │ (3) 能有效形成基于信息需求的问题 │
└─────────┘     └──────────────────────────────┘
                              ↓
┌─────────┐     ┌──────────────────────────────┐
│         │     │ (4) 确定潜在的信息源          │
│         │     └──────────────────────────────┘
│ 信息检索 │ ←──            ↓
│         │     ┌──────────────────────────────┐
│         │     │ (5) 制定成功的检索方案        │
│         │     └──────────────────────────────┘
│         │                   ↓
│         │     ┌──────────────────────────────┐
│         │     │ (6) 从相关信息源中获取信息    │
└─────────┘     └──────────────────────────────┘
                              ↓
┌─────────┐     ┌──────────────────────────────┐
│ 信息评价 │ ←── │ (7) 评价信息                 │
└─────────┘     └──────────────────────────────┘
                              ↓
┌─────────┐     ┌──────────────────────────────┐
│         │     │ (8) 组织信息用于实际应用      │
│         │     └──────────────────────────────┘
│ 信息利用 │ ←──            ↓
│         │     ┌──────────────────────────────┐
│         │     │ (9) 将新信息与原有知识体系进行融合 │
│         │     └──────────────────────────────┘
│         │                   ↓
│         │     ┌──────────────────────────────┐
│         │     │ (10) 利用信息批判性思考和解决问题 │
└─────────┘     └──────────────────────────────┘
```

图 2.7 道尔信息能力模型

注：该图根据原始文献文字表述整理，左侧虚线框内内容和标示符号为本书作者添加，并非原始文献的表述。翻译参考了莫力科博士学位论文[1]相关内容。

由图 2.7 可以看出，道尔信息能力模型用采用列举法，将信息主体从信息需求到信息需求满足全生命周期所涉及的各个阶段要求及其具体能力进行描述，实际上可以按照阶段进一步合并为信息意识、信息需求、

---

[1] 莫力科：《大学生信息能力建设模式与实证研究》，博士学位论文，浙江大学，2005年，第21—22页。

信息检索、信息评价和信息利用五个阶段。该模型形式简单，有助于后来研究者对信息能力构成要素的直观理解。

（三）布鲁斯信息能力模型

澳大利亚学者布鲁斯[①][②]基于不同的理念将信息能力划分为七个层面，从不同角度描述了信息能力的构成，该模型为信息能力的内涵及其构成要素提供了新的视角，本书将其称为布鲁斯信息能力模型，如图2.8所示。

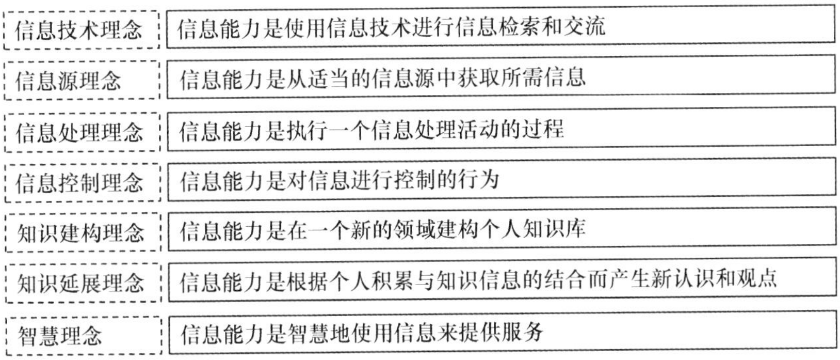

信息技术理念	信息能力是使用信息技术进行信息检索和交流
信息源理念	信息能力是从适当的信息源中获取所需信息
信息处理理念	信息能力是执行一个信息处理活动的过程
信息控制理念	信息能力是对信息进行控制的行为
知识建构理念	信息能力是在一个新的领域建构个人知识库
知识延展理念	信息能力是根据个人积累与知识信息的结合而产生新认识和观点
智慧理念	信息能力是智慧地使用信息来提供服务

图2.8 布鲁斯信息能力模型

注：该图根据原始文献文字表述整理。部分术语翻译参考了莫力科博士学位论文[③]相关内容。

布鲁斯信息能力模型从信息技术、信息源、信息处理、信息控制、知识建构、知识延展和智慧这七个视角分别理解信息能力，将信息、知识和智慧视角有机结合，对信息能力多视角认识有集成意义。

（四）ALA&AECT模型

1998年，美国图书馆协会（American Library Association，简称ALA）与教育传播与技术协会（Association for Educational Communications and

---

① Bruce C. S., *Seven Faces of Information Literacy in Higher Education*（http://sky.fit.qut.edu.au/-bruce/inflit/faces/faces 1. php）.
② Bruce C. S., *Seven Faces of Information Literacy*, Adelaide: AULSIB Press, 1997.
③ 莫力科：《大学生信息能力建设模式与实证研究》，博士学位论文，浙江大学，2005年。

Technology，简称 AECT)① 针对学生群体制定了一套信息能力标准，该标准包括九种信息能力，将其称为 ALA & AECT 模型，如图 2.9 所示。

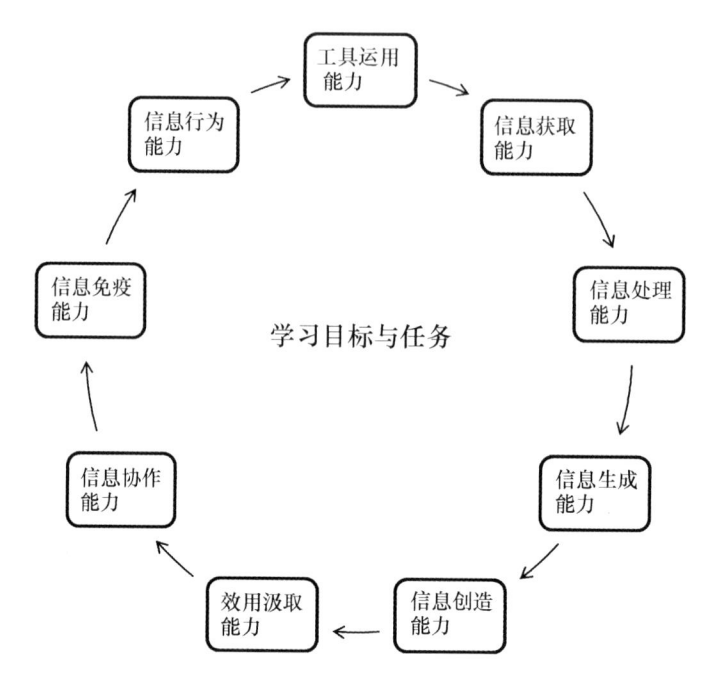

图 2.9 ALA & AECT 信息能力模型

注：该图根据原始文献文字表述整理。

ALA & AECT 信息能力模型作为美国学生信息能力教育和评估标准，有很强的针对性，该模型强调围绕学习目标和任务的信息搜寻到利用过程的具体能力，对非学习领域的信息能力评估也有一定的参考价值。

（五）SCONUL 模型

1998 年，英国高校与国家图书馆协会（The Society of College, National and University Libraries，简称 SCONUL）下设了一个专门执行小组

---

① ALA and AECT, *The Information Literacy Standards for Student Learning* (http://www.nlc.state.ne.us/libdev/informationliteracystandards.html).

从事信息能力研究。1999年,该小组针对高校学生提出了一个信息能力模型①,如图2.10所示。

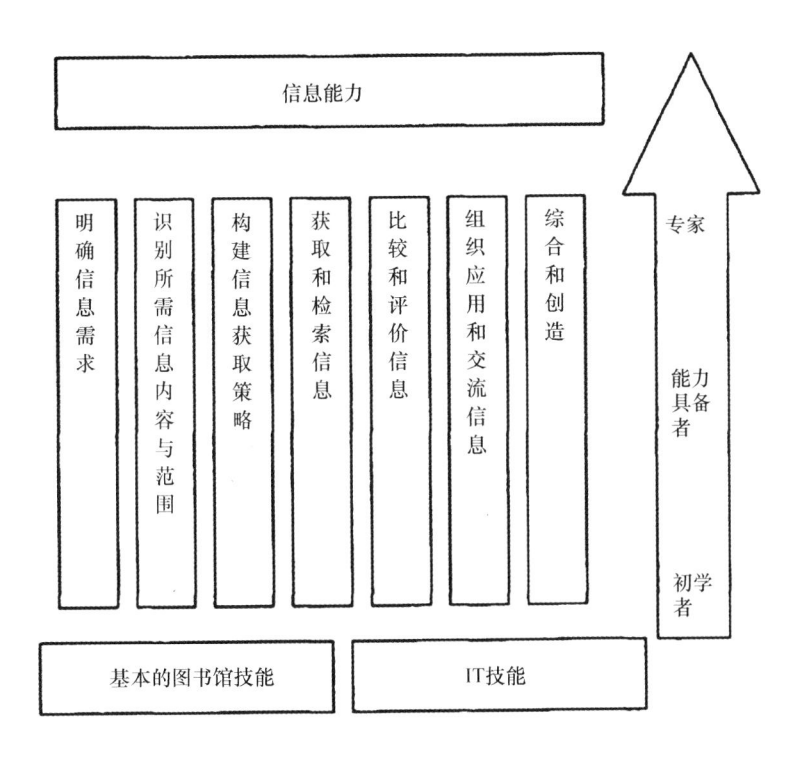

图2.10 SCONUL信息能力模型

资料来源:莫力科:《大学生信息能力建设模式与实证研究》,博士学位论文,浙江大学,2005年,第30页。

该模型最基本的能力基础是图书馆技能和IT技能,包括七个方面的具体能力,并且根据能力层次划分为初学者、能力具备者和专家三个层次,将尽可能多的因素考虑进来,针对高校学生这个群体的信息能力培养具有指导意义。

---

① SCONUL, *Information Skills in Higher Education: A SCONUL Position Pape* (http://www.sconul.ac.uk/activities/inf_lit/papers/Seven_pillars.html).

（六）群体信息能力模型

赵静、王玉平[1][2][3]提到，群体信息能力是信息能力研究的一个层面，是根据研究对象划分，以及在研究面向特定研究对象的信息能力共性时形成的，包含群体信息化和运用信息达成目标所需的各种能力两层含义，体现了信息素质与相应社会能力的有机结合。群体信息能力包括获取、吸收、交流、消费、运用、组织和创新七个方面，以及意识（或目标）、方法、手段（或方式、类型）、途径（渠道）、信息源五个要素，如图2.11所示。

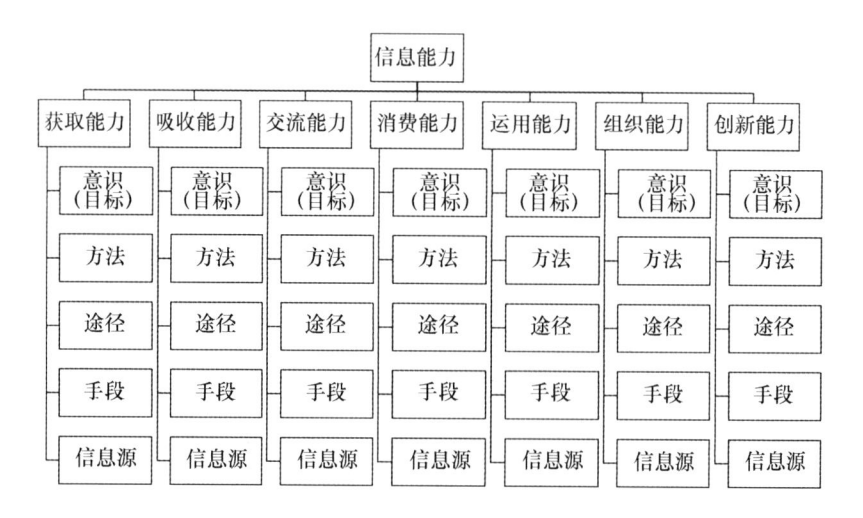

图 2.11 群体信息能力模型

注：该图根据原图重新绘制，内容结构不变，形式略有调整。原图来源：赵静、王玉平：《群体信息能力评测指标体系》，《情报理论与实践》2008 年第 6 期。

（七）相关模型讨论与总结

上述六个信息能力模型，为我们从多个维度理解信息能力概念提供

---

[1] 赵静、王玉平：《群体信息能力测试分析模型》，《图书情报工作》2008 年第 6 期。
[2] 赵静、王玉平：《群体信息能力评测指标体系》，《情报理论与实践》2008 年第 6 期。
[3] 赵静、王玉平：《西部农村群体信息能力培育及区域信息共享机制研究》，科学出版社 2010 年版。

了丰富的理论参考。通过简单对比不难发现，这六个模型实际可以分为三种视角分别对信息主体的信息能力进行描述。

第一种视角是按照信息行为的周期来描述不同阶段的具体能力，包括 Big 6 模型和道尔模型，这些模型基本都是按照信息行为阶段来描述的。例如，Big 6 模型将信息行为从任务、策略、检索、使用、集成和评价这六个步骤对一项具体信息搜寻任务不同阶段进行了描述，相应地将信息能力描述为上述不同阶段所表现的具体技能，而道尔模型则是从十种具体能力（对应信息行为的十个阶段）来描述信息能力。

第二种视角主要是按照构成要素来描述具体的信息能力，包括布鲁斯模型和 ALA & AECT 模型。例如，布鲁斯模型从包括信息技术、信息源、信息处理、信息控制、信息建构、知识延展和智慧这七个层面来理解信息能力，带有显著的集成研究色彩。而 ALA & AECT 模型则是围绕着具体学习目标和任务从九个方面描述信息能力，虽然带有一定的信息行为阶段特征，但主要还是从构成角度来描述。

第三种视角是上述两种视角的综合视角，包括 SCONUL 模型和群体信息能力模型。这类模型都既包含了信息行为的不同阶段的具体能力，又在构成要素方面作了进一步描述。例如，群体信息能力模型是从获取、吸收、交流、消费、运用、组织和创新等信息行为的不同方面划分信息能力，同时又对每个方面的信息能力从意识（目标）、方法、途径、手段和信息源这五个要素来描述。SCONUL 模型则按照不同阶段将信息能力划分为七个方面，同时又在能力表现层次上划分出初学者、能力具备者和专家三个水平。这种综合视角有利于全面认识信息能力的构成，对信息能力理论研究有重要启发。

需要说明的是，上述模型大多数是由图书馆或教育领域的协会组织针对学生群体提出的，扩展到其他社会群体不一定适合，比如，ALA & AECT 模型和 SCONUL 模型都是针对学生群体提出的信息能力模型，强调学生学习过程中的信息获取和利用，并不适合普通人群一般日常生活的信息获取和利用过程。另外，这些模型强调特定信息行为从信息需求产生到利用的过程，往往将信息行为与其他行为视为相对独立的过程，而现实生活中的信息行为往往与具体的经济、社会、政治需求交织在一起，并且最终效用并不局限在信息利用和知识吸收方面，需要综合考虑其他因素。

第四节 信息社会问题综合研究

信息分化与信息能力都是信息社会的重要议题，从以上两节的综述表明二者在理论视角、表现维度、影响因素等方面存在一定的衔接，但还需要在更广的信息社会问题视野中进一步考察。

一 基于信息能力的信息分化研究

基于信息能力角度理解信息分化，最常见的表述为由于信息意识、信息技能、知识结构等方面的因素影响而导致的数字鸿沟和信息不平等。

由于"技能鸿沟"的存在，高端受众与低端受众在信息选择上会各取所需，分层选择，进而形成"新数字鸿沟"，新数字鸿沟则更强调使用者的素质与能力等内部性条件。也就是说，数字鸿沟并非取决于是否拥有数字技术，而是受制于如何利用数字技术。可见，在信息技术普及率越来越高的情况下，新数字鸿沟对社会造成的影响变得越来越重要了，运用数字技术的素质和能力差异决定数字鸿沟的宽度与深度。凯撒家庭基金会在 2010 年所做的一项调查显示，在美国，父母未获得过大学学位的儿童和青少年，比来自经济社会地位更高的家庭的孩子每天花在网络媒体上的时间要多约 1.5 小时。调查者认为："尽管电脑具有很强大的教育潜能，但现实中，将电脑用来教育、用来创造有意义的内容，与电脑提供的娱乐功能相比显得微不足道。……非但没能缩小数字鸿沟，反而扩大了在时间浪费上的差距。"[①]

---

① 张涛甫：《警惕"新数字鸿沟"加剧信息不平等》（http：//roll.sohu.com/20120921/n353669702.shtml）。

第二章 研究综述

针对互联网应用分化，国内学者以大学生作为研究对象开展了一系列研究工作。例如，韦路等[①]对大学生网络知识对网络使用意向的影响所进行的研究表明，大学生现实世界中的网络经历可有效预测其网络知识，网络知识影响到他们对网络的认知和态度，如自我效能感、感知易用性、感知有用性、感知乐趣；最终，这些认知和情感因素影响到他们的网络使用意向。Goldfarb 和 Prince 的研究[②]表明，低收入的个体趋向于在网上花费更多的时间，因为其休闲时间有相对较低的机会成本。尤其是互联网的价格体系是由接入硬件和几乎为零的使用费构成的，导致那些上网的人中，收入与上网时间呈负相关，也可以描述为低收入人群可能更喜欢打发时间相对便宜的网上活动。

针对手机应用，刘德寰等[③]研究发现，年龄、性别、职业、文化程度、个人月收入和家庭月收入等某一方面的优势地位并不必然导致接入和使用手机互联网的优势，社会经济地位高者并不比低者更好地接入和使用手机互联网。性别、收入和年龄这三方面的鸿沟成为手机互联网领域不同人群社会分化的新标志。此外，手机互联网接入经历较早的人每天手机上网的时间也相对更长，接入优势会在一定程度上强化使用的优势。

近年来，国内学者运用赋权概念及其理论探讨媒介技术对使用者的自主意识与权力的赋权方面取得一定的成果。如丁未等[④]讨论了手机与农民工自主性获得的关系，认为赋权是一种自我效能，通过提升主体强烈的个人效能意识，增强个体达成目标的动机。与此类似，杨善华等[⑤]、

[①] 韦路、张明新：《网络知识对网络使用意向的影响：以大学生为例》，《新闻与传播研究》2008 年第 1 期。

[②] Goldfarb A. and Prince J., "Internet Adoption and Usage Patterns are Different: Implications for the Digital Divide", *Information Economics and Policy*, Vol. 20, No. 1, 2008.

[③] 刘德寰、郑雪：《手机互联网的数字鸿沟》，《现代传播（中国传媒大学学报）》2011 年第 1 期。

[④] 丁未、宋晨：《在路上：手机与农民工自主性的获得——以西部双峰村农民工求职经历为个案》，《现代传播》2010 年第 9 期。

[⑤] 杨善华、朱伟志：《手机：全球背景下的"主动"选择：珠三角地区农民工手机消费的文化和心态解读》，《广东社会科学》2006 年第 2 期。

杨可等[1]从新媒体技术所赋予使用者的主体性出发探讨由此产生的影响与作用。

能力培育是赋权领域常用术语之一,能力被描述为人们可获得的用于做一项工作所使用的物质资源和人力资源,以及这些资源在实践中被使用的方式[2]。能力培育的定义与赋权的定义很相似,能力培育让人们获得新的技能,或者对新技能有更多的认知并有意识地使用这些新技能。

二 整体性的研究视角

邱林川[3]将西方信息社会理论总结为五个流派,如图2.12所示。不同学派相互影响,对信息社会的理论研究提出如下要求:(1)信息社会理论研究应当超越ICTs具有更加宽广的学术视野;(2)信息社会最重要的命题是社会进步,不仅包括技术进步,而且包括经济发展、政治民主、文化多元,是社会的全面进步;(3)摒弃商业公关和政府宣传对学术界的偏颇影响,信息社会理论的产生和发展要以对社会现实的发掘和整理为基础。

Britz[4]提出,除了在信息量和信息设施方面表现出的差距外,信息分化还表现为信息检索、信息意义汲取、信息价值评估等能力的差距。

Lievrouw和Farb[5]研究指出,信息不平等研究可以分为纵横两种视角,"纵向分层视角"认为对某种信息源和信息技术的拥有或获取并不意味着信息主体可以自动从中获益,只有当信息主体赋予其意义时,信

---

[1] 杨可、罗佩霖:《手机与互联网:数字时代农民工的消费》,《中国社会科学报》2009年8月6日第7版。

[2] [英]罗伯特·亚当斯:《赋权、参与和社会工作》,汪冬冬译,华东理工大学出版社2013年版。

[3] 邱林川:《信息"社会":理论、现实、模式、反思》,《北京论坛(2007)文明的和谐与共同繁荣——人类文明的多元发展模式:"多元文化、和谐社会与可选择的现代性:新媒体与社会发展"新闻传播分论坛论文或摘要集》2007年,第208—233页。

[4] Britz J., "To Know or Not to Know: A Moral Reflection on Information Poverty", *Journal of Information Science*, Vol. 30, No. 3, 2004.

[5] Lievrouw L. A. and Farb S. E., "Information and Equity", *Annual Review of Information Science and Technology*, No. 37, 2003.

流派Ⅰ	• 代表人物：Fritz Machlup、Marc Prorat、Drucker等 • 观点：将ICT视为现代化过程的一部分，是促进人类进步的力量
流派Ⅱ	• Jean Boudrillard、Gianni Vattimo、Mark Poster等后现代学派 • ICT加速了现代性的灭亡，信息社会从本质上是反理性的，是对现代化过程的颠覆
流派Ⅲ	• Peter Golding、Grabam Murdoch、Vincent Mosco，Schiller父子等为代表的信息政治经济学背景的学者 • 坚持信息资本主义研究取向，重点在公共领域、媒体所有制、社会公平等方面
流派Ⅳ	• Giddens、James Benigcr、Oacar Gandy等 • 将信息社会看作社会现代化的一部分，强调政府、企业等大型组织利用ICT加强现代化监控手段
流派Ⅴ	• van Dijk、Berry Wellman、Annale Saxenian、Matthew Zook等为代表的"网络社会学派" • 整合了除了上述"流派Ⅱ"之外的几乎所有学派的观点

图 2.12　西方信息社会理论流派

资料来源：根据文献整理。

息对信息主体才是有价值的。而信息主体能否赋予信息意义并使之变得有用，在很大程度上依赖于技能、经验和所处的环境因素。Lievrouw和Farb认为该视角的缺陷在于将信息贫富与其他形式的贫富等同，有将复杂问题过于简单化的嫌疑。

"横向分布视角"认为，即使来自相同社区、种族或具有相同经济背景的群体，其信息需求和使用也存在着差别。从该视角出发，除了信息主体的有效参与，仅仅通过对信息服务和信息系统等外在资源的重新分配并不能解决信息分化问题。据此，信息分化研究的任务是洞察信息资源分配方式和质量，以及人们是否使用和如何使用这些信息资源。而信息政策的目标应该是保证每个人都可获取所需的信息资源，并通过这些资源实现其个人发展目标，进而实现社会发展目标。

从理论建构的角度看，横向分布视角的研究者所秉持的基本观点是，人们从信息中能否获益依赖于信息主体个人的建构能力。这种视角不再把信息资源的分配视为信息分化问题的唯一的解决对策。DiMaggio P.[①]认为，社会网络、社会资本、公共产品等理论逐渐进入信息分化领域的研究视野。近年来，从社会网络及社会资本角度对信息分化问题开展研究的成果数量显著增加，其理论深度也得到进一步深化。

上述纵横两种视角并非完全对立，如 Lievrouw 和 Farb 所言，若把信息平等视为一种社会目标，则两种视角都应该得到充分重视。信息分化问题的解决需要同时关注如下因素：（1）信息资源和 ICTs 的不均衡扩散会加剧主体现有的社会经济不平等地位，解决信息分化问题首先应关注信息资源的均衡配置。（2）在主体缺乏信息使用能力的前提下，单纯的信息资源配置失去意义，需要关注信息主体的学习机会。（3）应当倡导开放、开源的价值观以保障信息获取和利用。（4）信息资源的配置及相关政策应放到人们的生活环境中来研究。（5）应当关注社会生活环境对人们信息需求和兴趣形成的影响作用。

于良芝[②]采用整体性思路考察信息贫困和信息不平等现象，提出"个人信息世界"（Information Worlds of Individuals）概念，指出个人信息世界的状态主要由内容、动力和边界三大要素界定，结构因素和能动性因素共同作用于信息主体的个人信息世界，进而限定了信息主体的信息经历和信息体验。"个人信息世界"是基于整体性研究视角的代表性成果，基于这个概念，已经有周文杰[③]的博士学位论文、刘和发[④]的硕士学位论文和杨海亚[⑤]、何启琼[⑥]等人的期刊论文成果出现。

---

① DiMaggio P., Hargittai E., Neuman W. R. and Robinson J. P., "Social Implications of the Internet", *Annual Review of Sociology*, No. 27, 2001.
② Yu Liangzhi, "Towards a Reconceptualization of the Information Worlds of Individuals", *Journal of Librarianship and Information Science*, Vol. 44, No. 1, 2012.
③ 周文杰：《基于个人信息世界的信息分化研究》，博士学位论文，南开大学，2013 年。
④ 刘和发：《我国农民信息分化影响因素研究》，硕士学位论文，南开大学，2014 年。
⑤ 杨海亚：《嵌入"个人信息世界"：公共图书馆消除信息不平等的一个分析框架》，《图书馆建设》2013 年第 7 期。
⑥ 何启琼、俞传正：《高职院校图书馆影响高职学生个人信息世界构建的路径研究》，《内蒙古科技与经济》2013 年第 24 期。

三 面向发展的研究取向

技术深刻影响着我们的生活。在过去的几十年时间里,诸如计算机、互联网、手机等 ICTs 在我们生活中扮演着越来越重要的角色,改变着我们的生活方式[①]。发展理论关注的是变化,所以 ICTs 吸引了来自发展理论界的学者和实践者的关注是必然的,也就因此形成了一个新的研究领域：ICT4D（Information and Communication Technologies for Development）。顾名思义,ICT4D 关注的对象是 ICTs 与发展的问题,D 是目的,ICTs 是手段,但作为一个研究领域还处于起步阶段,地位未能得到广泛认同,理论方面也有待进一步完善,但在实践方面已经有了一定积累。ICT4D 诞生之初就把目光聚焦在发展中国家、信息弱势群体等对象,旨在解决信息分化和数字鸿沟问题。也正是由于这种似乎带有"推销 ICTs"色彩的发展路径,被信息社会学领域部分学者指责为别有用心、怀揣阴谋甚至技术殖民主义。我们不排除发达国家在向发展中国家推进 ICTs 普及的过程中夹带的政治意图,但我们就其"面向发展"这一出发点而言,没有理由去抵制这个行动。ICTD 的研究思路可以为我们描述、解释和解决不同层面的信息分化问题提供支持。从这个意义上说,从多层面和维度审视 ICTs 对人的信息行为的影响及其对信息分化的作用机制,可以看作是对信息分化问题整体性研究呼吁的一种回应。

发展信息学（Development Informatics,简称 DI）研究视角[②]的核心是 ICT4D,它认为 ICTs 对社会发展是有推动作用的,这里社会发展包含社会经济层面也包括个人层面。跨学科是 ICT4D 研究的特色,除了图书馆学情报学之外,其支撑学科还包括经济学、政治学、社会学等学科。DI 与社会信息学（Social Informatics）、社群信息学（Community Informat-

---

[①] Mansell R., *The Information Society: Critical Concepts in Sociology (Vol. I: History and Perspectives)*, London: Routledge, 2009.

[②] Warschauer M., *Technology and Social Inclusion: Rethinking the Digital Divide*, Cambridge: The MIT Press, 2003.

ics）等学科都对 ICTs 和信息不平等有持续的关注并且着力于解决相关问题，主要差别是解决路径的出发点不同，但三者的路径并不矛盾，很多做法也可以互相借鉴，比如，自下而上的解决路径，重视机会平等和对社会资本的关注等。

DI 重点放在信息系统和信息技术在社会经济发展中的一个研究实践的领域。DI 专注于 ICTs 对于具体发展目标的作用，最初重点着眼于在发展中国家使用 ICTs 来促进经济社会发展，后来逐渐扩展到区域发展、组织发展和个人发展等不同的领域。ICT4D 作为一项倡议或行动，旨在缩小数字鸿沟，逐步表现在不同地理位置或人口群体之间的技术拥有者和技术缺乏者之间的差距，并且帮助经济发展，以确保公平获得最新的ICTs。ICT4D 表面上是以技术手段解决数字鸿沟问题，实际上是综合性的以发展为目标的研究领域。ICT4D 除了关注技术，还关注贫困、社区、教育、弱势群体等，与图书馆学情报学学科关系密切，其目标也是缩小数字鸿沟，促进技术和信息平等获取，最终实现社会发展目标。ICT4D 关注发展中国家发展，贫困人群发展，弱势群体（如残疾人）信息权利，同时也关注电子政务、电子商务、数字化医疗、e-science 等领域。

该领域相关研究机构包括莫那什大学（Monash University）的国际发展信息学会（International Development Informatics Association，简称 IDIA）、曼彻斯特大学发展信息学研究中心（The Centre for Development Informatics，简称 CDI）、印第安纳大学伯明顿分校（UIB）罗博·科林（Rob Kling）社会信息学研究中心（RSIC），伊利诺伊大学香槟分校（UIUC）的社群信息学实验室（CI Lab）等，这些专业机构对 DI 在关注信息分化方面的研究成果具有代表性，该领域相关国际会议情况见表 2.8 和表 2.9。

表 2.8　　　　　　　　社会信息学国际会议（不完全统计）

会议届次	时间	地点	论文集出版情况
6th：SocInfo 2014	2014.11.10 – 13	Barcelona, Spain	Springer, 2014

续表

会议届次	时间	地点	论文集出版情况
5th：SocInfo 2013	2013.11.25–27	Kyoto，Japan	Springer，2013
4th：SocInfo 2012	2012.12.05–07	Lausanne，Switzerland	Springer，2012
3rd：SocInfo 2011	2011.10.06–08	Singapore	Springer，2011
2nd：SocInfo 2010	2010.10.27–29	Laxenburg，Austria	Springer，2010
1st：SocInfo 2009	2009.6.22–24	Warsaw，Poland	Springer，2009

表 2.9　　　　　　　　　　ICTD 国际会议

会议届次	年份	地点
7th International Conference on ICTD	2015	Singapore
6th International Conference on ICTD	2013	Cape Town（South Africa）
5th International Conference on ICTD	2012	Atlanta，GA（USA）
4th International Conference on ICTD	2010	London（UK）
3rd International Conference on ICTD	2009	Doha（Qatar）
2nd International Conference on ICTD	2007	Bangalore（India）
1st International Conference on ICTD	2006	Berkeley，CA（USA）

在信息社会问题研究领域，不同学派对 ICTs 所发挥的作用这一问题的认识存在较大差异。有学者[①]明确指出，通过技术手段企图弥合数字鸿沟的做法是不现实的。例如，"信息自由存取"在表面上因为技术发展得到强化，实际上进一步为市场和社会强势阶层所控制（过滤或引导大众信息消费）。我们不否认 ICTs 发展的市场化和商业化驱动现实，但是也不能因此低估或刻意回避 ICTs 对信息分化的积极作用，我们无法脱离 ICTs 去看待信息分化问题，只能尽可能让信息主体充分利用自身可及的条件去有效利用 ICTs 进而获得在信息社会的发展。

第五节　本章小结

本章针对信息分化和信息能力及其相关主题的研究成果进行梳理，

---

① 闫慧：《中国数字化社会阶层研究》，国家图书馆出版社 2013 年版，第 97 页。

重点从主题分布、内涵及表现维度、影响因素、理论视角等方面展开述评，在信息能力研究领域中还特别对六个不同视角的信息能力模型作了分析。

从相关文献的理论基础看，信息不平等、信息公平等研究领域的学者大多承袭社会学和政治学的理论视角，强调不同社会群体在信息获取和利用方面的机会和权利均等；数字鸿沟、数字不平等领域则基于ICTs发展普及的技术社会背景，从不同地域、不同人群对数字化技术的接受和利用维度着眼，前者往往从"有""无"二元状态描述，后者强调这种鸿沟不是非此即彼的对立状态，而是连续统一的不均衡状态；而信息贫困、信息分化领域，实际上同属一个学术话语体系，信息分化是信息获取和利用的不均衡现象，是一种绝对的状态，信息贫困则是信息分化现象中处于不利地位的一种相对状态。

上述不同的术语概念所指向的社会现象在很大程度上是交叉重合的，但其背后隐含的是来自不同研究社区的研究视角和取向的差别，近些年来，这些来自不同社区的研究在理论继承和发展方面互有影响，走向对话和融合是该领域研究的趋势，特别是强调将结构因素和能动性因素纳入一体的整体性视角更有必要。

信息分化领域现有成果的研究视角来自多个学科，对多元深入理解信息分化问题有显著的推动作用。大部分研究基于实证研究范式展开，注重从现实情境理解问题。此外，相当一批成果与相关政策和制度紧密结合，体现出明显的问题导向。这些成果对本书的开展有重要参考借鉴价值。同时，通过文献综述发现，现有成果也存在不同程度的缺憾，例如：（1）视角多元分散，造成结论无法统一甚至对策冲突；（2）过于强调技术和信息本身，有意或无意忽略信息主体的能动性；（3）信息分化的深层影响指向对信息主体的现实目标的意义（信息效用，特别是信息对信息主体发展的推动作用）。

传统信息不平等、数字鸿沟、信息分化等领域关注的是ICTs设备接入资源的不平衡及由此带来的信息获取和利用不均衡，后来的研究逐渐从关注结构性的经济条件、技术条件、社会条件等因素转向对主体的因素考察（如个体信息意识、信息素养、知识结构、信息技能等），将二者结合起来的整体性研究仍是目前学界研究应当努力的方向。

与信息分化领域的术语使用情况类似，信息能力领域也存在信息素养、信息素质、信息能力、信息技能等多种概念交叉使用的现象，但这种概念交互现象的背后却不像信息分化领域概念术语之间关系那样复杂。尽管从研究对象上可以分为人群、组织、地区/国家等层面，但相关概念的内涵基本都还属于同一个学术话语体系，研究视角相对单一，针对人群为信息主体的研究对象时，这种特征更加明显。尽管不同成果表述略有差异，例如，基本都强调信息意识、信息知识、信息技能和信息伦理等方面，概念的外延相对狭窄，基本都限定在信息主体的能动性因素方面。而以组织、地区/国家为研究对象的成果显示，考察范围主要在基础设施、信息资源、相关制度等结构因素，这与微观视角的人群信息能力研究内容有质的区别。

图书馆学情报学和教育学领域是对信息能力、信息素养/素质关注最多的两个学科，如果仅从以人群为对象的研究成果来看，两个学科的视角和理论基础并不存在明显差异。在中文文献中，信息能力与信息素养、信息素质在一段时期存在完全通用的现象，其实只是译法和使用偏好的不同。另外，信息素养、信息素质只能用于以人为对象的研究中，而信息能力则可以用于组织、地域、国家等不同层面的研究对象。除此之外，将信息能力纳入信息素养/素质的下位概念也是部分学者习惯的用法，这种语境中的信息能力仅仅是具有信息素养的主体在信息行为（特别是操作层面）中表现出来的具体能力。从目前信息能力概念的使用情况来看，它在结构因素和能动因素两方面都可以分别用来描述和解释不同层面信息主体的信息行为及其效用的差异，从整体性视角重构现有信息能力概念是有理论基础的，而且这种重构也可以在一定程度上弥补针对不同层面对象的信息能力研究缺少必要的互补的缺憾。

通过综述发现，信息分化现象复杂多元的产生背景要求整体性研究视角和超越技术本身的研究视野。信息分化和信息能力存在较多的共性表现维度，信息分化的表现从技术和信息拥有的差别到信息效用的差别，信息能力从技能表现到信息自由的表现，二者存在理论衔接的基础。并且，信息能力作为信息分化研究的出发点已有前期成果基础。但原有的信息能力概念框架和模型在整体性视角和对信息效用关注等方面存在局限，对信息分化的描述和解释力有限。鉴于前面所提到的，有必要也有可能从整体性视角来理解信息能力概念，综合考虑结构因素和能动性因素的信息能力理论有望成为信息分化研究的逻辑起点。

第三章　信息能力概念框架与模型构建

作为思考的工具，概念有助于为人们观察世界提供思路，同时概念也需要随着人们观察和理解世界的深入而得到发展。目前，来自多种学科的学者尝试从不同视角对信息能力及其相关问题进行解读，现有的理论基础将为本书起到支撑作用。本章重点内容是基于前面章节的文献综述和现有信息能力模型，总结信息能力概念基本框架，并基于相关理论基础对其进一步扩展形成信息能力概念扩展框架。基于该框架，运用扎根理论方法对质性材料进行研究分析信息能力关联因素，完成信息能力模型的构建。

第一节　理论基础

基于前面章节的研究设计和文献综述，针对信息分化和信息能力问题所展开的研究，需要尽可能将多种因素考虑进来。除了图书馆学情报学之外，来自其他学科的部分理论也可以提供借鉴和支撑，特别是可行能力、信息世界、意义建构等理论，为扩展信息能力概念框架和模型构建都提供了理论支撑。

一　可行能力理论

"可行能力"（Capability），是阿马蒂亚·森（Amartya Sen）于20世纪80年代提出的一个用于分析贫困问题的核心概念。森曾凭借在福利经济学领域的贡献荣获1998年诺贝尔经济学奖。

森的研究领域聚焦在贫困问题和发展领域，他将发展看作是扩展人们享有真实自由的一个过程，该过程是涉及政治、经济、社会和文化等众多方面的一个综合过程。同时，森指出对发展的考察不能仅仅停留在收入的提高和经济的增长上，更重要的是消除人身束缚、各种人为的歧视和压迫、各种缺乏法治约束和权利保护的生活状况，从而有效地确保和提高人们按照自己意愿生活的能力[1]。森认为，以人为中心，发展的最高价值标准就是自由[2]。"自由"是在"实质的"（Substantive）意义上定义的，是人们能够过自己意愿过的那种生活的"可行能力"。

为了对发展问题提供分析手段，森在20世纪80年代提出了能力途径（Capabilities Approach），经过其本人和相关学科学者[3][4][5][6][7]的推动，能力途径得到了进一步的拓展。能力途径关注的是人的可行能力，即实际上可以做什么或可以成为什么。在能力途径中，森使用了一些专门的术语，可行能力（Capability）与功能性活动（Functionings）是其中最核心的两个术语，如图3.1所示。

功能性活动是一个人有理由珍视去做的各种事情，如参与社会活动。可行能力指的是一个人有可能实现的、各种可能的功能性组合的实质自由，也就是实现各种不同的生活方式的自由。换言之，功能性活动指的是实现的结果和满足的愿望，而可行能力是实现这些结果和满足这些愿望的有效可能。但是，究竟可行能力和功能性活动包括什么内容，森并未给出明确的界定，他指出应当基于具体的语境来看待可行能力和功能

---

[1] Sen A., *Development as Freedom*, New York: Knopf, 1999, p. 2.

[2] Ibid., p. 158.

[3] Sen A., *Equality of What?*. Cambridge: Cambridge University Press, 1980.

[4] Sen A., *Choice, Welfare and Measurement*, Oxford: Basil Blackwell, 1982.

[5] Sen A., "Capability and Well-Being", in: Nussbaum M. and Sen A., *The Quality of Life*, Oxford: Clarendon Press, 1993.

[6] Robeyns I., *Gender Inequality: A Capability Perspective*, Cambridge: Cambridge University Press, 2002.

[7] Alkire S., *Valuing Freedom: Sen's Capability Approach and Poverty Reduction*, Oxford: Oxford University Press, 2002.

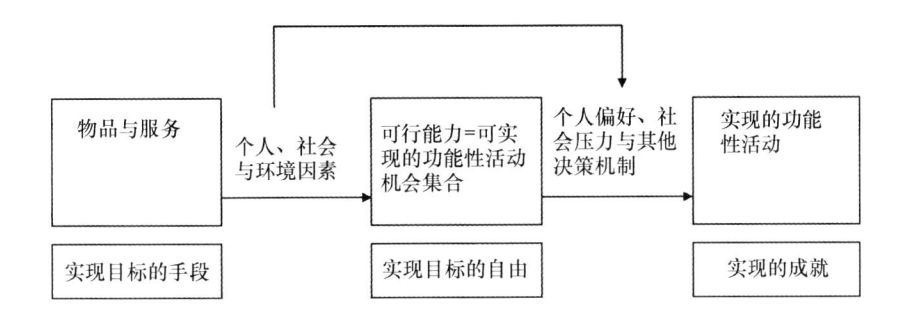

```
┌─────────┐         ┌──────────┐          ┌────────┐
│         │ 个人、社会 │可行能力=可│个人偏好、社│ 实现的功能│
│物品与服务│ 与环境因素 │实现的功能性│会压力与其他│ 性活动  │
│         │─────────→│活动机会集合│决策机制  │────────→│
└─────────┘         └──────────┘          └────────┘
┌─────────┐         ┌──────────┐          ┌────────┐
│实现目标的手段│      │实现目标的自由│       │实现的成就│
└─────────┘         └──────────┘          └────────┘
```

图 3.1　可行能力核心概念示意图

资料来源：Robeyns I., "The Capability Approach: A Theoretical Survey", *Journal of Human Development*, Vol. 6, No. 1, 2005.

性活动[①]。

森将经济学意义的贫困理解为基本的可行能力的缺失或被剥夺，而不仅仅是收入低下。森对"可行能力"和经济学意义上的"贫困"的关系作了如下描述[②]："虽然收入贫困与可行能力与贫困之间的联系值得重视，同样重要的是，……仅仅减少收入贫困绝不可能是反贫困政策的终极动机。……根本的问题要求我们按照人们能够实际享有的生活和他们实实在在拥有的自由来理解贫困和剥夺。"森指出贫困的实质是主体在开展功能性活动的基本能力方面的缺乏，消除贫困就是要增进主体开展活动的实质自由，森将这一过程视为发展；发展在价值上体现为不同主体的基本能力平等，在实践上体现为不同主体的权利平等。从这个意义上讲，能力途径的价值取向体现了对弱势群体的关怀。

除此之外，森还提出了人的能动（Agency）的一面，可行能力概念还包含个人所享有的机会和选择过程[③]。他将个人视为参与变化的能动

---

① Sen A., *Development as Freedom*, New York: Knopf, 1999, p. 107.
② ［印］阿马蒂亚·森：《以自由看待发展》，任颐、于真译，中国人民大学出版社 2012 年版，第 102 页。
③ Sen A., *Development as Freedom*, New York: Knopf, 1999, p. 58.

主体，而不是等待利益分配的被动接受者，将人置于研究的主体地位①。

可行能力视角呼吁以人为中心、关注选择、整体性和系统性，其核心特征是重点关注人在自己的能力方面能够有效做什么和达到什么状态，也就是说专注于人们的幸福和需求的满足。能力途径提供了一个工具和框架用来描述贫困、不平等或福利等，在政策和社会发展问题领域应用能力途径往往需要补充其他的解释性理论。

获取和利用信息要具备一定的条件，信息主体自身的能力是其中的重要因素，能力的不足常常导致信息的匮乏。能力，在汉语中指代宽泛，英语中的 ability, capability, capacity, literacy, competence, competency, skill 等有对应或关联关系。Capability 侧重于潜在能力与可行能力，反映了品性和能力、能力和功能、能力和生活质量、能力和自由之间的关系，有较大的包容性和解释力。信息主体的行为总是在特定的环境中并结合自身条件下做出的，将这两方面因素综合考虑的行为能力与森提出的"可行能力"概念相契合②。孙君恒③指出，可行能力与年龄、性别、健康、社会关系、阶级背景、教育、观念等都有联系。

Hilbert④曾将信息、技术、可行能力和发展的关系描述如下："知识和信息正在成为在获取和控制资本、自然资源和劳动力等方面的行动的焦点。（因此）发展的水平将有管理和利用支持信息处理和知识产生技术的可行能力来决定。"

从可行能力视角出发理解信息分化，我们需要将关注点从"机会平等"转移到"信息自由"⑤，从以技术和信息占有多寡作为分化的依据，到以获取、使用、生产、扩散信息的"自由状态"作为依据。这种自由

---

① Sen A., *Development as Freedom*, New York: Knopf, 1999, p. 60.
② Nussbaum M. and Sen A., *The Quality of Life*, Axford: Clarendon Press, 1993.
③ 孙君恒：《贫困问题与分配正义：阿马蒂亚·森的经济伦理思想研究》，当代中国出版社 2004 年版。
④ Hilbert M. R., *Latin America on Its Path Into the Digital Age: Where Are We?*, United Nations Publications, 2001.
⑤ 樊振佳：《可行能力视角下的信息不平等》，《图书馆建设》2014 年第 9 期。

是人们有理由去珍视并且去争取的。信息分化问题考虑技术创新及其扩散、人的发展和相关社会主体的联动等方面的制度设计，涉及个人、群体、组织和包括经济、社会、政治、文化等在内的社会不同层面，在该领域提出的对策或政策建议必须基于特定的具体语境。从可行能力角度出发，重新构建信息能力框架及模型并将其作为信息分化的逻辑出发点是值得尝试的。

二 信息世界理论

在信息分化研究领域中，Chatman 的"小世界理论"是一种具有较强的解释力的理论。在其相关论述中，"小世界"通常被理解为由世界观（World View）和社会规范（Social Norm）所界定的、一个相对较小的社会生活空间。Chatman 突破了当时占主导地位的认知学视角[1]，关注社会交往中人的信息行为，重视情境对个人行为的影响，强调信息行为必须以小世界的生活体验为参考才能理解。这种研究强调信息主体的能动性与建构性，强调信息主体与所处环境之间的交互。

信息世界（Information World）的理论来源主要是 Chatman 的"小世界理论"和 Harbemas 的"公共领域"理论，从信息、信息行为和 ICTs 等社会维度为信息供给和利用提供了一个理论和实证调研框架。P. Jaeger[2] 以此作为分析信息行为的逻辑起点，认为"信息世界"的形成包括以下几个方面：（a）社会规则（Social Norms）：（某个世界中）大家关于社会表现和可观察行为的共识；（b）社会类型（Social Types）：用来定义行动者及其如何感知到在一个世界中的角色；（c）信息价值观（Information Value）：某个世界中大家认可的关于信息重要性的共识；（d）信息行为（Information Behavior）：特定世界中所有成员可及的与信

---

[1] Pettigrew K. F., Field R. and Bruce, H., "Conceptual Framework in Information Behavior", *Annual Review of Information Science and Technology*, Vol. 35, 2001.

[2] Jaeger P. T. and Burnett G., *Information Worlds: Social Context, Technology, and Information Behavior in the Age of the Internet*, New York: Routledge, 2010.

息相关的全部行为及活动;(e)边界(Boundaries):不同信息世界交互并且通过它信息和交流可能发生或被阻止的地方。上述的这些因素是持续相互影响的。

"个人信息世界"(Information Worlds of Individuals)是于良芝①采用整体性思路考察信息贫困和信息不平等现象的过程中发现并使用的概念。波普尔的"三个世界"理论、信息行为与信息实践理论等概念为个人信息世界提供了概念基础,如图3.2所示。内容、动力和边界是界定个人信息世界状态的三大要素。

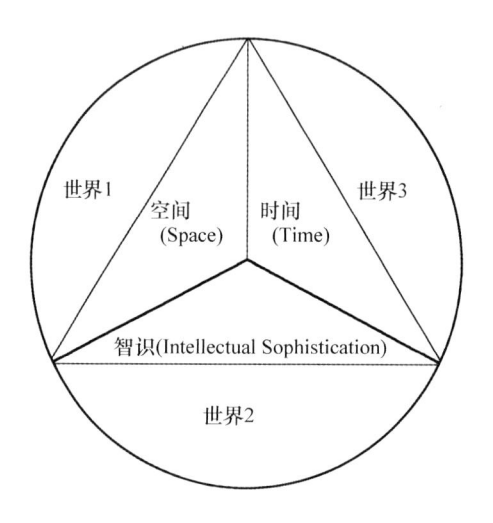

图 3.2 个人信息世界概念图

资料来源:Yu Liangzhi, "Towards a Reconceptualization of the Information Worlds of Individuals", *Journal of Librarianship and Information Science*, Vol. 44, No. 1, 2012.

其中,内容要素指信息主体活动的对象(各类信息源、信息和信息资产)。在信息社会,个人可及的信息数量和质量在很大程度上影响他们参与社会活动的能力。信息实践对象又分为物理上可及的信息源

---

① Yu Liangzhi, "Towards a Reconceptualization of the Information Worlds of Individuals", *Journal of Librarianship and Information Science*, Vol. 44, No. 1, 2012.

（Available Information Sources）、可获取信息源（Accessible Information Sources）、基础性信息源和信息资产（Information Assets）。

在个人信息世界概念中，信息主体的信息实践活动分为无意识的信息实践（Involuntary Information Practice）、知觉性信息实践（Conscious Information Practice）和目的性信息实践（Intentional Information Practice），其中，无意识的信息实践包括闲聊、为了打发时间的随便阅读等行为；知觉性信息实践是为了实现一般信息目标而开展的信息活动，如为了增长见识去参观；目的性信息实践则是有具体问题驱动和明确目标的信息活动。知觉性信息实践和目的性信息实践是个人信息世界的动力要素。

个人信息世界的边界包含空间（Space）、时间（Time）和智识（Intellectual Sophistication）三个维度。其中，空间指有意识的信息活动发生的场所。信息主体会因空间边界在量和质的方面的不同而产生信息经历和体验的差异；时间指信息主体在生活和工作中有意识地为信息活动所分配的时间。信息主体用于信息活动的时间长度和时段不同，可获取的信息源也会有所差异，进而信息经历和体验也会不同；智识水平指信息主体信息活动可以达到的智力和知识水平，也就是信息主体在特定时间点上已经获得的认知技能总和，通常表现在认字与计算、语言表达、分析能力、信息检索等方面。

空间、时间、智识同时限定了信息主体获取信息、提取信息价值、积累信息资产的可能性，进而限定了个人信息世界的内容及信息经历和体验。

个人信息世界的内容、动力和边界要素为本书构建信息能力概念框架和模型提供了直接的理论来源，其内容要素是信息能力实践的对象，不同内容要素对信息能力要求不一样。其动力要素导致信息需求有层次差别，对信息能力相应的要求也有所不同；信息能力与信息主体的信息能力必然要在个人信息世界的边界内发挥，也就是说未进入个人信息世界的因素不可能成为信息能力的影响因素。

三 效用主义哲学

效用主义（Utilitarianism），也称功用主义或功利主义，提倡追求"最大幸福"（Maximum Happiness），是一种不以行为动机而以行为后果作为判断行为善恶标准的伦理学说，强调人的行为应该指向最终的结果是否能够带来幸福。代表哲学家有穆勒（John Stuart Mill）、边沁（Jeremy Bentham）等。效用主义哲学以事物或行为的效用（Utility）或其带来的幸福为尺度来衡量其好坏或正确与否，穆勒①称之为效用原则或最大幸福原则。

在图书馆学情报学领域，效用主义的影响是深远的，特别是在图书馆哲学思想领域②。早在20世纪60年代，随着情报学的发展，不少学者就更加关注知识、信息和图书馆在满足人的交流方面的效用性，代表人物为美国的谢拉（Shera）③、印度的阮冈纳赞（Ranganathan）④ 等。在阐明信息的有用性的基础上，谢拉强调了信息及其传递过程的效用性。阮冈纳赞的"图书馆五法则"强调了图书和图书馆的有用性，还明确提出了信息平等、人文关怀、注重发展等原则。除此之外，巴克兰德（Buckland）⑤、英格文森（Ingerwersen）也是代表人物，其图书馆哲学思想或信息哲学思想具有明显的效用主义哲学色彩，强调信息的价值在于满足个人和社会需要的效用；信息需要是个人和社会的基本需要。情报学学科有注重信息效用的传统，情报只有被接收者的主观意识吸收才有意义，"情报是有用的知识"⑥ "信息［火用］"⑦ 等表述都是效用主义哲学在情

---

① ［英］约翰·穆勒：《功利主义》，徐大建译，上海人民出版社2007年版。
② 于良芝：《图书馆学导论》，科学出版社2003年版，第151页。
③ ［美］谢拉：《图书馆学引论》，张沙丽译，兰州大学出版社1986年版。
④ ［印］阮冈纳赞：《图书馆学五定律》，夏云等译，书目文献出版社1988年版。
⑤ ［美］巴克兰德·迈克尔：《图书馆信息科学的理论与实践》，严吉森译，复旦大学出版社1994年版。
⑥ 靖继鹏、马费成、张向先：《情报科学理论》，科学出版社2009年版，第102页。
⑦ 王知津、樊振佳：《信息［火用］探讨：情报概念的一个新的认识视角》，《情报理论与实践》2007年第4期。

报学中的体现。

效用主义的优点在于重视结果和福利。但也有学者[1]提出批评，认为传统效用主义忽视基本权利等非效用因素，忽视主观能动性和分配公平。社会主义哲学（Socialism）在一定程度上对效用主义哲学提供了有益的补充。社会主义哲学强调社会平等和对弱势群体的关怀，这是从哲学思想层面而非制度层面使用这个概念。图书馆学情报学领域秉持这种思想的学者往往都将推动社会平等作为学科的责任，注重引导信息职业从事者去关注社会弱势群体的信息需求。图书馆学情报学领域、信息传播领域的学者们在此基础上所做的努力为信息能力概念提供了直接的支持，如席勒（Schiller）[2]、韦伯斯特（Webster）[3]等人，强调将信息的生产、交流、利用置于更加广泛的社会关系中加以考察。社会强势群体和社会弱势群体会在信息控制和反控制方面产生矛盾。信息分化已经成为日益严重的社会问题，图书馆学情报学学科对弱势阶层的信息需求负有特殊的使命，尽可能保证他们对知识和信息的获取不会因其所处的经济、社会、政治地位而受到过多的束缚，进而维护信息领域的社会平等。

效用主义为信息能力概念提供了启示，信息行为应该指向对信息主体的效用，也就是通过信息行为可以为信息主体带来怎样的福利。我们在讨论信息分化和信息能力问题时，过去过多地强调信息获取机会的不平等和信息资源的分配不均衡，有意或无意地回避信息效用层面的差异，而效用主义哲学正好为这种缺憾提供了借鉴的视角。关注信息分化和信息能力最终指向的信息效用差异，关注社会弱势群体的信息权益，提倡信息获取和利用的平等，正是效用主义对本书的指导性贡献。

---

[1] ［印］阿马蒂亚·森：《以自由看待发展》，任颐、于真译，中国人民大学出版社2012年版。

[2] ［美］丹·席勒：《信息拜物教：批判与解构》，邢立军译，社会科学文献出版社2008年版。

[3] ［英］弗兰克·韦伯斯特：《信息社会理论》（第三版），曹晋等译，北京大学出版社2011年版。

四 意义建构理论

意义建构（Sense-making）是 20 世纪 70 年代末由美国学者德尔文（Brenda Dervin）等人提出的概念工具[①]，用于在更广视野中理解传播、信息和意义之间的关系。该理论对信息、信息交流、信息利用都做出了基于建构主义的阐释，着重从整体上理解人们如何从信息中汲取意义。

在方法论上，意义建构更加关注个体层面的信息行为，是在考虑时间、空间、认知、影响、权力、文化等这些需要个体与所处环境交互的基础上形成的。基于对个体的调查积累的数据，可以用来分析研究群体的信息行为。

通常，意义建构模型由环境、鸿沟和使用这三方面要素组成。"环境"指时间和空间，"鸿沟"指因信息不连续性而形成的理解差距，大多数研究将其称为"信息需求"或"问题"，"使用"指信息对个体的意义，每个人对信息的使用都是针对情境做出的反应，其目的是弥补差距或解决问题。

Dervin[②]借助对意义建构理论的分析，认为信息的获取就是为了满足消除信息建构的结果与现实情境之间的差距，也就是使人们的意义建构与现实情况更加一致。"情境"在意义建构理论中具有重要意义。人的信息查询和使用行为是在特定时空中发生的。

意义建构理论认为，"信息使用"是特定人群在特定时间和地点对信息的特定解释。信息在不同人群中的传递是对信息意义的建构过程，人对信息相关度、准确度、易读性和适用性的评价，都含有主观因素。

五 赋权理论

"赋权"（Empowerment），从其字面意思理解，包括赋予权力、增加

[①] Dervin B., "Communication Gaps and Inequities: Moving toward a Reconceptualization", in: B. Dervin and M. Voigt, *Progress in Communication Sciences*, Norwood, NJ: Ablex, 1980, pp. 73 - 112.

[②] Dervin B., "An Overview of Sense-making Research: Concepts, Methods and Results to Data", *International Communications Association Annual Meeting*, Ddlas Texas, 1983.

能力等含义，故而在社会工作、教育学、传播学等不同学科领域对应的中文翻译存在"赋权""赋能""增权""增能""赋权增能"等不同表述方式。这个概念提出的背景是，许多社会问题源于资源分配不均，处于资源获取不利地位的人群最好是通过互相帮助、帮助别人或自己努力去争取他们应得的权利，而不是依靠社会福利机构或慈善团体来满足其需求[①]。

简言之，"赋权"就是赋予个人或群体能力，挖掘与激发赋权对象潜能的一种过程、介入方式和实践活动。此处，"能力"指个人或群体拥有对外界的控制力和影响力，强调的是人们对他人、组织或社会的拥有、控制和影响。赋权既可以视为一个过程也可以看作是结果，其定义可以从以下三个层面[②]加以理解：（1）个人层面，指发展一个更加积极的、更有影响力的自我意识，聚焦于个人发展个人权力感和自我效能感的方式；（2）社区层面，是获得知识和提高能力，以便对周围环境有更具批判性的认识，强调使个人可以有更多的影响他人能力的具体技术的发展；（3）社会层面，指获得更多的能力和资源，以实现个人和集体的目标，强调社会行动和社会改变的目标。赋权的目的是增加赋权对象对自己所处系统的控制力。自我赋权[③]同样是一个过程，是个人不断挖掘自己潜力的过程，以最大程度地克服自身、人际关系、社区或政治等方面的限制。

本书研究内容主体是新生代农民工信息能力，那么针对能力不足的问题或者能力改善的需求，赋权理论有望为最终研究对策提供直接的理论视角支持。赋权对象是具有能动性的主体，其能力的改善过程必然要以赋权对象为核心，而不是仅仅依靠外界的帮扶和救助。

---

① Alsop R. and Heinsohn N., *Measuring Empowerment in Practice: Structuring Analysis and Framing Indicators*, Washington: World Bank, 2005.
② 陈树强：《增权：社会工作理论与实践的新视角》，《社会学研究》2003年第5期。
③ 顾江霞：《自我赋权视角下的农民工社区教育》，《山西师大学报》（社会科学版）2010年第3期。

第二节 信息能力概念框架梳理

概念框架有助于我们对特定概念内涵和外延的理解。本节基于对信息能力研究领域已有成果的梳理、总结和前面一节相关理论的启示，完成信息能力概念框架的重新建构，以期对信息能力概念的内涵和外延重新界定。

一 信息能力概念基本框架

第二章梳理了信息能力领域的六个模型，如果作为信息分化研究理论工具使用的话，这些信息能力模型还有待进一步调整。为了尽可能吸收上述相关模型的精华，同时又不带有明显的领域特征，本书从上述信息能力模型涉及的信息活动阶段所表现的具体能力和信息能力构成要素两方面出发，总结信息能力基本概念框架，如图3.3所示。

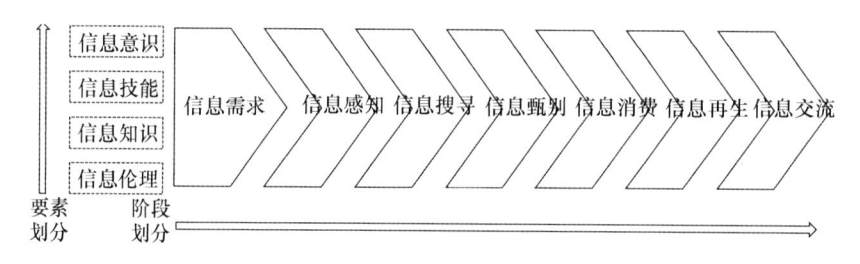

图3.3 信息能力概念基本框架

该基本框架分为纵、横两个维度，纵向维度现有信息能力领域研究成果普遍提到的组成要素：信息意识、信息技能、信息知识和信息伦理四个方面，上述要素都是信息能力研究领域的通用概念[①]，简单说明如下。

（1）信息意识

该要素在前述的信息能力模型中有所体现，例如，道尔模型中的

---

① 张厚生、袁曦临：《信息素养》，东南大学出版社2007年版。

"认识到信息是合理决策的基础"能力项和 Big 6 模型中的"任务确定"步骤等都有体现,而在群体信息能力模型中则直接描述了该要素。

信息意识是信息在人脑中的集中反映,是人们主动利用信息技术获取、评价、组织、共享、利用、创造信息的意识,包括人们对信息的敏感度,是否能够意识到信息的作用,对信息是否有积极的内在需求。与此类似的一个概念是情报意识,指"人们对情报活动在经济、社会、事业发展中的地位、价值、功能与作用的认识"[1];"人们在搜集、加工、整理和传递情报的过程中所产生的对情报的能动反映与认识,是人们选择、吸收和利用情报的一种能力"[2]。

信息意识分别对应信息的价值观、敏感度等方面的内容。一部分人被技术和信息资源排斥或被边缘化,在一定程度上不如说是他们对新技术和信息的排斥。个人的意识是需要考虑的因素,Crump 和 MaIlroy[3] 研究曾经指出:"并非所有的信息缺乏者都希望变成信息拥有者。"不同个体对信息的看法和对自身获取信息的看法,会对他或她在信息行为中的实际能力产生影响。解敏等[4]将信息意识界定为三种形式,分别为觉知能力(Information Awareness,能够觉察到自己在从事某种信息活动)、信息情感(Information Emotion,觉察到自己是否喜欢从事某种信息活动)和信息观点(Information View,知道自己是否应当从事某种信息活动)。

(2) 信息技能

该要素几乎在所有信息能力模型都有体现,如 Big 6 的"搜寻策略""检索及获取",道尔模型的"制定检索方案""获取信息",布鲁斯模型的"信息技术理念""信息处理理念",ALA & AECT 模型中的"工具运用""信息获取"和"信息处理",SCONUL 模型的"构建信息获取策略""获取和检索"等环节或能力项,都对该要素作了具体的要求。

---

[1] 周文骏:《图书馆学情报学词典》,书目文献出版社 1991 年版。
[2] 王绍平等:《图书情报词典》,汉语大词典出版社 1990 年版。
[3] Crump B. and McIlroy A., "The Digital Divide: Why the 'Don't-want-tos' Won't Compute: Lessons from a New Zealand ICTS Project", *First Monday*, Vol. 8, No. 12, 2003.
[4] 解敏、赵永华、姜懿庭:《信息意识研究:人格差异的视角》,科学出版社 2013 年版。

信息技能指信息主体在解决工作、生活、学习等方面的实际问题时，灵活运用多种方式发现、获取、评价、加工处理信息，以及创造、传递新信息的技术能力，是个体信息能力最核心的要素，是衡量信息能力水平的关键指标。信息技能跟信息意识有一定关联，但还带有明显的后天培训痕迹，也就是说，即使一个人在某方面信息技能略显欠缺，经过相应的培训之后仍然可能表现出较强的实际操作技能。

（3）信息知识

Big 6 模型的"信息使用"和"集成"，道尔模型的"信息评价""实际应用"和"与原有知识体系融合"，布鲁斯模型"知识建构理念""知识延展理念"和"智慧理念"，ALA & AECT 模型的"信息创造""效用汲取"，群体信息能力模型的"吸收""消费""运用""创新"等步骤或能力项是对信息知识要素的强调。

信息知识是指与信息有关的理论、经验和方法，包括信息内容、技术、法律法规、行为约束等方面的具体知识。如果说信息意识和信息技能对信息的获取有直接关联的话，那么信息知识则是对应信息的理解、吸收、利用、再生等方面，特别是与信息意义的汲取密切相关的要素。如果缺乏相关的背景知识，信息主体就无法从获取的信息中提取相应的信息效用。

（4）信息伦理

在布鲁斯模型的"信息控制"，ALA & AECT 模型中的"信息免疫""行为控制"等环节体现的要素主要是信息伦理或道德层面的要素。

信息伦理，也经常表述为信息道德，是指在信息的获取、组织、传播和利用等信息活动各个环节中，用来规范其间接产生的各种社会关系的伦理意识、伦理关系和伦理活动的总和。信息伦理对应信息行为的控制方面，信息主体在具体信息行为过程中对哪些可为、哪些不可为的把握，可以看作是信息能力的表现维度之一。

横向维度为相关模型中根据信息活动周期划分的不同阶段所表现的具体能力，包括信息需求、感知、搜寻、甄别、消费、再生和交流等方面的具体能力,这些不同阶段在此不作进一步阐释。综上,这里提出的信息能力概念基本框架是基于不同视角信息能力研究成果的抽取和汇总,该基本框架在一定程度上可以覆盖前面提到的几个代表性信息能力模型所涉及的内涵和外延。

二 信息能力概念扩展框架

理论的主要目的是组织我们对世界的思考,"理解真实世界"可作为选择理论的标准[①]。理论基础的基本作用至少体现在以下几个方面:提供概念体系,包括术语并在既定的语境中赋予这些术语确定的含义;提供研究框架;帮助确定研究问题、关联因素及数据收集方案等;提供研究视角和维系与整个知识体系的联系。结合前述的可行能力、信息世界、效用主义和意义建构等理论视角的启示,将图 3.3 所展示的信息能力概念基本框架进一步扩展如图 3.4 所示。该框架与原有基本框架相比,在视角、表现维度、功能指向、边界等方面都有所延展。

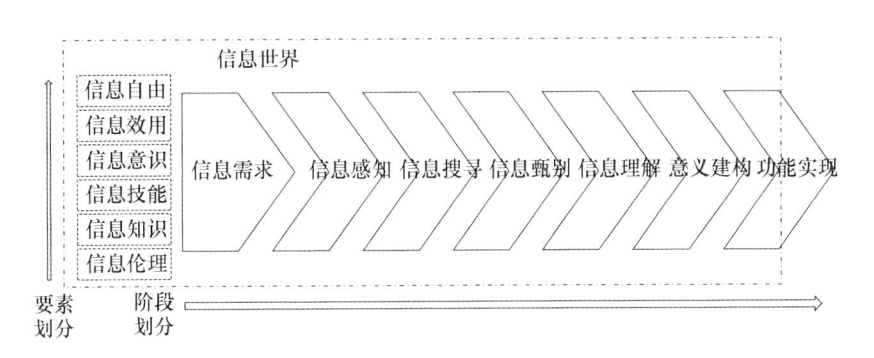

图 3.4 信息能力概念扩展框架

在该扩展框架中,可行能力理论视角下的信息能力关注的是信息行为的实质性自由和最终可实现的功能,也就是说,信息能力可以理解为

---

① 赖茂生:《基于理解真实世界的标准来选择理论:〈情报理论与实践〉创刊 50 年有感》,《情报理论与实践》2014 年第 12 期。

信息主体为了实现某一目标而具备的各种选择机会的集合，例如，某人为了寻找租房信息，可以通过互联网、特定APP、电视、广播、报纸、社区公告、房产中介、熟人推荐等不同途径获得相关信息，但如果他没有可用于上网的设备或者缺乏上网操作技能，那么就意味着失去了互联网和APP查询这两个机会；如果身边没有可用的广播、电视、报纸等资源，这些途径也不能成为他获取信息的机会；如果他根本不识字，那么连阅读公告栏和小广告的能力也不具备，最终只能通过中介或熟人获得相关信息了。很显然，上述几种情况下信息主体的信息选择机会是不同的，拥有机会多的信息主体显然比拥有机会少的信息主体在获取和利用信息方面具有更大的自由空间。

信息世界理论为信息能力的作用提供了边界的基本框架，特定信息主体的信息能力要在一定的时间、空间和智识边界下体现。如前面所举寻找租房信息的例子，如果信息主体未拥有可获得相关信息的设备（如计算机、手机、电视机、收音机等），那么这些设备就不属于他信息世界的内容，如果他不具备识字能力，那么从智识方面讲，他的信息世界就被进一步局限在口头交流的狭小范围内。从这个意义上讲，信息能力概念不能仅仅考虑信息主体的个人因素，还应当把与其信息行为相关的外在环境因素纳入考虑范围。信息世界理论作为基础，对信息能力从整体性视角获得解释具有直接的推动作用。需要说明的是，图3.4的"功能实现"阶段实际上是信息世界与生活世界的过渡阶段，强调信息行为的功能最终指向现实世界的需要。

按照效用主义的价值要求，信息行为必然最终指向一定的信息效用，例如，通过手机查找并阅读一篇文章，可能是出于打发时间、娱乐消遣、增进知识或者学术研究等不同的目的，但无论何种目的，信息行为都必然会指向一定的效用。信息主体的信息能力还应该体现在对信息效用的汲取方面，特别是利用信息手段实现特定功能的能力，如两个同样使用手机上网的大学生，一个花费大量时间用于游戏，另一个却用来充实提升特定领域知识，那么他们从该信息行为中获得的效用是有差别的，在一定意义上说，他们对于个人发展所汲取的信息效用也是不同的。

此外，从意义建构角度看，信息不是独立于信息主体的客观存在，而是主观建构的产物。信息交流也不是简单的从信源经信道到信宿的传递过程，该过程需要信宿积极参与建构。信宿需要结合原有知识、经验、情感等因素来理解信息，从这个意义上说，信息已经被信宿重新建构。那么，信息利用就是信宿解释信息、赋予意义的过程。

基于上述分析，这里对信息能力内涵和外延作出重新界定。所谓信息能力，指信息主体为了满足某种信息需求在特定语境下可以自由发挥的信息行为能力，即信息主体能够满足自身信息需求的实质自由，其外延则表现为信息主体在信息需求满足过程中可以选择的各种信息行为的集合。

需要说明的是，个人的信息需求在满足后会产生更高的需求，与之相对应的对信息能力也会有更高的要求，所以说信息能力是一个处于发展、变化的动态概念。从这个意义上看，对传统信息能力的概念进行新的界定，或许可以为信息分化乃至更广泛范围的信息行为研究提供概念参考。我们可以这样理解信息平等，实际上是不同主体在一系列信息行为过程中尽可能地不受外在条件和个体能动性方面因素的限制，具体表现为一种"实质自由"（有外部条件并且有能动意愿）。信息分化也就意味着部分人自由（或较大程度上自由），另一部分人不自由（或一定程度上不自由）的不均衡状态。"信息自由"是"自由"的重要内容。目前，对信息自由的研究主要集中在政府信息公开和共享领域，强调如何突破制度层面的壁垒。实际上，制度层面的壁垒仅仅是该研究问题的特定方面，不足以解释这个问题的复杂性（试想一下，那些在政府网站公开的政府信息，对于一个根本不能上网的人而言，即使他非常急需这些信息，也无法直接获取）。

在信息能力概念基本框架基础上结合相关理论基础得出信息能力概念扩展框架，有助于对信息能力概念更全面地理解，也将为信息能力模型构建与检验提供思考框架。

第三节 信息能力模型构建

前面两节对信息能力概念框架进行了梳理和扩展，为了构建信息能力模型，还需要对其关联因素进行分析。本节利用笔者在 2011 年 7 月至 2014 年 11 月对若干群体和个体对象的信息行为观察或访谈的 58 份记录，运用扎根理论方法从相关材料中提取信息能力关联因素及其关联关系的支持证据。

一 扎根理论过程

（一）数据来源

这些质性材料围绕观察对象的信息意识、ICTs 接受和使用情况、具体信息效用等方面开展访谈或观察，调研方式主要为非结构化访谈、参与式观察和非参与式观察，调研地点主要包括北京、天津、辽宁沈阳、江西吉安、河南驻马店、广东广州等地域（包括往返京沈两地的列车上），调研对象包括从事建筑、物流、餐饮、家政等行业的农民工、农村居民、普通城市居民、部分个体经营人员等，还有一小部分为 IT 企业员工、政府工作人员、高校青年教职工等人员。

除了访谈，笔者还利用在某党政机关挂职的机会完成参与式观察，记录项包括时间、主题、事件描述、关键行为和话语等内容，以现场笔记为主要手段。笔者以"作为观察者的参与者"开展调研，既作为群体的一员，同时又不暴露研究者身份的情况下询问和记录问题。按照工作纪律和保密协议要求，本书发布的记录均隐去了真实部门名称和当事人真实姓名，对应信息用代号标识，每条记录为一个事件（对于跨天的延续性事件用该记录初始的代号标示）。尽管这些材料并非在一个严格、统一的设计方案下实施，但由于关注的核心问题都是信息主体的信息能力及信息分化，其中的共性内容至少可以作为经验研究的参考依据，见表 3.1。

表 3.1　　　　　　　　参与式观察记录（实例）

日期：2013-10-23	部门：北京某机关信息处

主题：机关内部信息获取

时间：2013-10-23 和 2013-10-24

地点：（略）

角色：区县申请人、本部门领导、本部门上级领导

过程：

F 区委通过电话与本处处长沟通，希望获得某种汇总数据。本部门处长口头应允，要求 F 区正式报送一份需求函件（盖章、签字），并安排专人 B 通过相关数据库检索导出相关数据，原则要求收到函件之后才能提供相关数据。翌日上午 9 时许，该区派人将正式函件送至该部门，B 表示数据核实后通过内网通信工具传递。当日 10 时许，处长接到上级领导（副部长）电话询问提供信息一事，领导 J 表示不必提供相关数据。处长当即告知 B 停止数据审核，告知 F 区相关人员无法提供数据，并声明凡区县索要类似信息，未经副部长许可，任何人一概不得擅自发布。

笔记：

（略）

本书的质性数据来源按照时间维度可以分为以下阶段：

（1）2012 年 12 月以前，宽泛意义上的信息活动记录，源于对农民、IT 员工、普通市民等群体信息行为的记录，尽管缺乏具体研究问题的研究框架，但相关材料仍然可以视为信息行为和信息效用的原始数据。

（2）2013 年，基本确定信息分化主题范围，有针对性地对公务员、农民、农民工等群体的信息活动和信息效用开展观察和访谈，利用挂职锻炼、假期返乡、课题调研等机会采集数据。

（3）2014 年，围绕"以信息效用为导向，不同个体在信息能力方面表现出的差异及其根源"这一核心问题，对前期材料初步筛选，并利用社会网络进一步采集数据。

数据类型主要包括观察记录、访谈记录、阅读笔记等，见表 3.2。具体场景包括办公室、建筑工棚、露天工地、会场、图书馆、快递货场、列车车厢等，具体来源请参见附录 A。

表3.2　　　　　　　　　扎根理论质性数据类型

获取途径	时间段	地点	场景	数量
参与观察	2010、2013	沈阳、北京	办公室、会场	19
访谈记录	2011—2014	北京、河南、辽宁	工地、工棚、列车、图书馆、教室	36
行动记录	2013—2014	北京	工地、餐馆	3

（二）研究工具

扎根理论（Grounded Theory），又称理论衍生法，是一种以生成理论为目的的研究方法，最早由美国学者 Glaser BarneyG. 和 Strauss AnselmL. 提出，其目的是"填平理论研究与经验研究之间的鸿沟"[①]，这是一套从原始材料中建构理论的方法[②]，不仅强调系统地收集和分析经验事实，而且注重在经验事实基础之上抽象出理论[③]。扎根理论研究通常从数据收集开始，通过观察和互动来收集关于研究环境和研究问题的数据，然后通过质性编码区分、归类和综合来建构概念，进而对概念范畴进行分析以获得理论[④]。

（三）编码过程

编码是扎根理论的基础，是"搜集数据和生成理论之间的关键环节"[⑤]。本书将58份记录进行三级编码整理，以期获取影响信息能力（信息自由）的关联因素。

（1）一级编码

一级编码又称开放式编码（Open Coding），这一步要求立足于原始数据建构简短而精确的初步代码体系。笔者首先将全部访谈记录中的指

[①] Glaser B. G. and Strauss A. L., *The Discovery of Grounded Theory: Strategies for Qualitative Research*, Chicago: Aldine, 1967.
[②] Strauss A. L., *Qualitative Analysis for Social Scientists*, Cambridge, UK: Cambridge University Press, 1987.
[③] 陈向明：《在行动中学作质的研究》，教育科学出版社2003年版。
[④] Charmaz K., *Constructing Grounded Theory: A Practical Guide through Qualitative Analysis*, California: Forge Press, 2006.
[⑤] ［美］凯西·麦卡兹：《建构扎根理论：质性研究实践指南》，边国英译，重庆大学出版社2009年版。

示代词替换为所指的具体名词,并将所有的资料借助于 ICTCLAS(Institute of Computing Technology,Chinese Lexical Analysis System,汉语词法分析系统)对访谈记录文本进行处理,识别、抽取其中的名词、动词、形容词、副词,按照访谈记录受访者原始话语词汇进行登录,提取诸如"计算机、手机、网络、上网、查询、下载、方便、简单"等实词作为编码,随后用适当的概念对一部分编码进行概念转换(如将"人缘、哥们儿、发小、朋友"等编码转化为"人际关系";"没文化""上学少"等编码转化为"受教育程度低"等),最后将表达情感的词汇分为正向、负向和模糊三类,正向词汇包括如"方便""快捷""顺利"等表达积极情感的词汇,负向词汇与之相反,如"麻烦""难受""焦虑"等,模糊的词汇指情感好恶不清晰的一些形容词,如"没感觉""无所谓"等。这一步尽可能全面地反映已有资料中的词汇。

除此之外,NVivo 是一款支持定性研究方法和混合研究方法的软件,可以用来收集、整理和分析文档、访谈、焦点小组讨论、问卷调查、图片、音视频等非结构化数据。本书将原始记录利用 Nvivo 10.0 开放编码初步获得 405 个编码,经过合并相同编码、删除无实际意义的编码、明确模糊编码等操作过程后,获得 297 个开放编码。开放编码过程如图 3.5 所示。

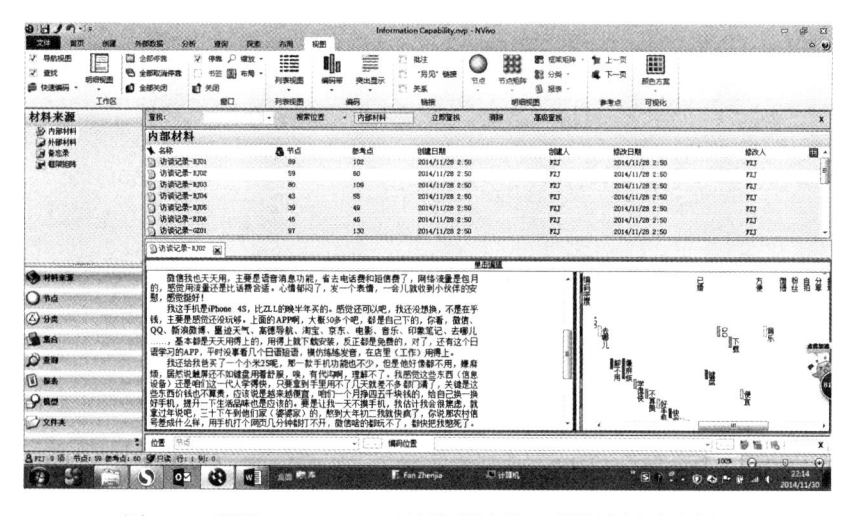

图 3.5 利用 Nvivo 10.0 开放编码过程(以访谈记录为例)

(2) 二级编码

二级编码也叫纵向性编码、轴心登录（Axial Coding），是依据编码模式（Coding Paradigm）所要求的概念关联方式将开放性编码所确定的不同概念组合起来（Strauss & Corbin, 1990：96）。编码模式把涉及现象理解为原因条件（Causal Conditions）、语境（Context）、介入条件（Intervening Conditions）、行动/互动策略（Action/Interaction）和结果（Consequence）等相互关联的不同方面[①]。二级编码主要是为了发现和建立节点之间的联系，用来表现质性资料中不同部分内容之间的关联。这些关联包括因果、时间先后、相似、差异、结构、功能等关系，如图3.6所示。

本书运用编码模式组成的视角对开放性编码所获得的概念进行重新排列，按照研究饱和的要求，尽可能充分验证各概念之间的关系。

基于一级编码结果，二级编码合并和归纳概念类属之间的诸如因果、时间先后、相似、差异、对等、语境等联系。在二级编码过程中，笔者在上述概念之间找到了一些联系，将一级编码的概念参照已有的术语归纳为7个主要类属：信息意识、经济条件、知识、技能、环境、社会资本、应用效果。在每一个主要类属下面又下设了子类属，如在"信息意识"下面包括"对信息敏感、认为信息有价值、利用信心、使用期望"等；在"社会资本"下面有"熟人帮忙、信任、工友、亲戚、同事"等，并且建立了类属之间的基本联系，如经济条件与设备拥有之间的相互关系，如图3.7所示。

(3) 三级编码

三级编码，又称选择性编码（Selective Coding），这个步骤是选择出核心概念，并围绕这个核心概念将其他概念连接起来，并验证各概念之间的相互关系和充实需要补充的概念的操作步骤。在人类学、社会学等领域运用扎根理论进行研究时，选择性编码阶段的目的是将资料进行整

[①] 童敏：《流动儿童应对学习逆境的过程研究：一项抗逆力视角下的扎根理论分析》，中国社会科学出版社2011年版，第61页。

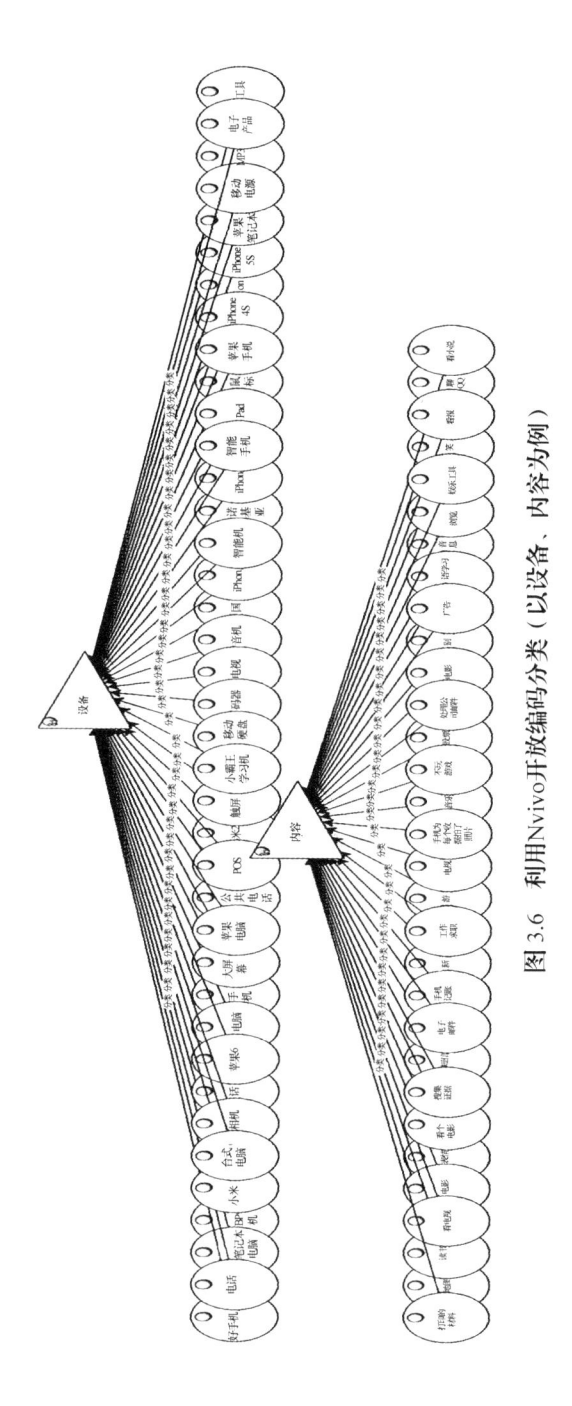

第三章　信息能力概念框架与模型构建

图 3.6　利用 Nvivo 开放编码分类（以设备、内容为例）

93

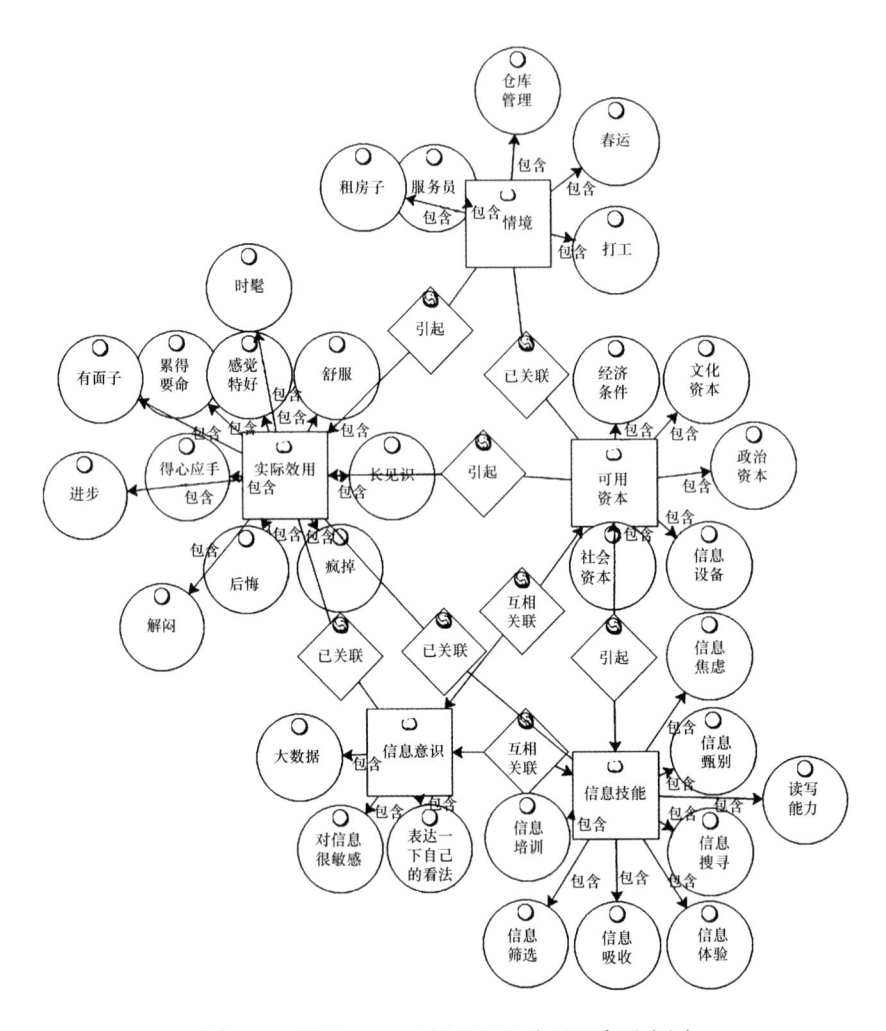

图 3.7　利用 Nvivo 分析得出的关联因素示意图

合，构建具有解释性的抽样的理论架构。这个步骤使用的分析工具是"故事线"，将"描述"充分连接，形成一个较为完整的"描述性故事"。

在二级编码获得概念类属的基础上，三级编码的目的是经过系统分析进一步确定"核心类属"，从而实现主题进一步集中的目标。在完成全部类属和类属关系的构建工作之后，本书将核心类属定为"影响信息获取和利用的实际因素"，发现至少个体的信息意识（对信息的敏感、对信息价值的认知、对自身获取信息的信心、对利用信息改善自身处境的期望等）、技能（包括一般素养和具体的操作技能）、资本（包括社会资本、经济资本、文化资本等）和实际效用（自身在特定情境下表现出的自由）这些方面对主体在信息行为中的"实质自由"有相关关系。

从"可行能力"视角出发，信息主体在信息行为中的信息能力至少涉及信息主体的信息意识、信息技能、可用资本等方面的内容，是人们的信息行为在特定语境中所具备的行为能力。在这种视角下，技术因素并非是独立变量，而应嵌入到社会结构因素之中的资本概念或者转化为信息主体的具体技能概念之中才有意义。

二 信息能力关联因素

基于上述对质性材料的编码及其类属关系的分析，本书将信息能力关联因素总结为结构、能动和情境三个类属，每个类属下又细分关联因素，共计14个具体因素，每个因素下根据提取的编码描述为具体表现，见表3.3。

表3.3　　　　　　　　　　信息能力关联因素及表现

类属	因素	因素表现
结构因素	经济条件	每月话费、流量费、设备购买费用、设备拥有情况、设备选择、网络接入等
	制度规范	社会制度、法律法规、政策、社会规范等
	信息内容	时政新闻、娱乐休闲、生活相关、金融理财、工作、学习、沟通交流等
能动因素	文化资本	学历、离校时间、是否自学、自学方式、是否培训、培训内容、知识结构等
	社会资本	家人、亲戚、朋友、同事、同学等帮助；交际圈子
	信息意识	信息敏感、信源识别、信息甄别等
	信息道德	行为控制等
	信息技能	信息搜寻、获取、信息组织、信息发布、渠道选取等

续表

类属	因素	因素表现
能动因素	信息知识	效用感知、信息理解、自我效能等
	使用经历	互联网、手机、移动互联网等
	个人特质	性别、年龄、婚姻状态、健康情况等
情境因素	时间	信息活动投入时间、工作学习时间等
	空间	地点、工作生活空间、图书馆、网吧等
	场景	工作学习场所、旅途、家中等

从信息能力视角理解信息分化，结合表3.3相关内容和扎根理论因素的关联关系，信息能力关联因素示意图如图3.8所示。

该示意图将结构因素、能动性因素和情境因素综合纳入信息能力的关联因素范畴，其中部分因素已经在信息能力概念框架中作了描述，这里仅对前面未提到的部分关联因素作出说明。

（一）资本

资本因素对应图中的经济资本、社会资本和文化资本。资本与资源不同，资源相对于主体独立存在，主体需要借助一定的条件才能使用资源。资源一旦转化为资本，就处于主体可控范围内。笔者在田野调查中也确实发现，住在一个集体宿舍的年龄相仿的工友，有些人可以借助人际交往很容易地获取某些信息或学会某些操作技能，有些人却不善于利用这些资源来提升自己的可行能力。

布迪厄将资本分为经济资本、社会资本和文化资本三种类型，后来又补充"象征资本"作为第四种资本类型，所谓象征资本，即被人们接受了的经济、社会和文化资本。经济资本，采用的是从一般经济学意义上理解的资本概念，包括生产的不同要素、经济财产、收入及经济利益。社会资本，指个人或群体，利用相对稳定又在一定程度上制度化的社会关系网络积累起来的资源总和[1]。文化资本，指行为主体利用不同的教

---

[1] ［法］布迪厄：《实践与反思》，中央编译出版社2004年版，第162页。

第三章 信息能力概念框架与模型构建

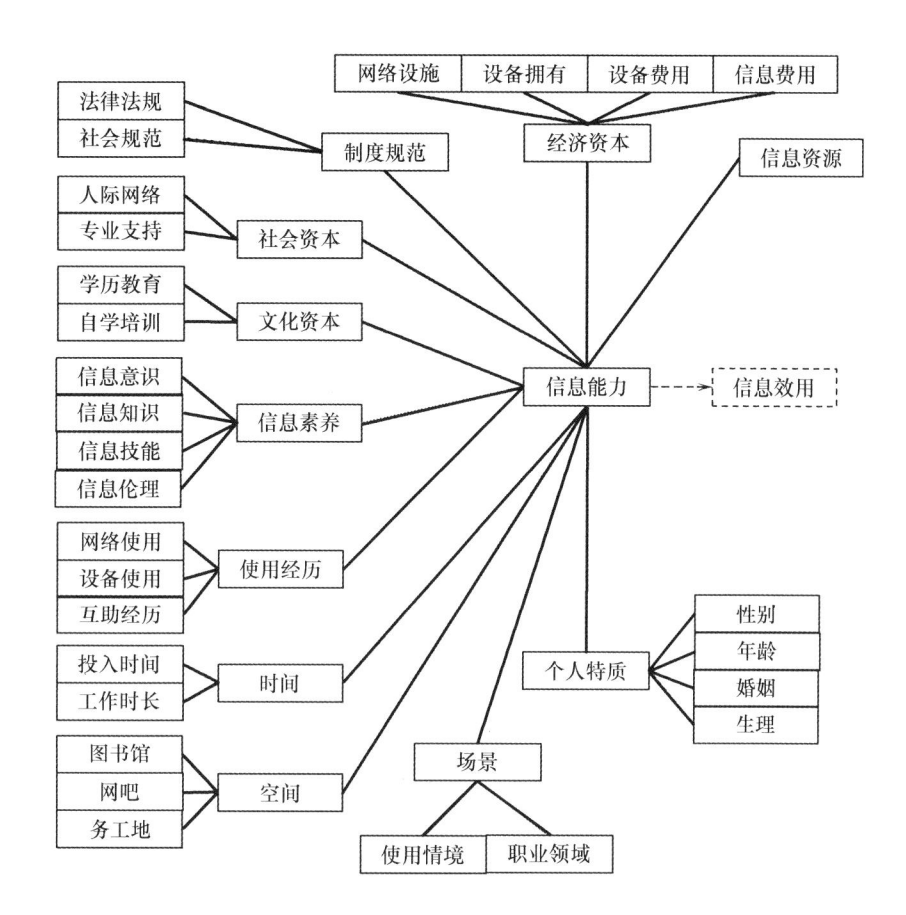

图3.8 信息能力关联因素示意图

育行动所获得的文化物品,涉及文化知识、能力和秉性等形式①。

(二) 情境

情境对应图中的时间、空间和场景。信息行为发生的具体时间和空间对信息行为和信息主体对信息效用的感知都会产生影响。比如,某个人在极度嘈杂的环境下和在安静的环境下阅读一则新闻可能会收到不同

---

① Bourdieu P., *The Field of Cultural Production*: *Essays on Art Literature*, Cambridge: Polity Press, 1993.

的信息效果。

信息需求要在信息主体和现实目标互动的情境中界定,与信息主体的现实目标相关,反映的是一种信息不足的状态[①],是信息和信息目标之间的一种客观关系[②],同时还可以以一种心理状态被信息主体感知和表达。

意义建构理论则将"情境"置于研究的重要位置,并把观察作为用户心理研究的主要方法。"情境"在意义建构理论中有三层含义:首先,对同一用户,同一信息在不同环境中有不同意义;其次,在同一环境中,不同用户对同一信息有不同理解;再次,信息接受者所理解的信息含义不完全等同于信息生产者的本意。

意义构建理论将信息行为情境拓展到日常生活中的多个方面,并将行为主体扩展到普通人群。在日常生活中观察人的行为成为意义建构理论研究的重要内容。

此外,在信息分化研究中,不能忽略人在ICTs利用和信息行为中的主体地位,应当关注ICTs和信息对人的发展的意义,而不仅仅是技术的扩散和信息的传播,即不能回避ICTs和信息获取利用的终极目标。Warschauer[③]指出数字不平等包括如下几个主要变量:技术资源(如带宽的不平等)、自主性(接入网络地点的自由、是否被监控,是特定时间还是随时接入)、技能(关于如何搜寻和下载信息的知识)、目的(增加经济产出、社会资本或消费娱乐水平)。这个提法已经对"目的"做了刻意强调,应当说对以技术和信息获取为主流的信息分化和信息能力研究是一个很好的提醒。

---

① Tester S., *Common Knowledge: A Conceptual Approach to Information-giving*, London: Center for policy of aging, 1992.
② Derr R. L., "A Concept Analysis of Information Need", *Information Processing and Management*, Vol. 19, No. 5, 1983.
③ Warschauer M., *Technology and Social Inclusion: Rethinking the Digital Divide*, Cambridge: The MIT Press, 2003.

三 信息能力表现维度

作为一个综合概念（Comprehensive Concept），信息能力是信息主体能够满足自身信息需求的实质自由，表现为信息主体在信息行为中所表现出的实现个人发展的行为能力。这个概念强调信息能力是信息主体个人特质与具体环境共同作用的结果，也即主体在信息行为中拥有的实质性的自由。基于信息能力概念扩展框架涉及的表现阶段，结合质性材料编码，从信息行为的过程来看，信息能力具体表现维度如图3.9所示，本书将其称为信息能力的过程表现维度。

图3.9 信息能力的过程表现维度

能力如果可以用一套指标来衡量，那么所有人都可以据此被划入不同的能力阶层。在可行能力研究中，森未能给出一套能力（功能性活动）清单，后来有学者在这方面做过尝试，取得了一些成果但都未能获得公认，其中一个主要原因就是主体间的差异性太大，单纯据此所做的比较缺乏实际应用意义。所以，在缺乏进一步理论支撑的情况下，本书回避将整个社会群体统一纳入研究对象的做法，仅仅选取某一特定社会群体作为研究对象，来验证信息能力概念的实用性，并从信息能力与信息需求相匹配的角度入手尝试展开对策研究。参考森对可行能力与功能性活动的关系，信息能力也可以通过列举信息行为的功能性活动清单来描述，本书将其称为信息能力的功能性活动表现维度，现列出不完整的信息行为的功能性活动清单：

  我了解信息的价值
  我对所需信息敏感
  我能表达出信息需求
  我有足够的信息设备
  我会操作相关设备
  我可以方便接入网络
  我可以快速获取丰富的信息
  我可以快速甄别有用的信息
  我可以清晰表达信息
  我可以自由发布传播信息
  我可以从信息活动中获取效用
  我在信息活动中可以快速获得帮助
  我会克制不良信息行为
  ……

四　信息能力一般模型

结合信息能力概念扩展框架（图3.4）、信息能力关联因素（图3.8）和信息能力表现维度（图3.9和信息行为的功能性活动清单）这些方面的内容，本书构建出信息能力模型如图3.10所示，由于该模型并不针对特定群体或特定信息任务，本书将其称为"信息能力一般模型"，以便与其他针对特定群体或信息任务的模型相区分。该模型中因素与"信息能力关联因素"小节提到的因素一致，在此不再赘述。

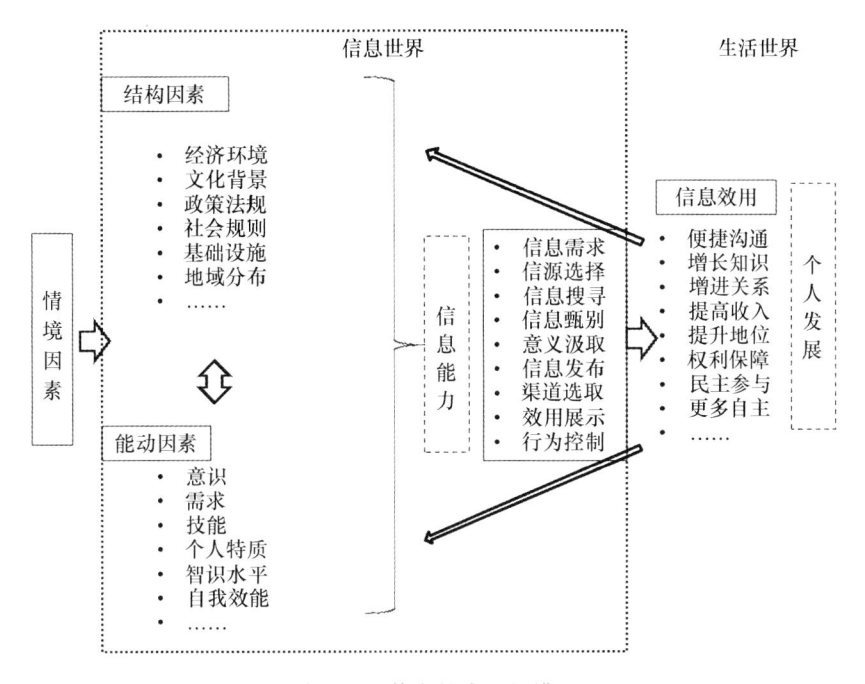

图 3.10　信息能力一般模型

注：结合信息能力概念扩展框架、关联因素和表现维度整理。

需要指出的是，信息能力概念框架（无论是基本框架还是扩展框架）仅是信息能力内涵与表现维度的结构化展示，展示的所有要素均在信息能力外延范围内，并且对要素之间的关联关系未作说明。信息能力模型与之相比，尽可能将概念框架的要素涵盖在模型之中（或对个别要素经过转换），除此之外，还兼顾信息能力外延以外的相关要素（如生活世界），并且强调不同要素之间的关联关系。简言之，从概念框架可以看出信息能力的内涵和表现维度，从一般模型可以看出信息能力的关联要素及其关系。

此外，该模型与信息能力关联因素示意图相比细化了两点内容，分别是"信息效用"和"个人发展"，其说明内容如下。

（一）信息效用

信息效用（Information Utility）是信息主体的信息活动为个人福利

所带来的实际效果，即信息需求获得满足之后对信息主体现实目标的影响，具体表现为个人经济社会地位的提升或个人心理愉悦感受的增加。

信息行为不应该被单独看待，应该与其他行为和终极目的结合起来才有意义。对日常生活中的很多具体目标而言，信息可能只是其中的工具，如读者去图书馆借书之前获取索书号信息，最终目的是借到所需的图书而不是对索书号信息本身的获取。同样，火车车次、停站、时刻、票价、余票等信息对需要购买火车票的人都是关键信息，但最终这些信息都是指向成功买到所需的车票。对于一个根本没有车票需求的人而言，不能获取这些信息对他而言并不意味着不平等。信息平等应该与具体需求相结合，最终指向信息行为带给人的满足。

信息效用与信息主体的"信息行为空间"有联系。情报学理论主要在精神空间的含义上使用空间概念，布鲁克斯[1][2]以波普尔的"三个世界"理论为出发点探讨了精神空间的问题，他认为，"世界 2"的精神空间不是只有一个，每个人都有各自的精神空间。约维茨等人[3]提出了"情报状态"的概念，他们认为决策者所取得的情报导致了决策者选择行动路线的不同概率集合，这些不同概率集合所构成的状态就是"情报状态"。"情报状态"概念与情报空间概念非常相近。情报状态存在于决策者内部，是一种精神空间，情报原料，如外部的文献、数据集、消息、反馈等是改变情报状态的主要因素。上述学者主要从情报的知识内容的角度来理解情报空间，侧重于知识和思维的相互作用。严怡民[4]提到"用户情报行为空间"的概念，并将其界定为"用户情报行为的时间序

---

[1] Brooks B. C., "Foundations of Information Science. Part III. Quantitative Aspects: Objective Maps and Subjective Landscape", *Journal of Information Science*, No. 2, 1980.

[2] Brooks B. C., "Measurement in Information Space", *Journal of American Society for Information Science*, No. 4, 1980.

[3] Yovits M. C. and Kleyle R. M., "The Avenue Decision Maker and Its Properties Utilizing the Generalized Information System Model", *Journal of American Society for Information Science*, Vol. 44, No. 6, 1993.

[4] 严怡民：《现代情报学理论》，武汉大学出版社1996年版，第94页。

列所涉及的物理空间和精神空间的各种关系的总和",包括主体的思维活动空间和外部活动空间,是"主体以精神的或物理的形式进行的一切情报活动所涉及的空间范围"。根据用户的情报行为过程主体活动的特点,将与用户情报行为过程对应的情报空间划分为三个部分,即决策空间、交流空间和认知空间。决策空间对应情报需求和情报利用两个要素,交流空间对应情报获取,认知空间对应情报理解。

信息效用与上述"空间"有重要关联,同样的信息对处在不同"空间"的同一信息主体带来的信息效用可能会有很大差别。例如,对某些希望放松身心的群体而言,利用智能手机观看电影、听音乐、阅读等行为,带来的更多的是正面的体验。有人认为智能手机的利用导致了严重的负担,费用升高、大量时间被占用、疲于处理信息、精神处于麻醉状态,这不是他们想要的生活状态。

(二) 个人发展

森的"以自由看待发展"的思想中所界定的"发展"概念对本书有借鉴意义,森将"发展"看作是扩展人们享有的真实自由的一个过程,就是说主体的选择应该是尽可能不受环境制约和自身条件限制按照自己的追求做出选择的过程。这个概念隐含了至少两层含义:第一,自由是考虑外在环境和主体自身条件两方面因素的,任何一方面受到限制都不能成为"实质自由";第二,实现这个自由的过程就是发展的过程。因此,在讨论信息能力时,有必要将信息效用对信息主体的个人发展的影响作为表现维度加以考虑,这种考虑对信息能力概念作为信息分化的研究出发点也有分析意义。

需要说明的是,个人发展已经超出了信息世界的范畴,信息能力概念通过信息效用与之发生关联。个人发展状态还会反过来对信息主体的信息行为产生影响,特别是与相关结构因素和能动因素有关联作用。

与第二章提到的六种信息能力模型相比,从视角方面来看,本书重构的信息能力一般模型采用整体性视角,将信息行为的结构因素、能动性因素和情境因素综合考虑,突破了传统信息能力模型从具体信息任务出发的视角，不再将信息作为独立的过程看待，而将其视为是与信息主体其他行为密切关联的；从出发点来看，第二章提到的六种信息能力模型基本都是为了寻求提升特定群体的信息能力的最佳教育或培训手段，而本书的信息能力一般模型是基于对信息分化问题解释的初衷；从层次上看，第二章提到的信息能力模型多是针对具体信息行为过程的具体模型，本书提出的信息能力一般模型则将信息能力提升到了"信息自由"的层面，相对而言更加抽象和宏观，已经超出了传统信息能力研究聚焦在信息素养领域的研究视野。

综上，作为信息主体为了满足某种信息需求可以自由发挥的信息行为能力，信息能力受到信息主体所处的结构因素、能动性因素和具体情境等因素的影响。信息能力是信息主体在信息行为过程中的一种可行能力，并且与个人发展有联系。

第四节　本章小结

本章基于可行能力、信息世界、效用主义和意义建构等理论基础对基于第二章相关信息能力模型总结出的信息能力概念基本框架进行了扩展，得到信息能力概念扩展框架。进一步地，结合扎根理论对信息能力关联因素及表现维度的分析，构建信息能力一般模型。该模型综合考虑了结构因素、能动性因素和情境因素，并且关注信息效用，较好地实现了信息世界与生活世界的衔接，将其作为信息分化的逻辑出发点有助于对信息分化问题的进一步理解。

作为一个综合概念，信息能力是信息主体能够满足自身信息需求的实质自由，也可以理解为信息主体在外界环境影响下所表现出的具体信息行为能力。这个概念涉及从信息需求产生到满足各个环节的具体能力和关联因素，既可以从信息行为的过程维度来描述，也可以通过信息行为的功能性活动清单来描述。从信息能力角度理解信息分化，需要将结构因素、能动性因素和特定情境三者结合起来。这一点恰好是信息能力作为信息分化研究的逻辑起点所具有的优势。

此外，本章重构的"信息能力"概念框架和一般模型至少在一定程度上还原了信息分化问题的复杂性，信息能力作为信息分化研究的逻辑起点是值得尝试的，因为它有更加丰富的内涵、关注个体发展的取向和重视与信息主体生活世界的衔接等特征，同时考虑主客观因素及其交互作用，并且将个体信息体验一并纳入考查范围。

进一步说，从信息能力视角出发，信息贫困是一种相对状态，与其他信息主体相比，某个信息主体的信息能力欠缺或处于被剥夺的状态就是信息贫困。信息分化可以理解为信息能力差别的表现。造成分化的原因既有现有的经济条件、基础设施、制度建设等方面的结构因素，也有信息主体自身的能动性原因。信息能力与信息主体的经济、社会、政治等地位状态有关联，还与信息主体的实际发展需求相关，但又具有独立分析的功效。

第四章　新生代农民工信息能力的实证调查

新生代农民工群体涉及当代中国的城乡发展、社会公平、民生改进等多领域的问题，因此备受经济学、社会学、政治学、法学、管理学等多学科的聚焦关注。本章选取新生代农民工群体为调查对象，基于前面章节重构的信息能力一般模型，提出信息能力关联因素的相关假设，采用问卷和访谈相结合的调查方法对新生代农民工的信息能力现状展开调查并作出基本描述，为后续章节的分析讨论提供实证数据支撑。

第一节　调查设计与实施

一　新生代农民工群体基本特征

农民工，是中国改革开放以来出现的特殊社会群体，简言之，这是一个来自农村拥有农业户籍却在城市实际从事第二、第三产业劳动的特殊群体。自2004年以来，中央一号文件都以"农业"为主题，并且绝大多数年份都会涉及农民工问题。笔者将2004—2015年的中央一号文件中关于农民工的表述抽取汇总见表4.1。

农民工群体来源于农民，而农民又是社会经济和信息分化的双重贫弱人群。于良芝等人（2013）研究表明，在城乡二元结构中，这种贫弱表现在：

（1）农民对主要信息技术的接入率落后于城镇居民，其中电脑和互联网的差距尤其明显；

(2) 在城乡可比信息基础设施/信息服务/信息资源建设方面，农村地区长期落后于城市地区；

(3) 涉农信息服务和信息资源开发关注点始终集中在生产经营及宣传教育方面，较少考虑农民其他福利（如民主参与、权利维护、个人发展、社会交往、子女养育、问题解决等）的信息服务和资源；

(4) 部分受到关注的信息服务发展也不稳定；

(5) 农村信息服务和信息资源的传递机制力量单薄。

这样的信息贫弱结构对农民有效获取和利用信息是很不利的，对于从农民群体划分出来的农民工群体而言，他们也有可能在短时期内并不能完全消除这种结构因素导致的负面影响。

表4.1　　2004—2015年中央一号文件关于"农民工"内容汇总

文件年份	关于"农民工"的内容
2004	进城就业的农民工已经成为产业工人的重要组成部分；推进大中城市户籍制度改革，放宽农民进城就业和定居的条件
2005	尊重和保障外出务工农民的土地承包权和经营自主权
2006	进一步清理和取消各种针对务工农民流动和进城就业的歧视性规定和不合理限制；严格执行最低工资制度，完善劳动合同制度
2007	建立农民工工资正常增长和支付保障机制；坚持以公办学校为主接收农民工子女就学，收费与当地学生平等对待
2008	进一步完善农民外出就业的制度保障；切实提高农民工的生活质量和社会地位
2009	积极扩大农村劳动力就业；城乡基础设施建设和新增公益性就业岗位尽量多使用农民工；落实农民工返乡创业扶持政策
2010	建立覆盖城乡的公共就业服务体系，将农民工返乡创业和农民就地就近创业纳入政策扶持范围
2012	大力培训农村实用人才，对符合条件的农村青年务农创业和农民工返乡创业项目给予补助和贷款支持
2013	把推进人口城镇化特别是农民工在城镇落户作为城镇化的重要任务；加快改革户籍制度，落实放宽中小城市和小城镇落户条件的政策
2014	加快推动农业转移人口市民化
2015	城乡一体化发展；实现城乡共同繁荣

自 2010 年中央一号文件《关于加大统筹城乡发展力度　进一步夯实农业农村发展基础的若干意见》中首次使用"新生代农民工"的提法，新生代农民工群体就在更大范围和更深程度上备受关注。简而言之，新生代农民工就是指 20 世纪 80 年代及其以后出生的从农村进城务工人员。国家统计局发布的数据显示，新生代农民工已经成为农民工群体的主力。

表 4.2　　　　　　　　　　　新生代农民工规模

指标	合计	外出农民工	本地农民工
新生代农民工	12582	10061	2467
老一代农民工	14366	6549	7817

资料来源：国家统计局《2013 年全国农民工监测调查报告》（2014 年 5 月 12 日发布）。

关于新生代农民工，全国总工会[1]在报告中指出该群体具有更注重权益保护和发展前途，受教育时间较长，专业技能较欠缺；过半未婚，生活经历简单；外出谋求发展动机强烈；多聚集在第二、第三产业就业；绝大多数从业于外商投资企业，在国企就业比重近期有所攀升五个特点。同时，有整体收入偏低、劳动合同执行不规范、工作稳定性差、社会保障水平偏低、职业安全隐患较多、企业人文关怀不到位六个方面问题待解决；于丽敏[2]从身份和职业、生活来源、劳动关系、亦工亦农四个方面界定新生代农民工；陈兰[3]总结认为，与老一代农民工相比，新生代农民工具有就业目标明确化、择业趋于多元化、城市融入快捷化、价值观念理性化、身份地位边缘化这"五化"特征；人力资源和社会保障部[4]发布报告指出，新生代农民工在诉求上有了三个方面的主要变化：

---

[1] 中华全国总工会：《新生代农民工调查报告出炉》（http：//hzdaily.hangzhou.com.cn/dskb/html/2011-02/21/content_ 1020232.htm）。
[2] 于丽敏：《农民工消费行为影响因素研究：以东莞为例》，经济管理出版社 2013 年版。
[3] 陈兰：《新生代农民工的发展和归宿》，法律出版社 2013 年版。
[4] 新生代农民工基本情况研究课题组：《新生代农民工的数量、结构和特点》（http：//data.bjstats.gov.cn/2011/xstd/201104/t20110411_ 199552.htm）。

由过去进城挣钱、回乡发展向现在进城就业、融入城市发展,由过去主要要求足额支付劳动工资向现在要求参加社会保险转变,由过去主要要求改善劳动条件向现在要求分享企业和分享城市发展成果转变。总体来说,新生代农民工对融入城市有强烈的愿望。

随着中国城市化进程的加快,原有的城乡二元户籍制度壁垒已经开始被打破。在这个过程中,有一部分新生代农民工会成功实现转化为市民身份的梦想,同时也会有一部分人无法真正被城市接纳,仍然要游走在城乡之间继续保持"农民工"的身份,或者回到农村从事农业劳动,再次回归"农民"的身份。这几类截然不同的去向,是新生代农民工面临的现实选择。无论是哪一种选择,新生代农民工对城市和农村发展都将起到重要作用。当我们再考察农村信息化问题的时候,新生代农民工这个群体往往代表的是先进技术的使用者,他们有可能会将信息技术和技能传递给农村的留守老人、儿童等其他群体。所以,这个群体的信息能力应当引起足够的重视,他们代表的不仅仅是这个群体,还有他们背后广大的农村人群。

二 新生代农民工信息能力相关假设

基于第三章提出的信息能力一般模型,选取新生代农民工群体作为研究对象群体,设计一套调研方案基于量化数据描述新生代农民工信息能力状态,并据此对其信息分化问题进行归类和解释。针对新生代农民工群体,本书提出如下假设:

H1:结构因素与信息能力有显著相关关系。具体细化为:

H1—1:经济资本与信息能力有显著相关关系;

H1—2:制度保障与信息能力有显著相关关系;

H1—3:信息内容与信息能力有显著相关关系;

H2:能动性因素与信息能力有显著相关关系。具体细化为:

H2—1:社会资本与信息能力有显著相关关系;

H2—2:文化资本与信息能力有显著相关关系;

H2—3：信息素养与信息能力有显著相关关系；

H2—4：信息经历与信息能力有显著相关关系；

H2—5：个体特质与信息能力有显著相关关系；

H3：情境因素与信息能力有显著相关关系。具体细化为：

H3—1：时间与信息能力有显著相关关系；

H3—2：空间与信息能力有显著相关关系；

H3—3：场景与信息能力有显著相关关系；

H4：信息能力与个体发展有显著相关关系。具体细化为：

H4—1：信息能力与个体发展目标有显著相关关系；

H4—2：信息能力与个体经济状态有显著相关关系。

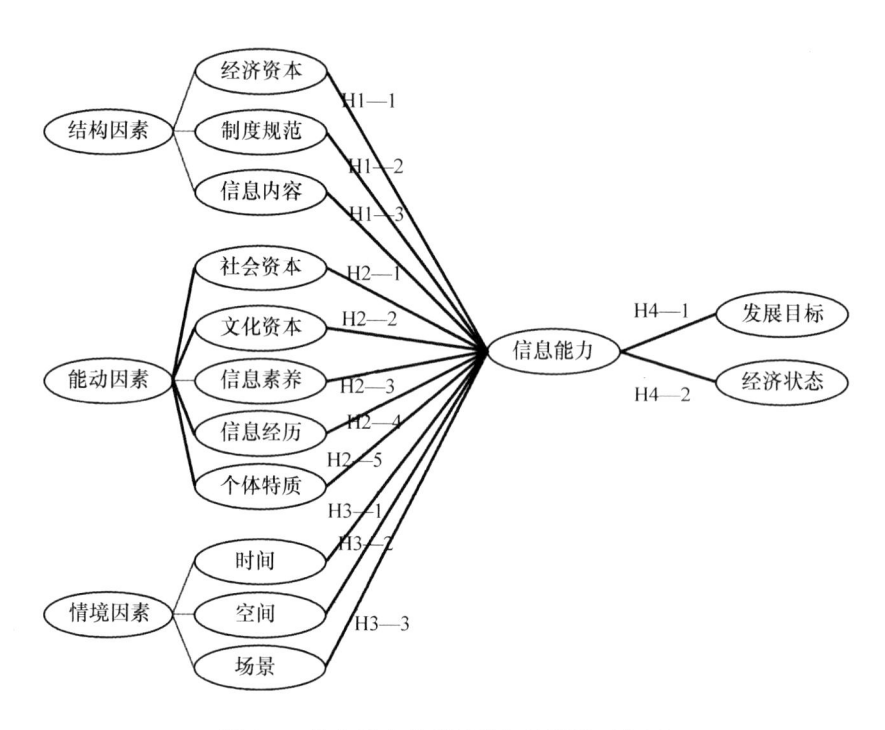

图4.1 信息能力关联因素相关假设示意图

上述假设将在后续章节通过实证调研加以检验。

三 问卷设计与调查实施

（一）概念化操作及问卷设计

将第三章的信息能力模型和前一节提出的假设转化为便于观察和测量的问题项，这个过程涉及概念化与测量指标的选取。

概念化，是从观察通向概念的桥梁，它通过指定一个或多个指标，赋予概念明确的意义，这个过程还涉及概念的不同维度，也就是将反映概念的不同指标划分到不同的类别中。例如，要了解信息主体在信息活动中的可用资本是否会影响信息效用，就需要明确可用资本可以用哪些指标来衡量，这些具体的指标又可以分为经济资本、社会资本、文化资本等不同的维度。通过概念化过程形成的可测量的指标也就是变量，每个变量的属性要满足完备（选项包含所有可能的情况）和属性互斥（特定观察结果只能归入某个唯一的属性）两个特征。

参考信息能力一般模型，本书将对新生代农民工的问卷调研测量指标集中在基本信息活动、信息能力培养、信息能力主观感知三个方面进行概念化操作和指标确定，再加上受访者个人基本信息，问卷整体包括四个部分：

A 部分为基本信息活动：包括设备拥有、信息技能、信息活动内容等，设计 9 道题，包括信息获取途径（A1）、设备/设施使用经历（A2）、设备拥有情况（A3）、使用场合（A4）、使用互联网经历（A5）、使用手机经历（A6）、使用移动互联网经历（A7）、日平均使用时长（A8）和信息活动内容（A9），其中，A1—A4 和 A9 为不定项选择题，并设置有"其他"开放选项，受访者可以根据个人实际情况选择多项或补充相关信息。并且，A7 与 A5、A6 为关联问题，除了采集基本数据之外，还作为筛选有效问卷的依据。

B 部分信息能力培养：从社会资本、文化资本、经济资本、具体情境等方面设置 13 道题，包括遇到困难情况及解决（B1—B2）、培训参加情况（B3—B5）、信息利用影响因素（B6）、费用情况（B7—B8）终止学业时间（B9）、自学情况（B10—B11）、公共信息空间利用情况（B12—B13）。其中，B1 与 B2 之间，B3 与 B4、B5 之间，B10 与 B11 之间为前提型跳跃问题，根据前题的选项情况决定后题是否作答，不仅用于数据采集，还作为筛选有效问卷的依据（因网络问卷已经做了自动跳跃设置，故上述筛选仅限于纸质问卷）。

C 部分信息能力主观感知：包括信息价值、信息敏感度、设备依赖、环境条件影响、用途、信息表达、信息甄别、社会资本使用、文化资本使用、经济资本使用、心理感受、归因、时间、空间、主动性、自我效能等方面的 49 道题，全部为李克特量表题型，分值 1 至 7，递进表示对题干陈述的认可程度，全部题干基本按照维度集中编制，个别题干为了检验作答认真度、照顾作答习惯和防止作答疲劳做了局部调整（如做了反向表述）。

D 部分受访对象基本信息：包括性别、出生年（替代年龄）、教育背景、工作状态、生活状态、发展目标等。其中，需要说明的是，该部分 D2 题为填答题，要求受访者填写 4 位数字的出生年信息，原始答案设计为出生年，在数据统计时将当年年份与出生年份的差值视为受访者年龄，这样设计的目的是便于以后问卷数据的复用。

此外，为了便于统计问卷发放区域和发放时间，问卷编号包括发放地点、时间和流水号，问卷编号规则：发放区域代码（2 位）—回收年月日流水号（6 位，格式为 YYMMDD）—问卷流水号（2 位，阿拉伯数字）。

在实际手写过程中，发放区域代码也使用行政区划拼音简码记录，如 BJ 代表北京市，HA 代表河南省。在问卷转录为数字记录时，全部区域代码参照国家统计局发布的《行政区划代码》（GB/T 2260—2007），按照省级行政区划（省、自治区直辖市）前两位数字，如 11 与 BJ 代表北京市，12 与 TJ 代表天津市，13 与 HE 代表河北省，对地级市及以下行政区域不再细分标记。问卷内容请参见附录 C，问卷编号采用的行政区划、数字代码和拼音简码对照请参见附录 D。

（二）问卷预调研

针对新生代农民工的问卷预调研主要集中在2014年9月，具体实施过程如下：

2014年9月初，在北京海淀区旱河路某工地和朝阳区某餐饮机构开展两次预调研，现场发放问卷32份；通过电话途径，对来自北京、广州、深圳、郑州的7位农民工受访者对问卷的全部内容开展调查，获得问卷7份，利用IBM SPSS 20.0对问卷的Cronbach α系数进行初步检验，调整了个别α系数值在0.6以下的题目表述和选项设置，针对受访者反馈意见删除或修改个别题目，并根据预调研受访者的建议对问卷题项设置做了局部调整。

此外，在正式投放问卷之前，笔者还利用"问卷星"（www.sojump.com）网络服务，模拟网络填写环境，邀请15位大学本科生对每一道问题进行了填写测试，修改了个别选项的设置，特别是关联题目之间的跳跃关系。

（三）问卷发放

在预调研对问卷修改的基础上，本书制定个体信息能力调查问卷，调查对象确定为新生代农民工，2014年9月至12月采取"滚雪球"方式面向对象群体采集样本数据，问卷发放主要包括以下途径：

（1）现场发放：打印好的问卷在预先联系好的场地发放，并当场回收，主要实施地点包括：北京市海淀区旱河路某建筑工地、朝阳区小井村某建筑工地、朝阳区东四十条某餐饮场所、通州区梨园镇某餐饮场所。现场回收的纸质问卷，相应数据录入Excel文档，回收地主要在北京，回收共计67份。

（2）网络发放：调查问卷在"问卷星"发布，通过短信、微信、Email、QQ等途径向北京、上海、广州、深圳、无锡、郑州、安阳、福州等地的新生代农民工发去链接，请他们在线填写。利用"问卷星"提供的汇总功能下载原始数据，回收地包括中国大陆18个省级行政区，回收共计263份。

（3）邮寄发放：通过电话、短信、微信等途径联系的受访者，对个别反馈无法打开或者不会打开链接的受邀调研对象，邮寄纸质问卷访问。并请该受访者在其务工的社交圈子帮忙扩散发放，通过邮寄途径回收量超过5份的发放点包括河南省郑州市、驻马店市、安阳市，上海市，广东省广州市、东莞市，甘肃省兰州市等地。邮寄发放的纸质问卷，由受委托人邮寄到北京，回收地主要包括河南、上海、广东等地，回收共计115份。

（4）电话访问：在正式调研期间，对来自广州、深圳、郑州的受访者通过电话对问卷的全部内容开展调查，并将其提交的数据直接录入数字化Excel表格留待进一步处理，回收共计11份。

通过上述途径，共发放220份纸质问卷（网络调查发放链接包括转发，未能统计具体数量），回收纸质问卷182份、网络问卷263份、电话问卷11份，共计456份。按照来源地域，问卷的回收和有效问卷分布情况如图4.2所示。

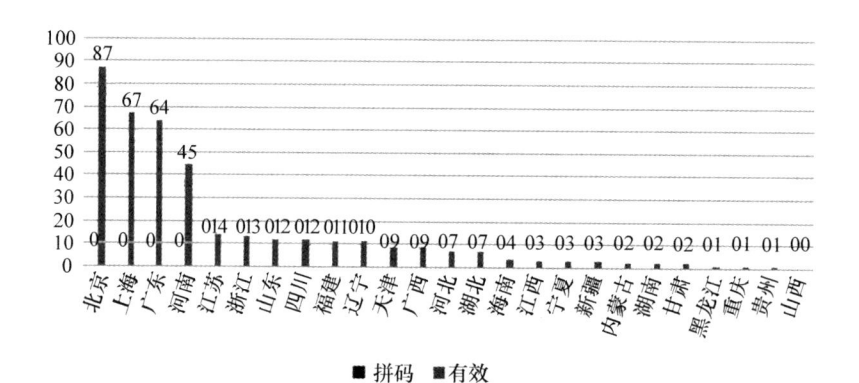

图4.2 回收问卷与有效问卷的地域分布

（四）问卷剔除与数据清洗

对纸质问卷按照如下规则剔除作废的问卷：（a）作答题目不足2/3，即有1/3及以上的题目未作答；（b）有明显的胡乱作答嫌疑，如连续10题以上只选择同一个选项；（c）问卷填写过于潦草以至于难以识别；（d）由访问者观察到的受访者极度不认真填写情况（如不阅读题目直接快速勾选选项）。

网络问卷由于在回收时已经设置了回收规则，故在回收的问卷中不存在上述（a）和（b）问题。将纸质问卷转化为 Excel 文档后与网络调研问卷数据合并，并根据已经设置的校验题目剔除作答不合理的问卷，问卷中包括部分逻辑关联题目，如"是否参加过培训"与"参加的培训方式"存在前者为"是"后者才成立的逻辑，如果受访者前面选"否"而后者仍做出选择的话，可视为作答不认真。此类问题在问卷中一共包括 5 处，按照题号顺序，分别是：①原则上 A3⊆A2；②A7≤min（A5，A6）；③B2 依赖于 B1"遇到过"选项；④B4、B5 依赖于 B3"经常参加"或"偶尔参加"选项；⑤B11 依赖于 B10"有计划地经常自学""无计划地经常自学"或"偶尔自学"三个选项其一。若受访者作答前后逻辑不一致的情况出现三次及以上，则视其问卷为无效问卷。无效问卷及剔除情况请参见附录 D 的表 D.2，共计 67 份。

三　访谈设计与调查实施

（一）样本选取

基于本书作者的社会网络，从如下四类符合"新生代农民工"条件的人员中选取备选调研对象：

（1）仍保持联系的小学、初中、高中同学；

（2）保持较近关系的亲戚、老乡和其他熟人；

（3）经过（1）、（2）推介的符合条件人员；

（4）上述人员工作地点的同事、工友、熟人等随机人员。

由于调研起步于自己的"熟人"圈子，拥有基本的信任关系，第（1）、（2）类直接通过电话取得联系，按地域划分，这两批人员户籍来源地主要集中在河南、辽宁两省，工作所在城市较为分散，但仍以北京、广州、上海三地居多；第（3）类人员基本信息由前两类人员每个人推介 3—5 名，要求提供有效联系方式（主要是手机号码，部分是 QQ 号）而获得，由于有社会网络共同节点，说明介绍人和来意之后大部分都能够获得基本信任和支持。第（3）类人员来源地域较为宽泛，主要包括河南、安徽、山东、河北、山西、甘肃、辽宁等地，工作地点与（1）、（2）类人员呈相似特征。受调研条件限制，（4）类人员作为焦点访谈实施的主要备选对象，选定工作地点为北京的人员。

（二）调研方式

（1）个人访谈：当面访谈，笔记和录音；电话访谈，录音；网络访谈，QQ记录；

当面访谈地点：

北京市海淀区北京大学南门某快递站点

北京市海淀区五路居旱河路某建筑工地

北京市朝阳区某日式料理餐厅

北京市朝阳区某个体餐厅

北京市朝阳区环形铁路附近某工地

北京市昌平区立水桥某建筑工地

（2）焦点小组访谈：当面会议访谈，笔记和录音；问卷发放；

地点：

北京市海淀区五路居旱河路某建筑工地

北京市朝阳区某日式料理餐厅

北京市朝阳区东四十条某社区院内

北京市大兴区黄村某社区院内

（3）参与观察：参与到受访者的工作和生活中，观察记录；

地点：

北京市海淀区五路居旱河路某建筑工地

北京市朝阳区环形铁路附近某工地

（4）个案记录：受访人员讲述经历，录音或笔记。

地点：北京市海淀区五路居旱河路某建筑工地

（三）数据收集、存储与预处理

（1）数据收集

参与式观察大纲。记录时间、地点、主要角色及其主要属性，具体行为过程的描述等信息,采用现场记录和录音、拍照等手段相结合的方式开展。

访谈大纲。针对接受访谈的研究对象,结合半结构化的访谈大纲与之开展面对面的交流,采用现场记录和录音为主的方式开展。必要时向受访者留下本人联系方式,希望进一步跟踪调研。

焦点小组方案。在上述方案实施取得一定成果的基础上,更加聚焦有待完善的问题,设计可控的时间进度对受访对象开展调研,采用现场录音为主的方式。

(2) 数据存储

访谈笔记等原始材料,转化为可编辑数据之后立即存档;

录音、文字、图片等数字化数据保存在个人电脑指定硬盘,同时在百度网盘、移动硬盘和 U 盘备份存储,每次更新及时完成同步备份。

(3) 数据预处理

访谈笔记:转化为 Word 记录,并按照主题和时间建立索引;

录音:转化为 Word 记录,并按照主题和时间建立索引;

图片:配上文字说明,并按照主题和时间建立索引;

时间要求:原则上当天收集的数据当天晚上预处理完毕并做好归档。

访谈大纲请参见附录 B。

第二节 问卷调查结果描述

通过两轮数据清理,共有 389 份问卷的数据计入样本数据。样本数据结果如下。

一 概括描述

通过问卷获得的样本数据在一定程度上可以反映研究对象群体特征,下面从样本的人类学信息和问卷的信度及效度对问卷数据进行概括描述。

(一) 样本基本信息

关于样本的基本信息主要来自问卷中 D 部分的问题选项,在有效回收的 389 份问卷中,基本人类学信息见表 4.3。

表4.3 受访新生代农民工样本人口学和社会学基本数据 (N=389)

特征问题	选项	频数	百分比
性别	男	207	53.2%
	女	182	46.8%
学历	小学	10	2.6%
	初中	94	24.2%
	高中/中专/技校	145	37.3%
	大专	118	30.3%
	本科及以上	22	5.7%
年龄	18 岁及以下	9	2.3%
	19—24 岁	63	16.2%
	25—30 岁	161	41.4%
	31 岁及以上	156	40.1%
打工经历	小于 6 个月	26	6.7%
	6 个月—1 年	39	10.0%
	1—3 年	151	38.8%
	3—5 年	79	20.31%
	5 年及以上	94	24.2%
日平均工作时长	少于 8 小时	17	4.4%
	8 小时	138	35.5%
	8—10 小时	177	45.5%
	10 小时及以上	57	14.7%
所属行业	建筑业	67	17.2%
	制造业	152	39.1%
	金融业	8	2.1%

续表

特征问题	选项	频数	百分比
所属行业	餐饮业	40	10.3%
	个体户	39	10.0%
	物流仓储	34	8.7%
	物业与家政服务	26	6.7%
	其他（请填写）	23	5.9%
月收入水平	1500元以下	26	6.7%
	1501—3000元	77	19.8%
	3001—4000元	121	31.1%
	4001—5000元	95	24.4%
	5001—6000元	35	9.0%
	6000元以上	35	9.0%
工作地点	直辖市	126	32.4%
	省会/副省级城市	82	21.1%
	普通地级市	105	27.0%
	县级市或县城	43	11.1%
	乡镇	33	8.5%
婚姻状况	未婚	116	29.8%
	已婚	264	67.9%
	离异	8	2.1%
	丧偶	1	0.3%
未来打算	回乡务农	48	12.3%
	所在城市定居	175	45.0%
	其他城市定居	44	11.3%
	没想好	122	31.4%

在回收的389份有效问卷中，受访者年龄最大38岁[1]，最小14岁，

---

[1] 本书绪论中提到，对新生代农民工的界定参照国家统计局从出生年方面所作的界定："1980年以后出生的农民工"，据了解，部分新生代农民工在未成年时进城务工，为了获得务工资格而将身份证年龄虚报偏大。实际操作过程中将年龄限制放宽，个别出生年介于1976—1980年的样本也纳入统计范围，这类样本一共有5人。

平均值 29.7 岁，其中 25 岁以上的受访者占样本量的 80%以上；具有高中（或相当于高中）学历及以上的受访者占样本量的 73%，其中有大约 35%的受访者具有高等教育背景（大专或以上），部分来自农村的大学生毕业后找不到正式工作，只得加入打工行列，这一点值得关注；将近 40%的受访者具有 1 年到 3 年的打工经历；从工作强度看，只有 40%左右的受访者日工作时间在 8 小时以内，而有 45%左右的受访者表示日工作时间在 8 小时到 10 小时；受访者的行业分布较为分散，从人数比例来看，最多的两类集中在制造业（近 40%）和建筑业（约 17%），其他行业还包括餐饮、个体、物流等；样本群体的月收入 3000 元以上的占比 73%；从工作地域看，半数以上的样本群体集中在直辖市、省会或副省级城市；样本中约 68%的人属于已婚人群；约 56%的受访者表示希望在城市定居，明确表示希望回乡务农的只占约 12%。

（二）信度和效度描述

本问卷的信度和效度分析主要针对量表部分（问卷的 C 部分）进行测量。

信度（Reliability）即量表的可靠度，一般用 Cronbach α 信度系数来衡量，该系数用于衡量量表项目之间的内在一致性，α 取值区间在 0—1，当 α 大于 0.8 时，表示该量表具有很好的信度；当 α 取值在 0.7—0.8 时，表示该量表的信度较好；若 α 取值在 0.6—0.7 时，表示该量表也可以接受但需改进；若 α 取值小于 0.5 时，则该量表的信度不能被接受。本书借助 Cronbach α 系数对量表的题项做信度检验，利用 IBM SPSS 20.0 本书的检验结果见表 4.4，本问卷量表整体 α 系数为 0.926，说明本问卷量表问题具有很高的内部一致性。

表 4.4　　　　　　　　量表整体信度检验（Cronbach α 系数）

Cronbach's Alpha	N of Items
.926	49

资料来源：利用 IBM SPSS 20.0 自行整理。

效度（Validity），用来衡量问卷的有效性，一般用因子分析中相应指标的适切性量数（KMO）来判定。KMO检验用于检查变量间的偏相关性，KMO值越接近于1，变量间的偏相关性越强，因子分析的效果越好，通常情况下KMO值应大于0.6。当KMO值大于0.7时，效果比较好。

表4.5 问卷效度检验（KMO和Bartlett的检验）

KMO Measure of Sampling Adequacy	.921
Bartlett's Test of Sahericity Approx Chi-square	9647.154
df.	1176
Sig.	.000

资料来源：利用IBM SPSS 20.0自行整理。

本问卷量表效度检验结果见表4.5，总体KMO为0.921，表明变量间具有很好的共同性，适合作进一步的关联分析。

二 基本信息活动

样本数据显示，受访的新生代农民工平时获取信息的主要途径如图4.3所示，互联网或移动互联网是主要途径之一，传统媒介仍然在新生

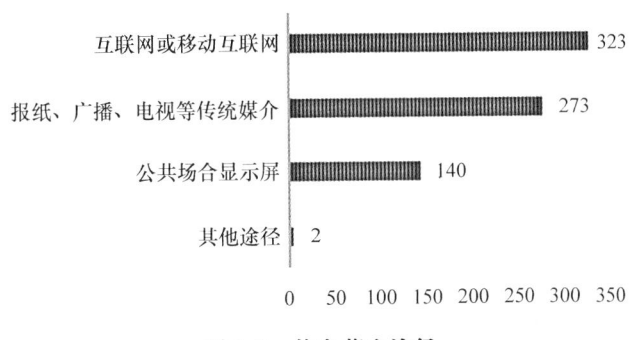

图4.3 信息获取途径

- 互联网或移动互联网：323
- 报纸、广播、电视等传统媒介：273
- 公共场合显示屏：140
- 其他途径：2

代农民工信息获取行为中占据较为重要的地位。这与另外一项相关研究的结论是基本一致的,"在城市务工之余,新生代农民工的主要业余活动是上网(占比46.9%)和看电视(52.1%)。网络已经成为新生代农民工获取外界信息和知识的重要媒介"①。

受访的新生代农民工对设备/设施有过使用经历情况如图4.4所示,接近90%的受访者都有手机的使用经历,约60%的受访者有过电脑使用经历,传统媒体如电视、广播、报栏等设备/设施仍在新生代农民工生活中有重要的影响。

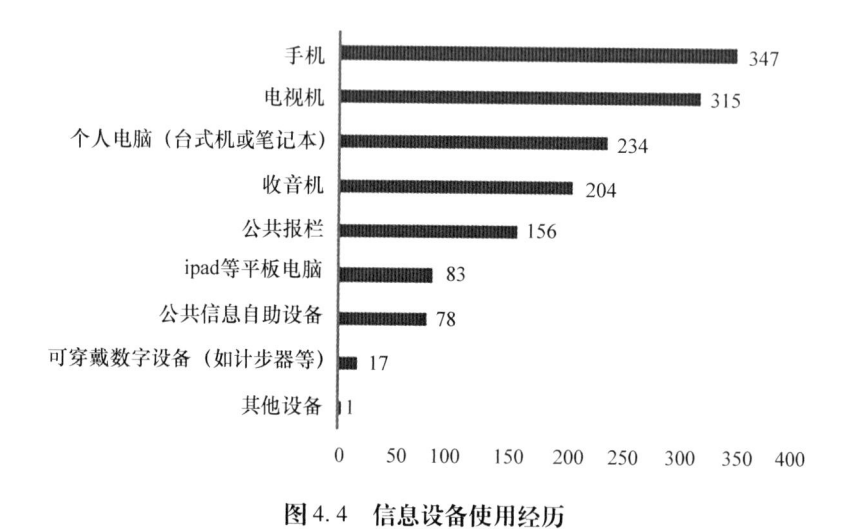

设备	数量
手机	347
电视机	315
个人电脑(台式机或笔记本)	234
收音机	204
公共报栏	156
ipad等平板电脑	83
公共信息自助设备	78
可穿戴数字设备(如计步器等)	17
其他设备	1

图4.4 信息设备使用经历

受访的新生代农民工群体手机拥有量高达94%,约77%的受访者拥有个人电脑,平板电脑等便携式数字化设备的拥有比例也达到26%,如图4.5所示。

约83%的受访者表示主要是休息日在家使用数字化信息设备,也有约60%的受访者表示会在上下班或差旅途中使用这些设备,约51%的受

---

① 新生代农民工基本情况研究课题组:《新生代农民工的数量、结构和特点》(http://data.bjstats.gov.cn/2011/xstd/201104/t20110411_199552.htm)。

第四章 新生代农民工信息能力的实证调查

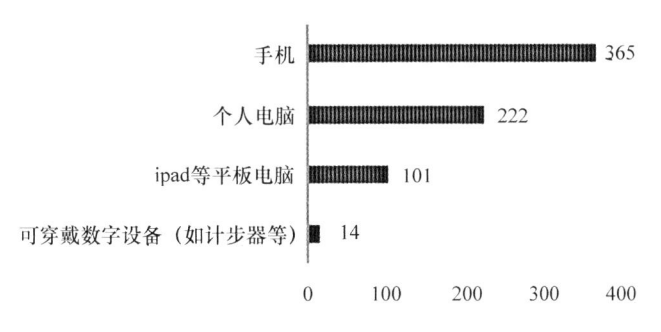

```
手机                              365
个人电脑              222
ipad等平板电脑   101
可穿戴数字设备（如计步器等） 14
      0    100   200   300   400
```

图 4.5 信息设备拥有情况

访者表示会在工作中用到这些设备，只有不到 20% 的受访者表示会在网吧或公共图书馆等场所使用这些设备。受访者数字化设备使用场合分布情况如图 4.6 所示。

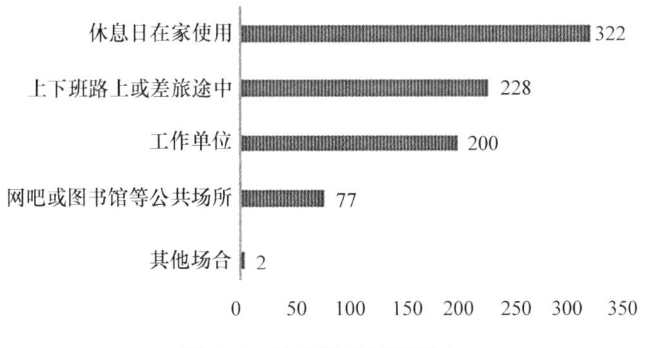

```
休息日在家使用                    322
上下班路上或差旅途中          228
工作单位                   200
网吧或图书馆等公共场所  77
其他场合  2
    0   50  100  150  200  250  300  350
```

图 4.6 信息设备使用场合

谈及"网龄"，约 42% 的受访者表示自己已经有 5 年以上的互联网使用经历，其他时间长度的互联网使用经历分布如图 4.7 所示。关于手机使用经历，约 56% 的受访者已经有 5 年以上的使用经历，近 21% 的受访者拥有 3—5 年的使用经历，各个时间长度的手机使用经历如图 4.8 所示。

近 6 个月来，每天用于使用电脑、手机或其他信息设备的时间在 2 小时至 4 小时的受访者占近 31%，约 30% 的受访者有 4 小时到 6 小时的

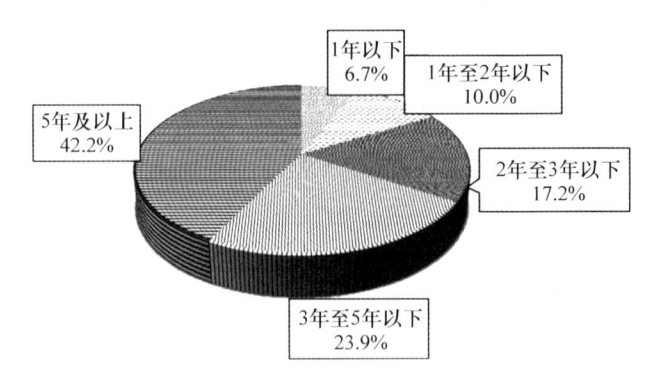

图4.7 距离第一次使用互联网的时间

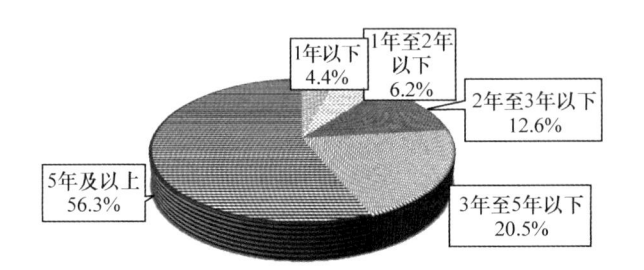

（1年以下 6.7%；1年至2年以下 10.0%；2年至3年以下 17.2%；3年至5年以下 23.9%；5年及以上 42.2%）

图4.8 距离第一次使用手机的时间

（1年以下 4.4%；1年至2年以下 6.2%；2年至3年以下 12.6%；3年至5年以下 20.5%；5年及以上 56.3%）

使用时间。各个使用时间长度的分布比例如图4.9所示。

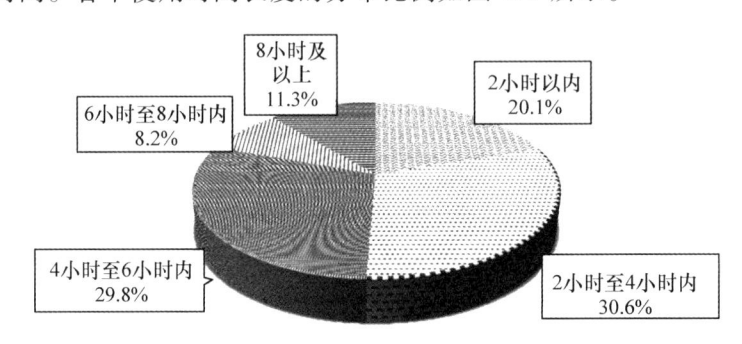

图4.9 平均每天用于使用数字化信息设备的时间（单位：小时）

（2小时以内 20.1%；2小时至4小时内 30.6%；4小时至6小时内 29.8%；6小时至8小时内 8.2%；8小时及以上 11.3%）

近一年来，约67%的受访者每月平均在上网、通信支出（包括话费、流量费等）在50元以上，其中，约10%的受访者月费用在150元以上。用在信息支出的月均费用分布情况如图4.10所示。

第四章 新生代农民工信息能力的实证调查

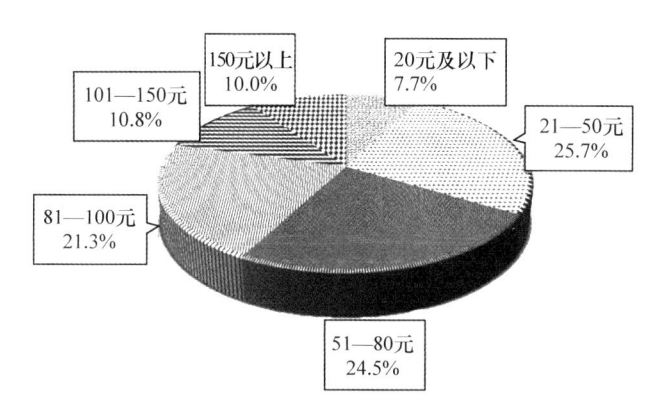

图4.10 每月平均信息活动支出

- 150元以上 10.0%
- 20元及以下 7.7%
- 21—50元 25.7%
- 51—80元 24.5%
- 81—100元 21.3%
- 101—150元 10.8%

从问卷反馈的信息来看，受访的新生代农民工使用信息设备主要从事的排在前5位的活动，包括打电话或发短信（约83%）、QQ或微信聊天（约77%）、浏览新闻或娱乐信息（约71%）、听音乐或看视频（约60%）和玩游戏（约52%）。从内容上看，主要活动集中在沟通交流和日常娱乐方面，与工作、学习、生活密切相关的内容尚未进入最主要的活动范围。受访者各项信息活动的排列如图4.11所示。

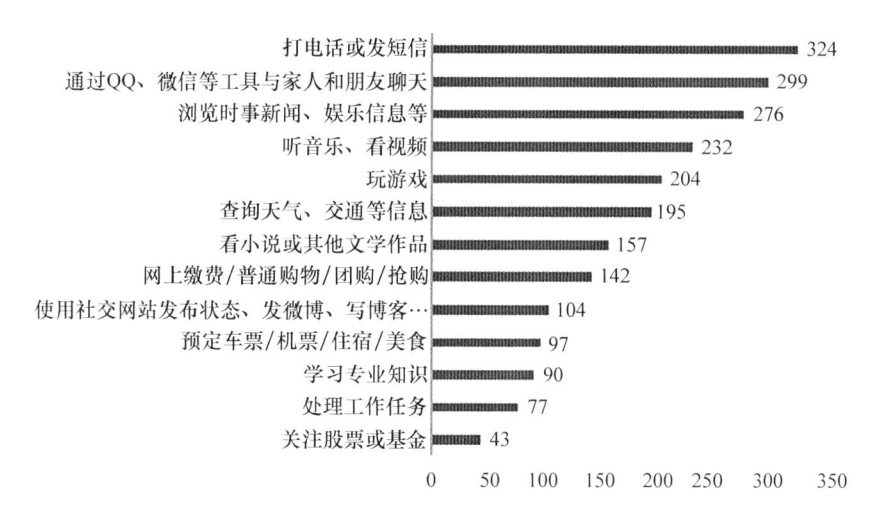

活动	人数
打电话或发短信	324
通过QQ、微信等工具与家人和朋友聊天	299
浏览时事新闻、娱乐信息等	276
听音乐、看视频	232
玩游戏	204
查询天气、交通等信息	195
看小说或其他文学作品	157
网上缴费/普通购物/团购/抢购	142
使用社交网站发布状态、发微博、写博客…	104
预定车票/机票/住宿/美食	97
学习专业知识	90
处理工作任务	77
关注股票或基金	43

图4.11 主要信息活动内容

125

三 可用资本情况

与新生代农民工信息能力相关的可用资本主要包括可用的社会资本、经济资本和文化资本等内容。在受访者中，约76%的人表示在使用信息设备或信息利用过程中曾经遇到困难。在遇到困难时，受访者最常用的解决方式是向同事、同学、朋友等身边的人求助和自己探索尝试，这两个选项的占比均为65%，约37%的人求助于设备或技术的客服人员，约30%的人会求助于家庭成员，而6%左右的人表示会放弃使用。遇到困难最常用的解决方式如图4.12所示。

解决方式	人数
求助于同事/同学/朋友	197
自己摸索尝试	197
求助于设备或技术的客服人员	113
求助于家庭成员	92
放弃使用	17
其他方式	1

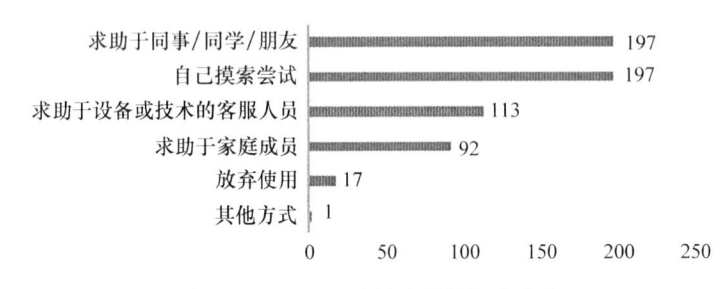

图4.12 遇到困难最常用的解决方式

关于相关设备或技术的培训或说明活动的参与情况的统计表明，半数以上的受访者未参与过此类活动，偶尔参加的有约36%，经常参加的仅有约8%，具体分布如图4.13所示。

在参加过培训的受访者中，曾经参加过所在工作单位开展过的相关培训或说明活动的占61%，培训或说明活动的其他主办主体还包括所在社区、当地图书馆、设备厂商、志愿者组织等，但这些主体的培训活动相对较少。各类主体占比情况如图4.14所示。

针对参加过培训活动的受访者，参加过的培训活动主要内容包括设备操作说明（约65%）、计算机网络使用培训（约58%）和专门软件使用（约48%），而这些培训又主要是由所在单位为了提升员工的工作技能而开展的必要的培训内容，如图4.15所示。

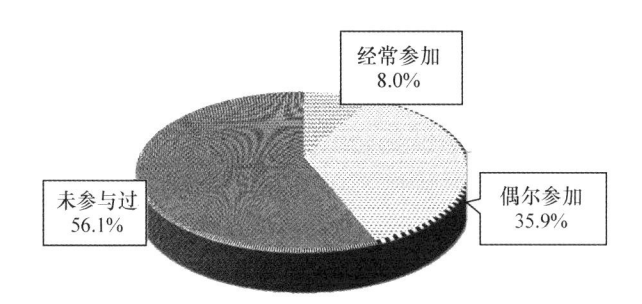

图4.13　培训参与情况

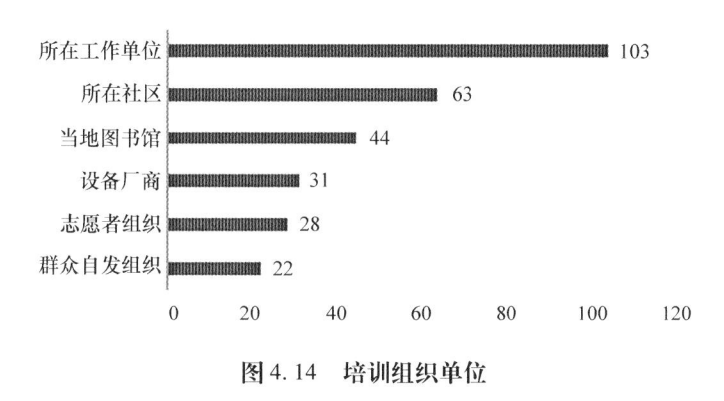

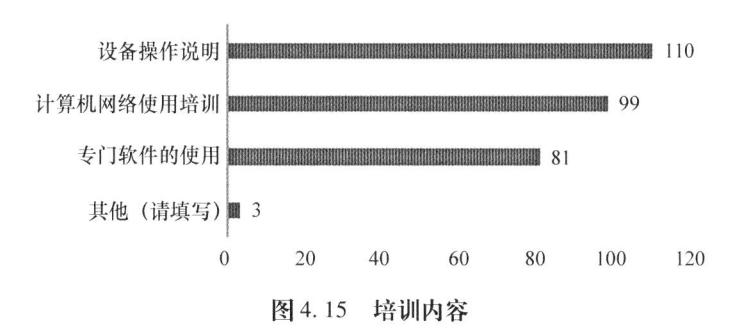

- 经常参加 8.0%
- 偶尔参加 35.9%
- 未参与过 56.1%

图4.14　培训组织单位

- 所在工作单位 103
- 所在社区 63
- 当地图书馆 44
- 设备厂商 31
- 志愿者组织 28
- 群众自发组织 22

图4.15　培训内容

- 设备操作说明 110
- 计算机网络使用培训 99
- 专门软件的使用 81
- 其他（请填写）3

过半数的受访者将信息设备和技术的利用的影响因素归结为基础设施配备不全。此外，信息太多找不到有用信息（约50%）、使用方法难以掌握（约46%）和相关客服不到位（约40%）也是受访者认为重要的影响因素。各个因素分布如图4.16所示。

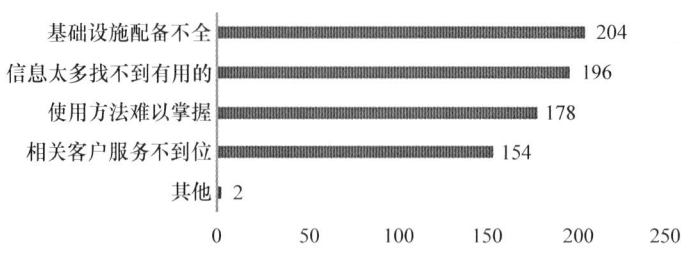

图4.16 设备和技术使用影响因素

过去一年，受访者在购买、维修各种信息和通信设备（如台式电脑、笔记本电脑、手机、iPad、固定电话等）及配件的总费用在2000元以上的占53%，其中5000元以上的约占8%。这笔费用支出的各级占比情况如图4.17所示。

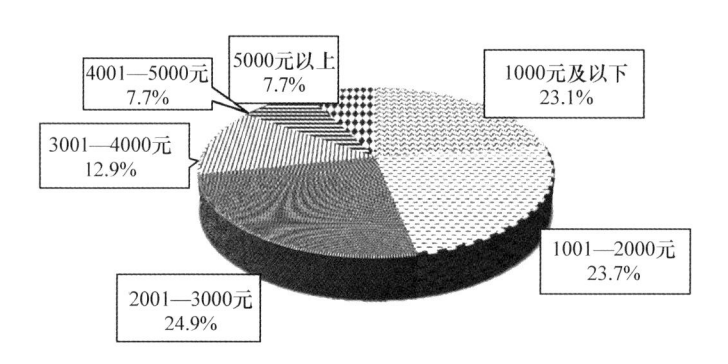

图4.17 过去一年设备费用支出

在受访者中，距离现在最近的一个阶段在校学习经历，毕业或中止学业10年及以上的约占28%，3—5年的约占20%，5—7年的约占19%，3年以内的仅占约18%。各个时段的占比情况如图4.18所示。

离开学校的正式教育阶段后，约51%的受访者表示还会偶尔自学一些知识，不自学的占18%，如图4.19所示。

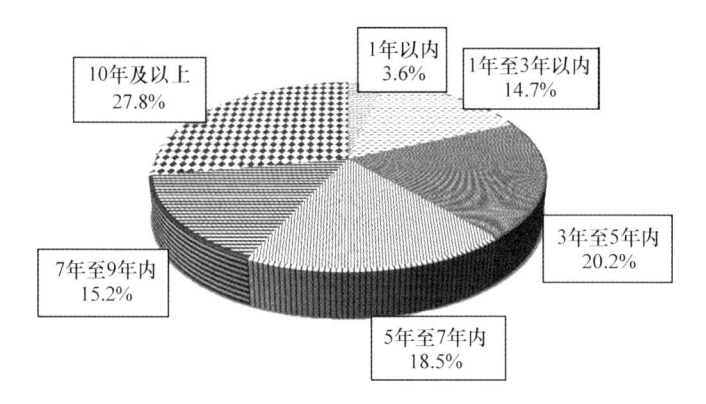

图4.18 距离最后学历时间

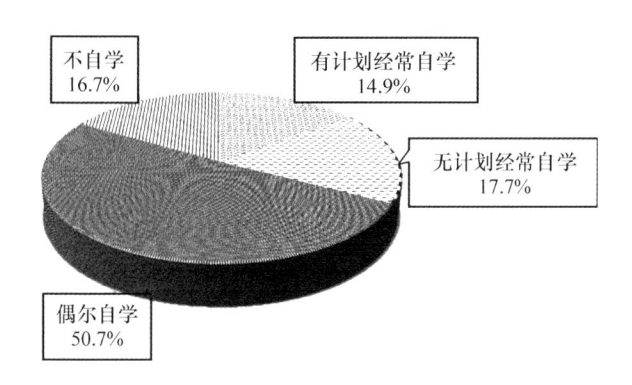

图4.19 自学情况

有研究①表明，新生代农民工的一部分开始关注自我发展，在业余时间通过参加培训和学习进行充电，不断提升自我素养。在选择还会自学的受访者中，主要通过上网查找方式自学的约占60%，自己看书的占26%，如图4.20所示。

约42%的受访者表示工作和居住的地方有网吧但是没去过，约35%的受访者知道附近有网吧并且去过，约19%的受访者表示附近没有网

---

① 陈兰：《新生代农民工的发展和归宿》，法律出版社2013年版。

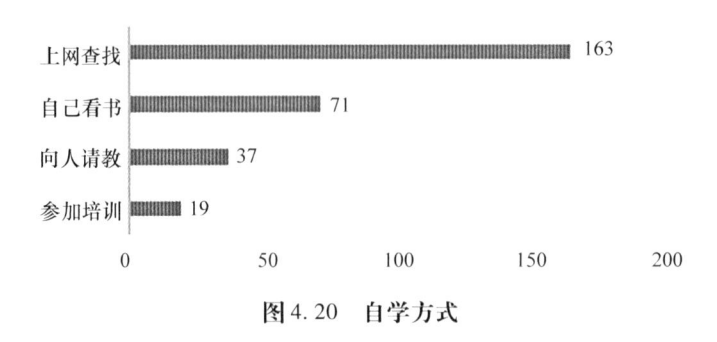

```
上网查找 ████████████ 163
自己看书 █████ 71
向人请教 ██ 37
参加培训 █ 19
         0    50    100    150    200
```

图 4.20　自学方式

吧，只有约 4% 的受访者表示并不清楚有无网吧；约 26% 的受访者表示工作和居住的地方有公共图书馆但是没去过，约 28% 的受访者知道附近有公共图书馆并且去过，约 39% 的受访者表示附近没有图书馆，约 8% 的受访者并不清楚有无图书馆。关于网吧和公共图书馆的分布及进入经历的情况如图 4.21 和图 4.22 所示。

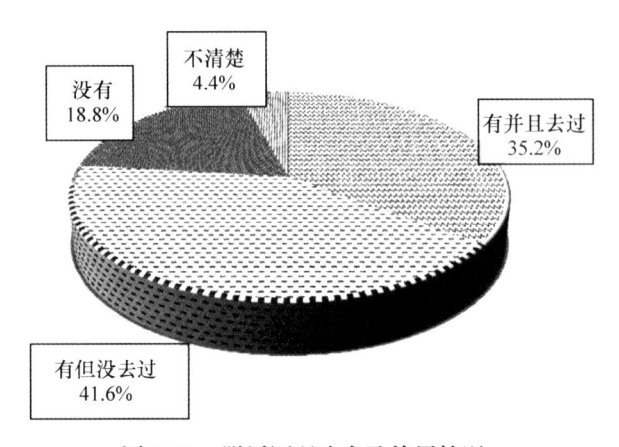

不清楚 4.4%
没有 18.8%
有并且去过 35.2%
有但没去过 41.6%

图 4.21　附近网吧分布及使用情况

四　信息能力认知

本问卷 C 部分为信息能力主观认知量表，采用李克特量表 7 级量表，见表 4.6。对量表部分进行维度划分，其中 C1—C3 为信息敏感度，C4

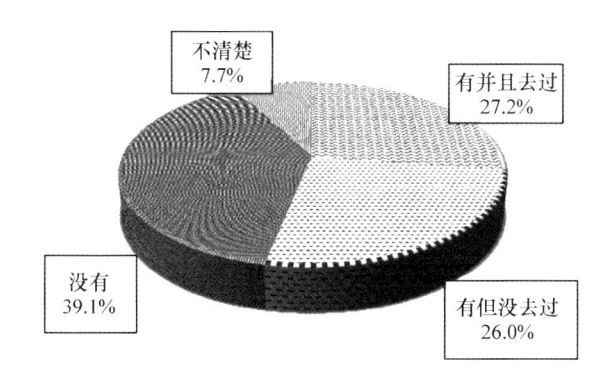

图4.22 附近图书馆分布及使用情况

为信息有用度感知，C5—C6、C8—C9 为信息设备，C7、C10—C13 为信息获取，C14—C15 为信息活动目的，C16—C17 为信息理解，C18 为信息技能，C19—C20 为信息发布，C21—C25 为社会资本，C26 为信息控制，C27—C31、C34 为信息效用，C32—C33 为信息依赖，C35—C41 为信息行为影响因素，C42—C43 为信息甄别，C44 为时间保证，C45—C46 为信息获取习惯，C47—49 为个体信息能力综合感知。其中，C9、C18、C34 为反向计分题目，即题目为否定意义的陈述，在测量信度时将其进行反向处理。

表4.6 信息能力主观认知分数分布

	Min	Min F	Max	Max F	Mode	Mode F	Ave	AD	VA
C1	1	17	7	60	5	91	4.80	1.620	2.625
C2	1	9	7	84	7	84	4.99	1.582	2.503
C3	1	4	7	122	7	122	5.52	1.388	1.925
C4	1	4	7	103	7	103	5.29	1.418	2.011
C5	1	20	7	59	4	90	4.58	1.674	2.802
C6	1	75	7	48	1	75	3.85	2.028	4.114
C7	1	39	7	32	5	93	4.28	1.723	2.968
C8	1	30	7	128	7	128	5.21	1.858	3.452
C9	1	62	7	39	5	68	3.80	1.918	3.678

续表

	Min	Min F	Max	Max F	Mode	Mode F	Ave	AD	VA
C10	1	16	7	101	7	101	5.24	1.609	2.588
C11	1	11	7	83	6	100	5.17	1.522	2.317
C12	1	18	7	76	5	100	5.01	1.587	2.518
C13	1	19	7	73	6	105	5.06	1.604	2.574
C14	1	21	7	116	7	116	5.24	1.729	2.990
C15	1	42	7	51	5	91	4.34	1.814	3.292
C16	1	15	7	67	5	110	4.97	1.522	2.316
C17	1	9	7	83	6	101	5.20	1.485	2.206
C18	1	57	7	35	3	71	3.70	1.886	3.557
C19	1	6	7	79	6	107	5.26	1.376	1.894
C20	1	18	7	71	6	95	5.00	1.571	2.466
C21	1	14	7	75	5	102	5.05	1.538	2.366
C22	1	17	7	57	5	96	4.76	1.623	2.635
C23	1	15	7	60	6	101	4.96	1.529	2.339
C24	1	16	7	57	6	98	4.90	1.537	2.364
C25	1	13	7	61	5	111	4.94	1.524	2.324
C26	1	3	7	90	6	104	5.26	1.428	2.041
C27	1	14	7	61	5	103	4.90	1.549	2.401
C28	1	8	7	61	6	113	5.09	1.449	2.101
C29	1	13	7	92	6	93	5.17	1.579	2.493
C30	1	38	7	43	4	92	3.99	1.817	3.301
C31	1	35	7	62	4	71	4.28	1.874	3.513
C32	1	32	7	36	5	106	4.65	1.666	2.776
C33	1	31	7	49	6	99	4.68	1.715	2.941
C34	1	55	7	27	4	71	3.59	1.789	3.201
C35	1	111	7	31	1	111	3.16	1.954	3.820
C36	1	70	7	23	1	70	3.52	1.848	3.415
C37	1	57	7	32	3	70	3.71	1.845	3.404
C38	1	70	7	17	1	70	3.57	1.809	3.271
C39	1	70	7	35	1	70	3.63	1.919	3.682
C40	1	73	7	24	1	73	3.54	1.928	3.718
C41	1	37	7	34	4	84	4.17	1.717	2.947
C42	1	17	7	58	5	97	4.86	1.583	2.505
C43	1	10	7	80	5	103	5.14	1.460	2.132

续表

	Min	Min F	Max	Max F	Mode	Mode F	Ave	AD	VA
C44	1	17	7	56	5	90	4.69	1.652	2.729
C45	1	5	7	89	6	99	5.21	1.500	2.251
C46	1	18	7	67	5	90	4.79	1.659	2.753
C47	1	13	7	61	5	90	4.86	1.509	2.276
C48	1	6	7	64	6	101	5.04	1.424	2.026
C49	1	9	7	78	6	101	5.17	1.445	2.088

注：Min 指最小值；Min F 指最小值频数；Max 指最大值；Max F 指最大值频数；Mode 指众数；Mode F 指众数频数；Ave 指均值；AD 指标准差；VA 指方差。

资料来源：利用 IBM SPSS 20.0 自行整理。

上述量化数据将在下一章基于 SPSS 20.0 展开分析，用来检验相关假设并用于进一步提取关键关联因素的依据。

第三节 访谈结果描述

基于访谈获得的质性材料，本节对受访对象基本情况和代表性案例作简要描述。

一 概括描述

针对新生代农民工的访谈记录经过筛选和确认，其人类学基本信息见表4.7。

表4.7　新生代农民工访谈对象人类学基本信息

类别	小类	数量（人）	描述
来源地	河南	11	主要为许昌、商丘、安阳、平顶山、驻马店、漯河、周口、南阳等地农村
	河北	7	主要为邯郸、邢台、沧州、衡水、唐山、张家口等地农村

续表

类别	小类	数量（人）	描述
	辽宁	6	主要为沈阳、抚顺、鞍山、锦州等地农村
	山东	4	主要为菏泽、聊城、济宁等地农村
	山西	3	主要为长治、侯马、晋城等地农村
	甘肃	2	主要为天水、武威等地农村
	安徽	2	主要为阜阳、淮北等地农村
	其他	6	包括吉林、四川、新疆、湖北、江苏等省区农村
工作地	京津	29	包括北京、天津及河北廊坊
	长三角	7	包括上海、苏州、无锡、常州等地
	珠三角	5	包括广州、深圳、佛山、东莞、莆田等地
行业	餐饮	9	餐饮类收银、大厅、后厨等人员
	快递	7	物流速递人员
	保安	5	社区、酒店、宾馆等场所保安
	销售	5	从事市场销售工作的人员
	建筑	4	包括泥瓦、土石方、装修、隧洞等建筑业
	司机	4	单位用车、出租车、渣土车、垃圾车等司机
	文秘	2	日常行政、接待、文员、秘书等
	保洁	1	社区、酒店、宾馆、公园、高校等场所卫生保洁
	其他	4	主要指个体商贩等流动性较强的人员
年龄段	≤20	8	1994年及以后出生
	21—25	12	1989—1993年出生
	26—30	15	1984—1988年出生
	31—35	5	1980—1983年出生
	>35	1	1979年出生
教育背景	高中	8	全日制普通高中
	职高	5	全日制职业高中
	技校	6	初中毕业为起点专业技术学校
	初中	16	义务教育初中
	小学	6	义务教育小学

除此之外，还有2份来自某工会涉及新生代农民工主体的行政人员访谈记录、3份新生代农民工父母的访谈记录、5份新生代农民工单位领导（分别是工头、保安队长和餐厅老板）和2份提供给新生代农民工房

屋租住的房东的访谈记录，这些利益相关者的访谈全部来自北京市。

本书选取的案例全部来自实地调研过程中通过访谈或观察获得的第一手实际材料。典型案例的来源情况如下：

案例1来源：2012年9月北京海淀区旱河路某工地观察记录

案例2来源：2014年2月电话访谈一位来自河南的新生代农民工记录

案例3来源：2013年12月北京某建筑工地一位农民工口述春运购票经历

案例4来源：2014年2月北京朝阳区一位"白领"新生代农民工口述

案例5来源：2014年9月QQ访谈一位在广州担任仓库管理员新生代农民工记录

二 部分案例

为了尊重和保护案例相关人物的隐私，对案例中出现的人名一律采用英文字母代码指代，对案例中涉及具体地点采用"某地"指代，个别特殊情况另作说明。

案例1：

A、B、C三人同属一个工地的工友，计划周末去市内某个地点购物，但都对交通路线不熟悉。工地附近500米处有一个公交车站，A利用智能手机上网查地图定位具体路线，B、C没有智能手机，B向熟悉当地交通的工友询问路线，C直接走到车站记下了具体站名。按照传统信息分化的理解，他们三人显然处于不同的信息分化层次，B、C相对于A而言属于数字弱势群体。然而，实际结果有可能是，B花了3分钟时间打听清楚了具体路线，C花了10分钟时间获得了公交线路信息，A的手机由于网络信号原因尚未打开网页。

案例2：

D为一位进城务工人员，在2014年春节花4500元购置了一台笔记本电脑,带回了河南老家,并且和邻居平摊一年1200元的网费,这些费用相当于D差不多3个月的全部工资。D表示这是他主动买的,因为他发现可以利用电脑跟家人视频、聊天,而且还可以帮助11岁的女儿上网找学习资料,他明确表示"电脑是贵点,但买一台也不奢侈,因为(电脑)真正有用"。

案例3:

2013年年底,笔者在北京某建筑工地的一次实地观察,正好记录了部分进城务工人员购买春运返乡火车票的过程。按照传统购票方式,去车站或代售点排队是购票的通常途径,但是由于电话购票、网络购票等依赖信息技术手段的新型购票方式出现,同一个工地的人员在购票方式上发生了明显的分化。对于会上网订票的人而言,他们借助工地办公室的设备(电脑)和网络,能够快速查询车次、时刻、票价、余票等信息,并且可以在线支付,开车前取票或直接凭借二代身份证乘车即可,也有一部分人不会使用电脑或抢不到电脑,通过打电话的方式预订车票并到车站付款、取票,但在获取相关信息的灵活性方面明显不如前者。同时,笔者也听到有人表示:"(我们)跑车站和代售点好几趟都说没有票,他们躲在屋里就(把票)抢完了。不懂点技术,干啥都赶不上人家。"无论是选择直接去车站购票,还是通过电话订票,抑或是依赖计算机或智能手机购票,只要能达到满足购票需求的目的,这就是特定语境下的最终需求。但随着ICTs的发展,借助数字化设备和信息技术手段相对更加省力,这也意味着在获取购票信息这个需求上有更多的选择自由。

案例4:

两位受访对象正好是一对母女,母亲E在河南省农村生活,女儿F是北京某新闻单位的前台秘书(无编制的"白领")。她们在获取和利用最新时事新闻方面所拥有的信息设备、手段和信息资源是大相径庭的。通过访谈得知,E对自己的信息状态感觉很满足,家里有一台电视机、一部座机,可以通过电话了解到女儿的生活状态,通过乡邻可以知道村里的婚丧嫁娶事件，E认为只要能及时了解家人平安和村里的人情往来这类的信息，就很好地满足了她的信息需求。F尽管拥有先进的设备，掌握娴熟的技能，每天都跟大量信息打交道，却在受访时表现出严重的信息焦虑，总担心自己丢掉什么重要信息或找不到有用的信息，F经常感觉自己处于"严重的信息不足状态"。

案例5：

G是在广州从事仓库管理的一名打工者，男，35岁，来自河南农村。G讲到特别用心的一次信息发布经历。G第一胎是女儿，按照当地计生政策在女儿满五岁去申请二胎指标时，被当地计生部门办事员索要好处费三千元。G没出这笔钱，拖了近一年也未能取得生育指标，二胎孩子却已出生，没有生育指标就无法上户口。计生办办事员再次提出要五千元了事，否则就起诉G违反计生政策。抱着寻求法律支持的目的，G跑到乡里网吧上网，在网吧管理员的支持下尝试用百度寻找相关信息，这一上网才发现自己可以有效维权，于是下载了相关的法律和政策条文，带着这些东西去乡计生办"理论"，乡计生办以未办指标生孩子为由，扬言还说非要起诉G。G跑到县里信访办反映此事，县里（信访办）说办事员索贿需要G拿出证据。乡里计生办办事员听说G去县里信访未果，就上门说"私了"方案，若不答应就要强制执行罚款两万元。G就打开手机录音功能，偷偷把对方提的要求全部录了下来，连夜整理成文字材料，并且把村里其他有过类似经历已经交过"罚款"的"收据"（其实是白条）拍了照片。第二天跑到网吧，把写好的材料直接发给了省计生委的网站信访信箱，并且在南方某个论坛注册了账号，用发帖子的形式发布了这件事的始末缘由，还给北京一个报社发了电子邮件。出乎G意料的是，第二天再去上网就看到了很多人跟帖，并且还有律师表示愿意帮G。大概过了五天，县里派人到了G所在的村里了解情况，对计生办办事员索贿的情况进行调查。最后，县里对此事做了处理，G要按规定缴纳相应的社会抚养费，乡计生办那个办事员被停职审查。G表示虽然最后还是要交一部分钱，但这个钱有依据就行，不能接受的是被人"黑"(敲诈)。

此外,G的父亲患严重头痛头晕,被县医院确诊为青光眼,要开刀做手术,G把县人民医院的检查结果上网发给求医问药的网站,寻求在线诊断帮助,结果很多帖子回复基本确定是脑瘤。他们才赶快转院到大医院,检查结果的确是脑瘤。尽管最后G的父亲还是因患脑瘤病逝,但因为G及时地利用互联网求助避免了一次错误的手术。

第四节 本章小结

基于第三章提出的信息能力一般模型,本章提出针对新生代农民工群体的相关研究假设,经过概念化操作形成新生代农民工信息能力调查问卷和访谈计划。通过现场发放、网络发放、邮寄发放和电话访谈等途径共获得有效问卷389份,本章对问卷基本数据的分布情况做了描述性交代。同时,利用田野调查对新生代农民工及部分相关主体进行了访谈,积累了部分有代表性的访谈记录和案例。

新生代农民工是当代中国颇具代表性的特殊社会群体,直观上看,该群体内部确实存在较为明显的信息分化现象;该群体普遍具有较强的"发展"追求并确实有案例表明借助ICTs和信息优势可以实现这种追求。本书选取新生代农民工作为研究对象群体具有现实意义和可操作空间。如果单纯从设备拥有和技术使用角度看,新生代农民工在信息获取和利用方面并不像我们所想象的那样"贫困"。例如,由于技术的易用性程度的提高和信息消费成本的降低,使用智能手机乃至笔记本电脑在新生代农民工群体中已经成为较普遍的现象。

回到信息内容本身时,我们必须清醒地认识到新生代农民工群体"信息分化"现象的存在。首先,信息资源本身就与阶层相关,处于政治、经济核心的阶层有更多利于获得更大发展的信息资源可以享用。对于社会弱势阶层而言,他们掌握了信息技术,只是获得了机会,能否获得真正的信息还要受到很多技术之外的因素的制约。其次,"娱乐至死"

的信息消费思潮在当下年轻信息消费者群体中表现突出，新生代农民工深受该思潮的影响，每天接收和产生大量信息，但很多是出于猎奇、娱乐或者出于习惯依赖的需求，固然可以给他们带来一定程度的"效用"，但就其个体长远发展来看却未必有积极作用。

新生代农民工的信息行为主要在工作环境和生活环境中展开。这两个不同的场域作为外在结构因素，会对他们的信息能力产生重要影响。例如，从事第三产业服务行业的农民工相对于从事第二产业建筑行业的农民工而言，就有更多的机会去接触和使用数字化信息工具。信息能力是新生代农民工适应城市生活、实现自我发展的重要途径。信息资源除了娱乐功能之外，还有促进个体发展的功能，利用 ICTs 和信息资源可以实现更多的功能性活动。关于相关量化数据和质性材料的分析和讨论将在后续章节中进一步展开。

第五章　调研结果分析与讨论

新生代农民工群体信息分化的核心问题是信息能力问题。本章将结合信息能力一般模型，基于第四章的问卷调查的量化数据和田野调查获取的部分质性材料，对新生代农民工信息能力关联因素的相关假设进行检验，对信息能力与信息效用的关系展开进一步分析与讨论，在此基础上完成对新生代农民工信息能力关键关联因素的提取和信息分化类型的划分。

第一节　量化分析与讨论

对于本书涉及的定类和定序变量，本节采用交互表（Crosstabs）检验两个变量之间是否相关。该检验的原假设是：两个变量之间没有关系；研究假设是：两个变量之间有关系。以设备拥有情况与信息能力关系为例，原假设是：设备拥有情况对信息能力没有关系；研究假设是：设备拥有情况对信息能力有关系。一般用卡方（Pearson Chi-Square）对变量的交互表进行检验，通常情况下，显著性系数 Sig. ≤0.05，则拒绝原假设，即认为两个变量相关；反之，则认为两个变量不相关。对于因变量为定距变量，自变量为定类变量或定序变量的数据，采用单因素或双因素方差分析，采用这种分析方法一般要求 Sig. ≤0.05 方可认为自变量对因变量存在显著性相关。

一 结构因素

基于信息能力关联因素假设（如图4.1所示），本书将新生代农民工信息能力关联因素中的经济因素、制度因素和信息内容因素归入结构因素分析，并将各个因素进一步细化为具体测量指标，如图5.1所示。

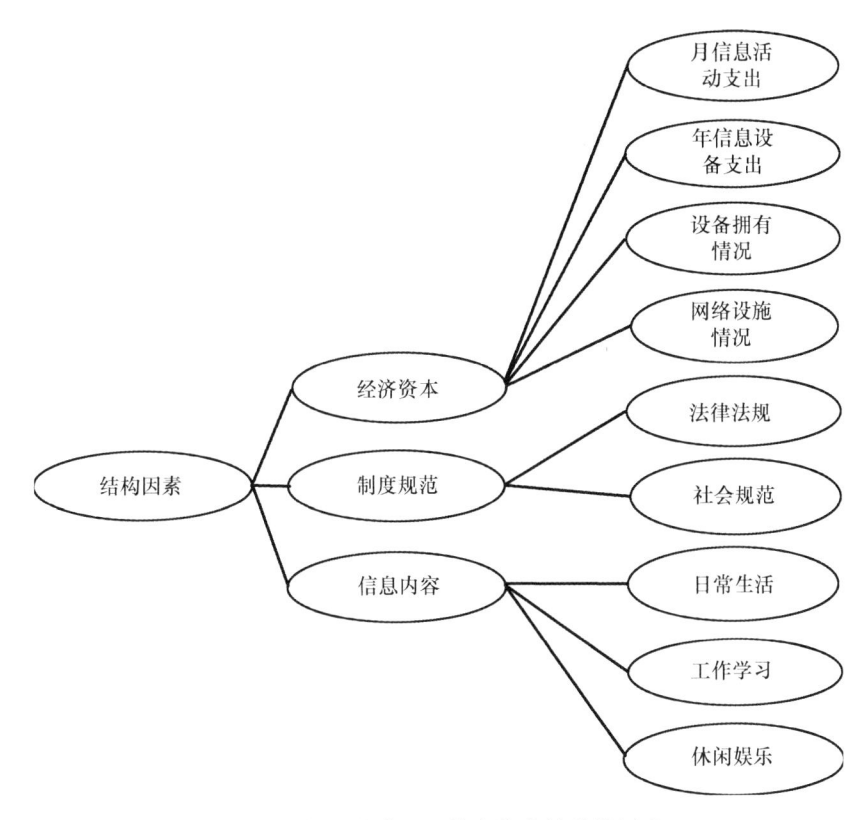

图5.1 新生代农民工信息能力的结构因素

（一）经济资本对信息能力的显著性

结合问卷题项设置，这里将自变量（即SPSS交叉表分析的"行"）设置为：A3（设备拥有）、B7（月支出费用）、B8（年设备购买费用）、C5（设备选择自由）、C10（网络接入），因变量（即SPSS交叉表分析的"列"）设置为SUM_IC，见表5.1。

表 5.1　　　　　　　经济资本与信息能力的卡方检验

指标	Pearson 卡方值	df	渐进 Sig.（双侧）	备注
A3-1 设备拥有—手机	7.420	6	.284	5 单元格（35.7%）的期望计数少于 5。最小期望计数为 .37。
A3-2 设备拥有—PC	7.058	6	.316	3 单元格（21.4%）的期望计数少于 5。最小期望计数为 1.80。
A3-4 设备拥有—平板	15.137*	6	.019	3 单元格（21.4%）的期望计数少于 5。最小期望计数为 1.56。
A3-3 设备拥有—其他	1.202	6	.977	7 单元格（50.0%）的期望计数少于 5。最小期望计数为 .22。
B7 月信息活动支出	45.236*	30	.037	16 单元格（38.1%）的期望计数少于 5。最小期望计数为 .46。
B8 年设备费用支出	46.603*	30	.027	17 单元格（40.5%）的期望计数少于 5。最小期望计数为 .46。
C5 设备选择自由	117.444*	36	.000	21 单元格（42.9%）的期望计数少于 5。最小期望计数为 .31。
C10 网络接入	159.260*	36	.000	26 单元格（53.1%）的期望计数少于 5。最小期望计数为 .14。

*$p<0.05$

资料来源：利用 IBM SPSS 20.0 自行整理。

A3：设备拥有情况（手机）对信息能力之间的 Pearson Chi-Square 值为 7.420，Sig.=0.284>0.05，所以，设备拥有情况对信息能力无显著性差异。

设备拥有情况（个人电脑）对信息能力之间的 Pearson Chi-Square 值为 7.058，Sig.=0.316>0.05，所以，设备拥有情况对信息能力无显著性差异。

设备拥有情况（平板设备）对信息能力之间的 Pearson Chi-Square 值为 15.137，Sig.=0.019<0.05，所以，设备拥有情况对信息能力有显著性差异。

设备拥有情况（可穿戴设备）对信息能力之间的 Pearson Chi-Square 值为 1.202，Sig.=0.977>0.05，所以，设备拥有情况对信息能力无显著性差异。

B7：月信息活动支出费用对信息能力之间的 Pearson Chi-Square 值为 45.236，Sig.=0.037<0.05，所以，月信息活动支出费用对信息能力有显著性差异。

B8：年设备购买费用对信息能力之间的 Pearson Chi-Square 值为 46.603，Sig. =0.027 <0.05，所以，年设备购买费用对信息能力有显著性差异。

C5：设备选择自由对信息能力之间的 Pearson Chi-Square 值为 117.444，Sig. =0.000 <0.05，所以，设备选择自由对信息能力有显著性差异。

C10：网络接入对信息能力之间的 Pearson Chi-Square 值为 159.260，Sig. =0.000 <0.05，所以，网络接入对信息能力有显著性差异。

结论：移动通信设备拥有情况、月信息活动费用支出、年设备费用支出、设备选择自由和网络接入自由对信息能力有显著相关关系。而手机、个人电脑、可穿戴设备等拥有情况与信息能力之间则不具备显著相关关系。

（二）制度对信息能力的显著性

结合问卷题项设置，这里将自变量（即 SPSS 交叉表分析的"行"）设置为：C38（制度限制），因变量（即 SPSS 交叉表分析的"列"）设置为 SUM_ IC，见表 5.2。

表 5.2　　　　　　　制度因素与信息能力的卡方检验

卡方检验			
	值	df	渐进 Sig.（双侧）
Pearson 卡方	55.113[a]	36	.022
似然比	61.528	36	.005
线性和线性组合	2.442	1	.118
有效案例中的 N	389		

a. 20 单元格（40.8%）的期望计数少于 5。最小期望计数为 .26。

资料来源：利用 IBM SPSS 20.0 自行整理。

制度限制对信息能力之间的 Pearson Chi-Square 值为 55.113，Sig. = 0.022 <0.05，所以，制度限制对信息能力有显著性差异。

（三）信息内容对信息能力的显著性

结合问卷题项设置，这里将自变量（即 SPSS 交叉表分析的"行"）设置为：A9（信息活动内容），因变量（即 SPSS 交叉表分析的"列"）设置为 SUM_ IC，见表 5.3。

表5.3　　　　　　　信息活动内容与信息能力的卡方检验

指标	Pearson 卡方值	df	渐进 Sig.（双侧）	备注
A9－1 电话或短信	10.924	6	.091	3 单元格（21.4%）的期望计数少于5。最小期望计数为1.00。
A9－2 新闻娱乐信息	20.794*	6	.002	3 单元格（21.4%）的期望计数少于5。最小期望计数为1.74。
A9－3 聊天	5.210	6	.517	3 单元格（21.4%）的期望计数少于5。最小期望计数为1.39。
A9－4 游戏	8.267	6	.219	2 单元格（14.3%）的期望计数少于5。最小期望计数为2.85。
A9－5 小说等文学作品	5.994	6	.424	3 单元格（21.4%）的期望计数少于5。最小期望计数为2.42。
A9－6 音乐和视频	7.801	6	.253	3 单元格（21.4%）的期望计数少于5。最小期望计数为2.42。
A9－7 天气交通等信息	1.156	6	.979	2 单元格（14.3%）的期望计数少于5。最小期望计数为2.99。
A9－8 缴费购物等	10.893	6	.092	3 单元格（21.4%）的期望计数少于5。最小期望计数为2.19。
A9－9 服务预定	8.981	6	.175	3 单元格（21.4%）的期望计数少于5。最小期望计数为1.50。
A9－10 股票基金	15.150*	6	.019	3 单元格（21.4%）的期望计数少于5。最小期望计数为.66。
A9－11 工作任务	1.118	6	.981	3 单元格（21.4%）的期望计数少于5。最小期望计数为1.19。
A9－12 专业学习	6.170	6	.404	3 单元格（21.4%）的期望计数少于5。最小期望计数为1.39。
A9－13 社交媒体	11.428	6	.076	3 单元格（21.4%）的期望计数少于5。最小期望计数为1.60。

＊p＜0.05

资料来源：利用 IBM SPSS 20.0 自行整理。

信息活动内容（电话或短信）对信息能力之间的 Pearson Chi-Square 值为10.924，Sig. ＝0.091＞0.05，所以，信息活动内容（电话或短信）对信息能力无显著性差异。

信息活动内容（新闻、娱乐信息）对信息能力之间的 Pearson Chi-Square 值为20.794，Sig. ＝0.002＜0.05，所以，信息活动内容（新闻、娱乐信息）对信息能力有显著性差异。

以此类推，结论：除了新闻娱乐信息、股票基金信息之外，绝大部分信息活动内容对信息能力不存在显著相关关系。

二 能动性因素

本书将新生代农民工信息能力关联因素中的社会资本因素、文化资本、信息素养、信息经历和个人特质因素归入能动性因素分析，如图5.2所示。

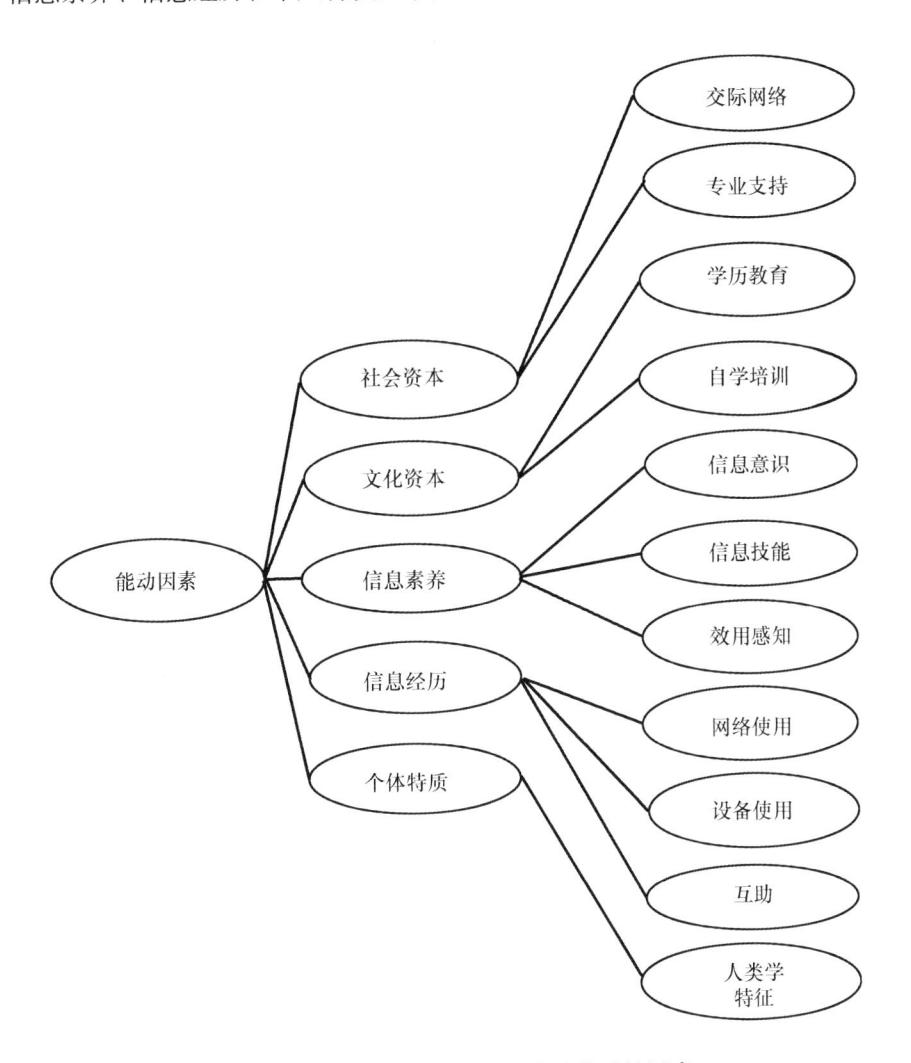

图5.2 新生代农民工信息能力的能动性因素

(一) 社会资本对信息能力的显著性

结合问卷题项设置，这里将自变量（即 SPSS 交叉表分析的"行"）设置为：B2（信息活动求助对象）、C21（从外界获得帮助）、C22（向他人提供帮助）、C23（不依赖外界帮助）、C24（接受他人提供信息内容）和 C25（向他人提供信息内容），因变量（即 SPSS 交叉表分析的"列"）设置为 SUM_IC。

表5.4　　　　　　　　社会资本与信息能力的卡方检验

指标	Pearson 卡方值	df	渐进 Sig.（双侧）	备注
B2-1 自己摸索	12.662*	6	.049	2 单元格（14.3%）的期望计数少于 5。最小期望计数为 2.96。
B2-2 家人帮助	7.962	6	.241	3 单元格（21.4%）的期望计数少于 5。最小期望计数为 1.42。
B2-3 同学、同事朋友帮助	5.824	6	.443	2 单元格（14.3%）的期望计数少于 5。最小期望计数为 2.96。
B2-4 客服人员	3.250	6	.777	3 单元格（21.4%）的期望计数少于 5。最小期望计数为 1.74。
B2-5 放弃使用	25.929*	6	.000	7 单元格（50.0%）的期望计数少于 5。最小期望计数为 .26。
C21 经常获得帮助	141.485*	36	.000	25 单元格（51.0%）的期望计数少于 5。最小期望计数为 .20。
C22 经常提供帮助	233.979*	36	.000	22 单元格（44.9%）的期望计数少于 5。最小期望计数为 .26。
C23 不借助外力帮助	202.694*	36	.000	27 单元格（55.1%）的期望计数少于 5。最小期望计数为 .23。
C24 他人提供信息内容	161.525*	36	.000	25 单元格（51.0%）的期望计数少于 5。最小期望计数为 .23。
C25 为他人提供信息内容	212.389*	36	.000	25 单元格（51.0%）的期望计数少于 5。最小期望计数为 .20。

＊ $p<0.05$

资料来源：利用 IBM SPSS 20.0 自行整理。

B2：自己摸索对信息能力之间的 Pearson Chi-Square 值为 12.662，Sig. = 0.049 < 0.05，所以，自己摸索解决对信息能力有显著性差异。

家人帮助对信息能力之间的 Pearson Chi-Square 值为 7.962，Sig. = 0.241 > 0.05，所以，家人帮助对信息能力无显著性差异。

同事、同学、朋友帮助对信息能力之间的 Pearson Chi-Square 值为 5.824，Sig. = 0.443 > 0.05，所以，同事、同学、朋友对信息能力无显著性差异。

客服人员帮助对信息能力之间的 Pearson Chi-Square 值为 3.250，Sig. = 0.777 > 0.05，所以，客服人员对信息能力无显著性差异。

放弃使用帮助对信息能力之间的 Pearson Chi-Square 值为 25.929，Sig. = 0.000 < 0.05，所以，客服人员对信息能力有显著性差异。

C21：从外界获得帮助对信息能力之间的 Pearson Chi-Square 值为 141.485，Sig. = 0.000 < 0.05，所以，从外界获得帮助对信息能力有显著性差异。

C22：向他人提供帮助对信息能力之间的 Pearson Chi-Square 值为 233.979，Sig. = 0.000 < 0.05，所以，向他人提供帮助对信息能力有显著性差异。

C23：不借助外力对信息能力之间的 Pearson Chi-Square 值为 202.694，Sig. = 0.000 < 0.05，所以，不借助外力对信息能力有显著性差异。

C24：他人提供信息内容对信息能力之间的 Pearson Chi-Square 值为 161.525，Sig. = 0.000 < 0.05，所以，他人提供信息内容对信息能力有显著性差异。

C25：为他人提供信息内容对信息能力之间的 Pearson Chi-Square 值为 212.389，Sig. = 0.000 < 0.05，所以，为他人提供信息内容对信息能力有显著性差异。

结论：在社会资本对信息能力显著性方面，新生代农民工遇到技术使用困难时求助对象往往主要依赖于自己摸索或者放弃使用，我们通常理解的社会资本（如家人、朋友、同事、同学等）未表现出显著相关关系。但是，在自我感知的信息互助（包括技术帮扶和直接信息提供）方面，新生代农民工却表现出显著的互动倾向，并且这种互动对信息能力有显著相关关系。

（二）文化资本对信息能力的显著性

结合问卷题项设置，这里将自变量（即 SPSS 交叉表分析的"行"）设置为：D3（学历层次，定类变量）、B3（是否培训）、B4（培训主体）、B5（培训内容）、B9（离校时间，定序变量）、B10（自学）、B11（自学方式）、C36（知识结构），因变量（即 SPSS 交叉表分析的"列"）设置为 SUM_IC，见表 5.5。

表 5.5　　　　　　　　文化资本与信息能力的卡方检验

指标	Pearson 卡方值	df	渐进 Sig.（双侧）	备注
D3 学历	66.170*	24	.000	18 单元格（51.4%）的期望计数少于 5。最小期望计数为 .15。
B3 参加培训	28.573	18	.054	13 单元格（46.4%）的期望计数少于 5。最小期望计数为 .03。
B4 培训主体——工作单位	15.781*	6	.015	3 单元格（21.4%）的期望计数少于 5。最小期望计数为 1.59。
B4 培训主体——社区	10.211	6	.116	2 单元格（14.3%）的期望计数少于 5。最小期望计数为 .97。
B4 培训主体——图书馆	3.743	6	.711	3 单元格（21.4%）的期望计数少于 5。最小期望计数为 .68。
B4 培训主体——志愿者	9.967	6	.126	4 单元格（28.6%）的期望计数少于 5。最小期望计数为 .43。
B4 培训主体——厂商或服务商	9.187	6	.163	3 单元格（21.4%）的期望计数少于 5。最小期望计数为 .48。
B4 培训主体——自发组织	8.123	6	.229	5 单元格（35.7%）的期望计数少于 5。最小期望计数为 .34。
B5 培训内容——计算机网络	7.393	6	.286	3 单元格（21.4%）的期望计数少于 5。最小期望计数为 1.53。

续表

指标	Pearson 卡方值	df	渐进 Sig.（双侧）	备注
B5 培训内容——设备操作	20.578*	6	.002	3 单元格（21.4%）的期望计数少于 5。最小期望计数为 1.70。
B5 培训内容——专门软件	24.808*	6	.000	3 单元格（21.4%）的期望计数少于 5。最小期望计数为 1.25。
B9 离校时间	54.644*	30	.004	17 单元格（40.5%）的期望计数少于 5。最小期望计数为 .22。
B10 是否自学	43.697*	18	.001	7 单元格（25.0%）的期望计数少于 5。最小期望计数为 .89。
B11 自学方式——看书	11.704	6	.069	3 单元格（21.4%）的期望计数少于 5。最小期望计数为 1.10。
B11 自学方式——向人请教	1.937	6	.925	3 单元格（21.4%）的期望计数少于 5。最小期望计数为 .57。
B11 自学方式——上网查找	17.014*	6	.009	2 单元格（14.3%）的期望计数少于 5。最小期望计数为 2.51。
B11 自学方式——在线培训	15.039*	6	.020	7 单元格（50.0%）的期望计数少于 5。最小期望计数为 .29。
C36 知识结构	70.610*	36	.000	18 单元格（36.7%）的期望计数少于 5。最小期望计数为 .35。

* $p < 0.05$

资料来源：利用 IBM SPSS 20.0 自行整理。

D3：学历对信息能力之间的 Pearson Chi-Square 值为 66.170，Sig. = 0.000 < 0.05，所以，学历对信息能力有显著性差异。

B3：培训对信息能力之间的 Pearson Chi-Square 值为 28.573，Sig. = 0.054 > 0.05，所以，培训对信息能力无显著性差异。

B4：培训主体（工作单位）对信息能力之间的 Pearson Chi-Square 值为 15.781，Sig. = 0.015 < 0.05，所以，工作单位培训对信息能力有显著性差异。

培训主体（社区）对信息能力之间的 Pearson Chi-Square 值为 10.211，Sig. = 0.116 > 0.05，所以，社区培训对信息能力无显著性差异。

培训主体（图书馆）对信息能力之间的 Pearson Chi-Square 值为 3.743，Sig. =0.711＞0.05，所以，图书馆培训对信息能力无显著性差异。

培训主体（志愿者）对信息能力之间的 Pearson Chi-Square 值为 9.967，Sig. =0.126＞0.05，所以，志愿者培训对信息能力无显著性差异。

培训主体（设备厂商或服务提供商）对信息能力之间的 Pearson Chi-Square 值为 9.187，Sig. =0.163＞0.05，所以，设备厂商或服务提供商培训对信息能力无显著性差异。

培训主体（自发组织）对信息能力之间的 Pearson Chi-Square 值为 8.123，Sig. =0.229＞0.05，所以，自发组织培训对信息能力无显著性差异。

B5：培训内容（计算机网络）对信息能力之间的 Pearson Chi-Square 值为 7.393，Sig. =0.286＞0.05，所以，培训内容（计算机网络）对信息能力无显著性差异。

培训内容（设备操作）对信息能力之间的 Pearson Chi-Square 值为 20.578，Sig. =0.002＜0.05，所以，培训内容（设备操作）对信息能力有显著性差异。

培训内容（专门软件）对信息能力之间的 Pearson Chi-Square 值为 24.808，Sig. =0.000＜0.05，所以，培训内容（专门软件）对信息能力有显著性差异。

B9：离校时间对信息能力之间的 Pearson Chi-Square 值为 54.644，Sig. =0.004＜0.05，所以，离校时间对信息能力有显著性差异。

B10：是否自学对信息能力之间的 Pearson Chi-Square 值为 43.697，Sig. =0.001＜0.05，所以，是否自学对信息能力有显著性差异。

B11：自学方式（看书）对信息能力之间的 Pearson Chi-Square 值为 11.704，Sig. =0.069＞0.05，所以，自学方式（看书）对信息能力无显著性差异。

自学方式（向人请教）对信息能力之间的 Pearson Chi-Square 值为 1.937，Sig. = 0.925 > 0.05，所以，自学方式（向人请教）对信息能力无显著性差异。

自学方式（上网查找）对信息能力之间的 Pearson Chi-Square 值为 17.014，Sig. = 0.009 < 0.05，所以，自学方式（上网查找）对信息能力有显著性差异。

自学方式（在线培训）对信息能力之间的 Pearson Chi-Square 值为 15.039，Sig. = 0.020 < 0.05，所以，自学方式（在线培训）对信息能力有显著性差异。

C36：知识结构对信息能力之间的 Pearson Chi-Square 值为 70.610，Sig. = 0.000 < 0.05，所以，知识结构对信息能力有显著性差异。

结论：针对新生代农民工群体，文化资本中的学历层次、工作单位组织的培训、有关设备操作和专门软件的培训内容、离校时间、是否自学、上网查找和在线培训的自学方式及知识结构等因素对信息能力有显著相关关系，来自其他培训主体、其他培训内容等因素则不存在显著相关关系。

(三) 网络使用经历对信息能力的显著性

结合问卷题项设置，这里将自变量（即 SPSS 交叉表分析的"行"）设置为：A5（互联网）、A6（手机）、A7（移动互联网）和 A8（每天投入时间），因变量（即 SPSS 交叉表分析的"列"）设置为 SUM_ IC，见表 5.6。

A5：互联网经历对信息能力之间的 Pearson Chi-Square 值为 41.655，Sig. = 0.014 < 0.05，所以，互联网经历对信息能力有显著性差异。

A6：手机经历对信息能力之间的 Pearson Chi-Square 值为 62.676，Sig. = 0.000 < 0.05，所以，手机经历对信息能力有显著性差异。

A7：移动互联网对信息能力之间的 Pearson Chi-Square 值为 42.563，Sig. = 0.011 < 0.05，所以，移动互联网经历对信息能力有显著性差异。

A8：每天投入时间对信息能力之间的 Pearson Chi-Square 值为 55.397，Sig. =0.000 <0.05，所以，每天投入时间对信息能力有显著性差异。

表5.6　　　　　　　网络使用经历与信息能力的卡方检验

指标	Pearson 卡方值	df	渐进 Sig.（双侧）	备注
A5 互联网经历	41.655*	24	.014	12 单元格（34.3%）的期望计数少于5。最小期望计数为.40。
A6 手机经历	62.676*	24	.000	18 单元格（51.4%）的期望计数少于5。最小期望计数为.26。
A7 移动互联网经历	42.563*	24	.011	12 单元格（34.3%）的期望计数少于5。最小期望计数为.46。
A8 每天投入时间	55.397*	24	.000	12 单元格（34.3%）的期望计数少于5。最小期望计数为.49。

*$p<0.05$

资料来源：利用 IBM SPSS 20.0 自行整理。

结论：针对新生代农民工群体，网络和设备使用经历各个指标对信息能力均有显著相关关系。

（四）信息素养对信息能力的显著性

结合问卷题项设置，这里将自变量（即 SPSS 交叉表分析的"行"）设置为：C1（热点信息敏感）、C2（新信息敏感）、C3（关注信息敏感）、C4（信息有用性识别）、C16（信息识别）、C17（信息理解）、C42（信息甄别）、C27（信息有用的效能感知）、C28（信息效用的效能感知）、C47（能力与需求匹配感知）、C19（表达能力）、C20（发布能力）、C32（渠道依赖）、C39（传统媒体）、C40（打听）和 C41（口头表达），因变量（即 SPSS 交叉表分析的"列"）设置为 SUM_ IC，见表5.7。

C1：热点信息敏感对信息能力之间的 Pearson Chi-Square 值为 123.988，Sig. =0.000 <0.05，所以，热点信息敏感对信息能力有显著性差异。

C2：新信息敏感对信息能力之间的 Pearson Chi-Square 值为119.946，Sig.=0.000<0.05，所以，新信息敏感对信息能力有显著性差异。

C3：关注对象信息敏感对信息能力之间的 Pearson Chi-Square 值为80.387，Sig.=0.000<0.05，所以，关注对象信息敏感对信息能力有显著性差异。

C4：信息效用意识对信息能力之间的 Pearson Chi-Square 值为113.005，Sig.=0.000<0.05，所以，信息效用意识对信息能力有显著性差异。

C16：信息甄别能力对信息能力之间的 Pearson Chi-Square 值为197.798，Sig.=0.000<0.05，所以，信息甄别能力对信息能力有显著性差异。

C17：信息理解能力对信息能力之间的 Pearson Chi-Square 值为197.064，Sig.=0.000<0.05，所以，信息理解能力对信息能力有显著性差异。

表5.7　　　　　　　　**信息素养与信息能力的卡方检验**

指标	Pearson 卡方值	df	渐进 Sig.（双侧）	备注
C1 热点信息敏感	123.988*	36	.000	24 单元格（49.0%）的期望计数少于5。最小期望计数为.26。
C2 新信息敏感	119.946*	36	.000	25 单元格（51.0%）的期望计数少于5。最小期望计数为.14。
C3 关注对象信息敏感	80.387*	36	.000	27 单元格（55.1%）的期望计数少于5。最小期望计数为.06。
C4 信息效用意识	113.005*	36	.000	26 单元格（53.1%）的期望计数少于5。最小期望计数为.06。
C16 信息甄别能力	197.798*	36	.000	26 单元格（53.1%）的期望计数少于5。最小期望计数为.20。
C17 信息理解能力	197.064*	36	.000	26 单元格（53.1%）的期望计数少于5。最小期望计数为.14。
C42 信息辨别能力	155.128*	36	.000	25 单元格（51.0%）的期望计数少于5。最小期望计数为.23。

续表

指标	Pearson 卡方值	df	渐进 Sig.（双侧）	备注
C27 信息有用性信心	164.271*	36	.000	24 单元格（49.0%）的期望计数少于5。最小期望计数为.22。
C28 信息效用信心	192.516*	36	.000	25 单元格（51.0%）的期望计数少于5。最小期望计数为.12。
C47 能力与需求匹配	482.622*	36	.000	25 单元格（51.0%）的期望计数少于5。最小期望计数为.17。
C19 信息表达能力	220.254*	36	.000	26 单元格（53.1%）的期望计数少于5。最小期望计数为.09。
C20 信息发布能力	149.960*	36	.000	25 单元格（51.0%）的期望计数少于5。最小期望计数为.15。
C32 渠道依赖	111.945*	36	.000	22 单元格（44.9%）的期望计数少于5。最小期望计数为.32。
C39 传统媒体依赖	49.271	36	.069	16 单元格（32.7%）的期望计数少于5。最小期望计数为.54。
C40 打听	52.902*	36	.034	19 单元格（38.8%）的期望计数少于5。最小期望计数为.37。
C41 口头表达	89.975*	36	.000	17 单元格（34.7%）的期望计数少于5。最小期望计数为.49。

* $p < 0.05$

资料来源：利用 IBM SPSS 20.0 自行整理。

C42：信息辨别能力对信息能力之间的 Pearson Chi-Square 值为 155.128，Sig. =0.000 <0.05，所以，信息辨别能力对信息能力有显著性差异。

C27：信息有用性信心对信息能力之间的 Pearson Chi-Square 值为 164.271，Sig. =0.000 <0.05，所以，信息有用性信心对信息能力有显著性差异。

C28：信息效用信心对信息能力之间的 Pearson Chi-Square 值为 192.516，Sig. =0.000 <0.05，所以，信息效用信心对信息能力有显著性差异。

C47：信息能力与需求匹配对信息能力之间的 Pearson Chi-Square 值

为482.622，Sig. = 0.000 < 0.05，所以，信息能力与需求匹配对信息能力有显著性差异。

C19：信息表达能力与需求匹配对信息能力之间的Pearson Chi-Square值为220.254，Sig. = 0.000 < 0.05，所以，信息表达能力与需求匹配对信息能力有显著性差异。

C20：信息发布能力与需求匹配对信息能力之间的Pearson Chi-Square值为149.960，Sig. = 0.000 < 0.05，所以，信息发布能力与需求匹配对信息能力有显著性差异。

C32：渠道依赖与需求匹配对信息能力之间的Pearson Chi-Square值为111.945，Sig. = 0.000 < 0.05，所以，渠道依赖与需求匹配对信息能力有显著性差异。

C39：传统媒体依赖对信息能力之间的Pearson Chi-Square值为49.271，Sig. = 0.069 > 0.05，所以，传统媒体依赖对信息能力无显著性差异。

C40：打听对信息能力之间的Pearson Chi-Square值为52.902，Sig. = 0.034 < 0.05，所以，打听对信息能力有显著性差异。

C41：口头表达对信息能力之间的Pearson Chi-Square值为89.975，Sig. = 0.000 < 0.05，所以，打听对信息能力有显著性差异。

结论：在信息素养相关因素中，除了传统媒体（报纸、广播、电视等）之外，其他因素均对新生代农民工信息能力有显著相关关系。

（五）个体特质对信息能力的显著性

结合问卷题项设置，这里将自变量（即SPSS交叉表分析的"行"）设置为：D1（性别）、D2（年龄）、D10（婚姻状况）和C35（生理因素），因变量（即SPSS交叉表分析的"列"）设置为SUM_IC，见表5.8。

表5.8　　　　　　　　个体特质与信息能力的卡方检验

指标	Pearson 卡方值	df	渐进 Sig.（双侧）	备注
D1 性别	11.613	6	.071	2 单元格（14.3%）的期望计数少于5。最小期望计数为2.81。

续表

指标	Pearson 卡方值	df	渐进 Sig.（双侧）	备注
D2 年龄	226.788*	162	.001	168 单元格（85.7%）的期望计数少于 5。最小期望计数为 .02。
C35 生理因素	51.174*	36	.048	17 单元格（60.7%）的期望计数少于 5。最小期望计数为 .02。
D10 婚姻状况	23.044	18	.189	17 单元格（60.7%）的期望计数少于 5。最小期望计数为 .02。

* $p < 0.05$

资料来源：利用 IBM SPSS 20.0 自行整理。

D1：性别对信息能力之间的 Pearson Chi-Square 值为 11.613，Sig. = $0.071 > 0.05$，所以，性别对信息能力无显著性差异。

D2：年龄对信息能力之间的 Pearson Chi-Square 值为 226.788，Sig. = $0.001 < 0.05$，所以，年龄对信息能力有显著性差异。

C35：生理原因对信息能力之间的 Pearson Chi-Square 值为 51.174，Sig. = $0.048 < 0.05$，所以，生理原因对信息能力有较显著性差异。

D10：婚姻状况对信息能力之间的 Pearson Chi-Square 值为 23.044，Sig. = $0.189 > 0.05$，所以，婚姻状况对信息能力无显著性差异。

结论：个人特质方面的性别、婚姻状态因素均未对新生代农民工信息能力有显著相关关系，生理原因和年龄对信息能力有显著相关关系。

三 具体情境

本书将新生代农民工信息能力关联因素中的时间、空间和场景因素归入具体情境因素分析。

（一）时间对信息能力的显著性

结合问卷题项设置，这里将自变量（即 SPSS 交叉表分析的"行"）设置为：C44（信息活动时间）和 D5（日工作时长），因变量（即 SPSS 交叉表分析的"列"）设置为 SUM_IC，见表 5.9。

表 5.9　　　　　　　　时间因素与信息能力的卡方检验

指标	Pearson 卡方值	df	渐进 Sig.（双侧）	备注
C44 信息活动时间	141.416*	36	.000	21 单元格（42.9%）的期望计数少于5。最小期望计数为.26。
D5 日工作时长	16.472*	18	.560	12 单元格（42.9%）的期望计数少于5。最小期望计数为.26。

资料来源：利用 IBM SPSS 20.0 自行整理。

C44：信息活动时间对信息能力之间的 Pearson Chi-Square 值为 141.416，Sig. = 0.000 < 0.05，所以，信息活动时间对信息能力有显著性差异。

D5：日工作时长对信息能力之间的 Pearson Chi-Square 值为 16.472，Sig. = 0.560 > 0.05，所以，日工作时长对信息能力无显著性差异。

结论：新生代农民工日工作时长未对信息能力产生显著相关关系，信息活动时间投入对信息能力有显著相关关系。

（二）空间对信息能力的显著性

结合问卷题项设置，这里将自变量（即 SPSS 交叉表分析的"行"）设置为：B12（网吧）、B13（图书馆）和 D8（务工所在地），因变量（即 SPSS 交叉表分析的"列"）设置为 SUM_IC，见表 5.10。

表 5.10　　　　　　　　空间因素与信息能力的卡方检验

指标	Pearson 卡方值	df	渐进 Sig.（双侧）	备注
B12 网吧布局及经历	56.480*	18	.000	13 单元格（46.4%）的期望计数少于5。最小期望计数为.26。
B13 图书馆布局及经历	41.101*	18	.001	10 单元格（35.7%）的期望计数少于5。最小期望计数为.46。
D5 务工所在地	33.790	24	.088	12 单元格（34.3%）的期望计数少于5。最小期望计数为.51。

* $p < 0.05$

资料来源：利用 IBM SPSS 20.0 自行整理。

B12：网吧布局及使用经历对信息能力之间的 Pearson Chi-Square 值为 56.480，Sig. =0.000<0.05，所以，网吧布局及使用经历对信息能力有显著性差异。

B13：图书馆布局及使用经历对信息能力之间的 Pearson Chi-Square 值为 41.101，Sig. =0.001<0.05，所以，图书馆布局及使用经历对信息能力有显著性差异。

D8：务工所在地对信息能力之间的 Pearson Chi-Square 值为 33.790，Sig. =0.088>0.05，所以，务工所在地对信息能力无显著性差异。

结论：新生代农民工务工所在地（直辖市、副省级城市、省会、地级市、县级市、乡镇等）对信息能力无显著相关关系，但工作地点或居住地点附近是否有图书馆或网吧等公共信息空间，以及他们对这些公共信息空间的使用经历对信息能力有显著相关关系。

（三）场景对信息能力的显著性

结合问卷题项设置，这里将自变量（即 SPSS 交叉表分析的"行"）设置为：A4（信息活动场景）和 D6（职业领域），因变量（即 SPSS 交叉表分析的"列"）设置为 SUM_ IC，见表 5.11。

表 5.11　　　　　　场景因素与信息能力的卡方检验

指标	Pearson 卡方值	df	渐进 Sig.（双侧）	备注
A4 信息活动场景——家中	11.953	6	.063	3 单元格（21.4%）的期望计数少于 5。最小期望计数为 1.03。
A4 信息活动场景——途中	23.011*	6	.001	3 单元格（21.4%）的期望计数少于 5。最小期望计数为 2.48。
A4 信息活动场景——工作单位	5.010	6	.542	2 单元格（14.3%）的期望计数少于 5。最小期望计数为 2.92。
A4 信息活动场景——公共场所	10.923	6	.091	3 单元格（21.4%）的期望计数少于 5。最小期望计数为 1.19。
D6 职业领域	64.739*	42	.014	29 单元格（51.8%）的期望计数少于 5。最小期望计数为 .12。

*p<0.05

资料来源：利用 IBM SPSS 20.0 自行整理。

A4：信息活动场景（家中）对信息能力之间的 Pearson Chi-Square 值为 11.953，Sig. = 0.063 > 0.05，所以，信息活动场景（家中）对信息能力无显著性差异。

信息活动场景（上下班或差旅途中）对信息能力之间的 Pearson Chi-Square 值为 23.011，Sig. = 0.001 < 0.05，所以，信息活动场景（上下班或差旅途中）对信息能力有显著性差异。

信息活动场景（工作单位）对信息能力之间的 Pearson Chi-Square 值为 5.010，Sig. = 0.542 > 0.05，所以，信息活动场景（工作单位）对信息能力无显著性差异。

信息活动场景（公共场所）对信息能力之间的 Pearson Chi-Square 值为 10.923，Sig. = 0.091 > 0.05，所以，信息活动场景（公共场所）对信息能力无显著性差异。

信息活动场景（职业行业）对信息能力之间的 Pearson Chi-Square 值为 64.739，Sig. = 0.014 < 0.05，所以，信息活动场景（职业行业）对信息能力有显著性差异。

结论：针对不同的具体场景，上下班或差旅途中及特定职业行业场景因素对新生代农民工信息能力有显著相关关系，而像家中、工作单位、公共场所等场景对信息能力则未显示显著相关关系。

四 个体发展

结合问卷题项设置，这里将自变量（即 SPSS 交叉表分析的"行"）设置为：SUM_IC，因变量（即 SPSS 交叉表分析的"列"）分别设置为 D11（未来打算）和 D7（收入水平），如表 5.12、表 5.13 所示。

表 5.12　　　　　　信息能力与未来发展意愿的卡方检验

卡方检验			
	值	df	渐进 Sig.（双侧）
Pearson 卡方	25.369[a]	18	.115

续表

	值	df	渐进 Sig.（双侧）
似然比	25.169	18	.120
线性和线性组合	1.873	1	.171
有效案例中的 N	389		

a. 9 单元格（32.1%）的期望计数少于 5。最小期望计数为 .68。

信息能力与未来发展意愿之间的 Pearson Chi-Square 值为 25.369，Sig. = 0.115 > 0.05，所以，信息能力与未来发展意愿无显著性差异。

表 5.13　　　　　　　　　信息能力与收入水平的卡方检验

卡方检验

	值	df	渐进 Sig.（双侧）
Pearson 卡方	62.281[a]	30	.000
似然比	68.444	30	.000
线性和线性组合	19.010	1	.000
有效案例中的 N	389		

a. 16 单元格（38.1%）的期望计数少于 5。最小期望计数为 .40。

新生代农民工信息能力与收入水平的 Pearson Chi-Square 值为 62.281，Sig. = 0.000 < 0.05，所以，信息能力与收入水平有显著性差异。

五　假设检验结果汇总

根据前面的检验结果，各个具体假设的检验结果汇总见表 5.14。结构因素方面，月信息活动费用支出、年设备费用支出、设备选择自由和网络接入自由、制度限制、新闻娱乐信息等方面对信息能力存在显著相关关系。能动性因素方面，在自我感知的信息互助（包括技术帮扶和直接信息提供）方面，新生代农民工表现出显著的互动倾向，并且这种互动对信息能力有显著相关关系；学历层次、工作单位组织的培训、有关设备操作和专门软件的培训内容、离校时间、是否自学、上网查找和在线培训的自学方式及知识结构等因素对信息能力有显著相关关系；网络使用经历各个指标对信息能力均有显著相关关系；在信息素养相关因素中，除了传统媒体（报纸、广播、电视等）之外，其他因素均对新生代农民工信息能力有显著相关关系；个人特质方面，生理原因和年龄对信息能力有显著相关关系。情境因素方面，工作地点或居住地点附近是否有图书馆或网吧等公共信息空间，以及他们对这些公共信息空间的使用经历对信息能力有显著相关关系。

表5.14　　　　　　　　假设检验结果汇总表

一级假设	二级假设	具体假设	检验结果	备注
H1	H1-1	信息费用支出—信息能力	显著	
		设备费用支出—信息能力	显著	
		设备拥有情况—信息能力	不显著	手机、个人电脑、可穿戴设备等均不显著
		网络设施情况—信息能力	显著	
	H1-2	法律法规—信息能力	显著	
		社会规范—信息能力	不显著	
	H1-3	信息内容—信息能力	不显著	除了娱乐信息之外，其他信息内容均不显著
H2	H2-1	交际网络—信息能力	不显著	家人、朋友、同事、同学等均不显著
		专业支持—信息能力	不显著	
	H2-2	学历教育—信息能力	显著	
		自学培训—信息能力	显著	是否自学显著
	H2-3	信息意识—信息能力	显著	
		信息技能—信息能力	显著	
		效用感知—信息能力	显著	
	H2-4	网络使用—信息能力	显著	
		设备使用—信息能力	显著	
		互助—信息能力	显著	
	H2-5	性别—信息能力	不显著	
		年龄—信息能力	显著	

续表

一级假设	二级假设	具体假设	检验结果	备注
		婚姻—信息能力	不显著	
		生理—信息能力	显著	
H3	H3-1	信息活动投入时间—信息能力	显著	
		日工作时长—信息能力	不显著	
	H3-2	图书馆—信息能力	显著	
		网吧—信息能力	显著	
		务工地—信息能力	不显著	
	H3-3	家中—信息能力	不显著	
		途中—信息能力	显著	
		单位—信息能力	不显著	
		公共场所—信息能力	不显著	
		职业领域—信息能力	显著	
H4	H4-1	信息能力—未来打算	不显著	
	H4-2	信息能力—收入水平	显著	

六 关键关联因素讨论

基于前面章节假设检验结果，通过主成分分析方法提取信息能力的关键关联因素，该步骤仅对检验结果为"显著"的因素进行分析。然后，对提取的关键关联因素再进行相关分析，以期对这些关键要素进一步划分类属。这两步操作都基于 SPSS 20.0 执行。

（一）关键关联因素提取

主成分分析的主要思想是"降维"，也就是在损失很少信息的前提下把多个指标转化为几个综合指标，这些综合指标即主成分。每个主成分都是原始变量的线性组合，且各个主成分相互独立，这样就使得主成分与大量的原始变量相比，具有一定的优越性，有利于在实际问题分析中把握关键因素。

本书对表 5.14 中检验结果为"显著"的 19 个变量进行因子分析，抽取参数值大于 0.6 的因子或特征值大于平均方差的因子。表 5.15 为各因子对应的特征值，可以看出前 12 个变量已经可以解释 83.4% 的方差，表 5.16 为旋转前的因子负荷矩阵。

表 5.15 特征值与方差贡献表

成分	初始特征值 合计	方差的%	累积%	提取平方和载入 合计	方差的%	累积%	旋转平方和载入 合计	方差的%	累积%
1	4.113	21.647	21.647	4.113	21.647	21.647	1.820	9.577	9.577
2	2.235	11.763	33.411	2.235	11.763	33.411	1.732	9.116	18.692
3	1.636	8.609	42.019	1.636	8.609	42.019	1.594	8.392	27.084
4	1.349	7.101	49.121	1.349	7.101	49.121	1.551	8.164	35.248
5	1.100	5.789	54.910	1.100	5.789	54.910	1.545	8.131	43.379
6	1.069	5.627	60.537	1.069	5.627	60.537	1.279	6.731	50.111
7	.848	4.461	64.998	.848	4.461	64.998	1.143	6.017	56.127
8	.799	4.203	69.201	.799	4.203	69.201	1.073	5.649	61.777
9	.762	4.011	73.212	.762	4.011	73.212	1.051	5.529	67.306
10	.694	3.652	76.864	.694	3.652	76.864	1.038	5.466	72.772
11	.643	3.383	80.246	.643	3.383	80.246	1.027	5.405	78.177
12	.610	3.212	83.459	.610	3.212	83.459	1.004	5.282	83.459
13	.576	3.030	86.489						
14	.561	2.954	89.443						
15	.504	2.652	92.095						
16	.457	2.408	94.503						
17	.427	2.247	96.750						
18	.365	1.923	98.673						
19	.252	1.327	100.000						

提取方法：主成分分析。

在图 5.3 的碎石图中，横坐标为各因子序号，纵坐标为各因子对应的特征值。根据点线连接坡度的陡缓程度可以看出各因子的重要程度。从图中可以看出，前 5 个因子的连线坡度相对较陡，说明前 5 个因子是主要因子。

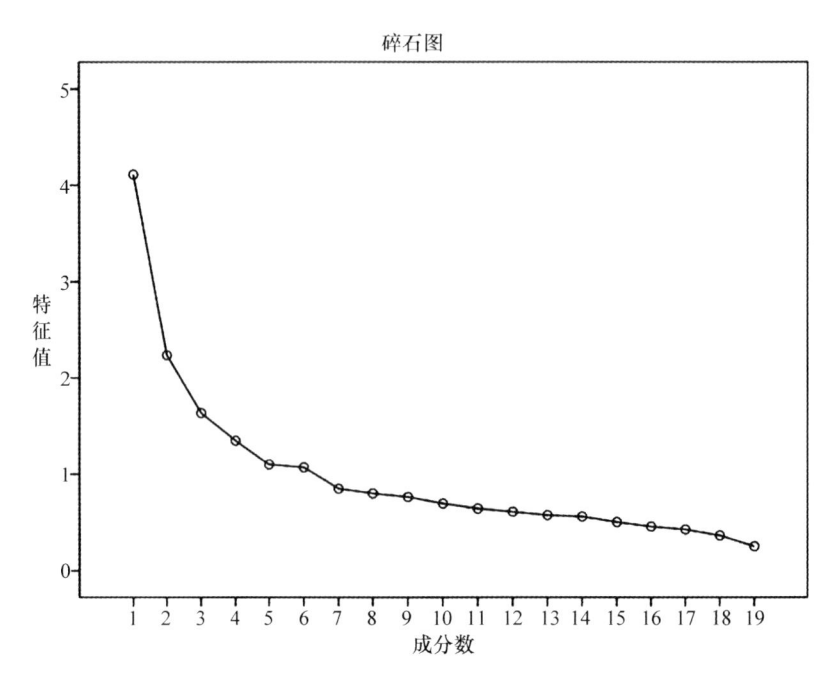

图 5.3 因子分析碎石图

表 5.16 旋转前的因子负荷矩阵

成分矩阵[a]

	成分											
	1	2	3	4	5	6	7	8	9	10	11	12
信息费用	.558	-.132	-.299	.352	.017	-.034	.317	-.332	-.155	.026	.149	.197
设备费用	.556	-.038	-.433	.295	.047	.106	.286	-.115	-.151	.039	.107	-.238
网络设施	.594	.278	.280	.108	.105	.136	.240	-.068	.290	-.054	-.117	.182
法规制度	-.088	.465	-.454	.409	.096	-.035	-.140	.363	.091	.144	-.081	.090
学历	.362	-.385	-.308	.002	-.207	-.227	.191	.256	.521	-.149	.204	-.100
自学情况	.471	-.310	-.178	-.115	.296	.531	-.169	-.029	-.003	-.035	-.067	.291
信息意识	-.369	.183	.301	.363	-.407	.165	.169	.232	-.172	-.359	.126	.336
信息技能	.492	.260	.331	.024	.082	-.368	-.024	-.025	.136	.424	.014	.308
效用感知	.550	.362	.301	-.090	.103	.016	.131	.063	.226	-.232	-.193	-.147
网络经历	.571	.437	.106	-.295	-.099	.096	.031	.133	-.114	-.029	.225	.006

续表

	成分											
	1	2	3	4	5	6	7	8	9	10	11	12
设备经历	.637	-.360	.278	.373	-.041	-.103	-.278	.003	-.072	.024	.012	-.046
互助行为	.547	-.247	.356	.402	-.087	-.179	-.373	-.041	-.079	-.172	.024	-.152
年龄	.482	.488	-.089	-.215	.001	-.021	-.143	.226	-.224	.090	.389	-.075
生理	-.296	.460	-.437	.369	.131	-.222	-.209	-.043	.064	-.144	-.118	.073
信息活动时间	.367	.609	.015	.104	-.014	.221	.025	-.078	-.092	-.070	-.258	-.258
图书馆作用	-.429	.158	.186	.257	.314	.414	-.207	-.161	.346	-.004	.418	-.088
网吧作用	-.494	.049	.364	.372	-.171	.186	.272	.053	.018	.405	.000	-.192
情境	.429	-.276	-.199	.034	-.416	.428	-.171	.263	.083	.229	-.174	.008
职业	.002	-.374	.191	.139	.653	-.033	.221	.487	-.194	-.032	-.036	-.046

提取方法：主成分。
a. 已提取了12个成分。

利用因子分析的结果进行主成分分析，得到表5.17所示的特征向量矩阵。

表5.17　　　　　　　　　　　特征向量矩阵

	T_1	T_2	T_3	T_4	T_5	T_6	T_7	T_8	T_9	T_{10}	T_{11}	T_{12}
X_1	.275	-.088	-.234	.303	.016	-.033	.344	-.371	-.178	.031	.186	.252
X_2	.274	-.025	-.339	.254	.045	.103	.311	-.129	-.173	.047	.133	-.305
X_3	.293	.186	.219	.093	.100	.132	.261	-.076	.332	-.065	-.146	.233
X_4	-.043	.311	-.355	.352	.092	-.034	-.152	.406	.104	.173	-.101	.115
X_5	.178	-.258	-.241	.002	-.197	-.220	.207	.286	.597	-.179	.254	-.128
X_6	.232	-.207	-.139	-.099	.282	.514	-.184	-.032	-.003	-.042	-.084	.373
X_7	-.182	.122	.235	.313	-.388	.160	.184	.260	-.197	-.431	.157	.430
X_8	.243	.174	.259	.021	.078	-.356	-.026	-.028	.156	.509	.017	.394
X_9	.271	.242	.235	-.077	.098	.015	.142	.070	.259	-.278	-.241	-.188
X_{10}	.282	.292	.083	-.254	-.094	.093	.034	.149	-.131	-.035	.281	.008

续表

	T_1	T_2	T_3	T_4	T_5	T_6	T_7	T_8	T_9	T_{10}	T_{11}	T_{12}
X_{11}	.314	-.241	.217	.321	-.039	-.100	-.302	.003	-.082	.029	.015	-.059
X_{12}	.270	-.165	.278	.346	-.083	-.173	-.405	-.046	-.091	-.206	.030	-.195
X_{13}	.238	.326	-.070	-.185	.001	-.020	-.155	.253	-.257	.108	.485	-.096
X_{14}	-.146	.308	-.342	.318	.125	-.215	-.227	-.048	.073	-.173	-.147	.093
X_{15}	.181	.407	.012	.090	-.013	.214	.027	-.087	-.105	-.084	-.322	-.330
X_{16}	-.212	.106	.145	.221	.299	.400	-.225	-.180	.396	-.005	.521	-.113
X_{17}	-.244	.033	.285	.320	-.163	.180	.295	.059	.021	.486	.000	-.246
X_{18}	.212	-.185	-.156	.029	-.397	.414	-.186	.294	.095	.275	-.217	.010
X_{19}	.001	-.250	.149	.120	.623	-.032	.240	.545	-.222	-.038	-.045	-.059

为了表示方便，假设变量前述的19个变量依次为 X_1、X_2、…、X_{19}，则根据表5.17得到主成分的表达式：

$$Y_1 = 0.275X_1 + 0.274X_2 + 0.293X_3 + \cdots + 0.001X_{19} \quad （式5.1）$$

$$Y_2 = -0.088X_1 - 0.025X_2 + 0.186X_3 + \cdots - 0.250X_{19} \quad （式5.2）$$

$$\cdots$$

$$Y_{12} = 0.252X_1 - 0.305X_2 + 0.233X_3 + \cdots - 0.059X_{19}$$

（式5.12）

由表5.17可以看出，在式5.1的第一主成分上 X_{11} 有较高的载荷，X_{11} 对应设备使用经历，说明第一主成分是由变量设备使用经历决定的，设备使用经历作为新生代农民工信息能力关键关联因素是可信的；从式5.2可以看出，第二主成分上 X_{15} 有较高载荷，X_{15} 对应信息活动投入时间，说明第二主成分主要依赖于信息活动投入时间，则信息活动投入时间作为新生代农民工信息能力关键关联因素是可信的；以此类推，得出新生代农民工信息能力的11个关键关联因素：信息费用支出、法律法规、学历教育、自学情况、信息意识、信息技能、设备使用经历、信息活动投入时间、图书馆、网吧和职业领域。

（二）关键关联因素相关分析

将前面提取的新生代农民工信息能力的 11 个关键关联因素执行相关分析程序，得到表 5.18 所示的简单相关分析表，为了表述方便，将信息费用支出等上述 11 个关键关联因素按照顺序分别命名为 K_1、K_2、$\cdots$、K_{11}。

表 5.18　　　　　　信息能力关键因素简单相关分析表

		K_1	K_2	K_3	K_4	K_5	K_6	K_7	K_8	K_9	K_{10}	K_{11}
K_1	Pearson 相关性	1	.026	.267**	-.167**	.171**	.154**	.262**	.469**	-.218**	-.233**	.006
	显著性（双侧）		.609	.000	.001	.001	.002	.000	.000	.000	.000	.906
	N	389	389	389	389	389	389	389	389	389	389	389
K_2	Pearson 相关性	.026	1	-.096	.068	-.014	.140**	-.135**	-.033	.044	.092	-.081
	显著性（双侧）	.609		.059	.182	.785	.006	.008	.518	.388	.071	.109
	N	389	389	389	389	389	389	389	389	389	389	389
K_3	Pearson 相关性	.267**	-.096	1	-.278**	.008	.101*	.152**	.289**	-.316**	-.077	.135**
	显著性（双侧）	.000	.059		.000	.876	.046	.003	.000	.000	.131	.008
	N	389	389	389	389	389	389	389	389	389	389	389
K_4	Pearson 相关性	-.167**	.068	-.278**	1	-.127*	-.131**	-.057	-.220**	.347**	.188**	-.056
	显著性（双侧）	.001	.182	.000		.012	.010	.264	.000	.000	.000	.270
	N	389	389	389	389	389	389	389	389	389	389	389
K_5	Pearson 相关性	.171**	-.014	.008	-.127*	1	.356**	.254**	.206**	-.141**	-.147**	-.009
	显著性（双侧）	.001	.785	.876	.012		.000	.000	.000	.005	.004	.864
	N	389	389	389	389	389	389	389	389	389	389	389

续表

		K₁	K₂	K₃	K₄	K₅	K₆	K₇	K₈	K₉	K₁₀	K₁₁
K₆	Pearson 相关性	.154**	.140**	.101*	-.131**	.356**	1	.156**	.086	-.175**	-.094	-.123*
	显著性（双侧）	.002	.006	.046	.010	.000		.002	.092	.001	.064	.015
	N	389	389	389	389	389	389	389	389	389	389	389
K₇	Pearson 相关性	.262**	-.135**	.152**	-.057	.254**	.156**	1	.303**	-.139**	-.146**	.086
	显著性（双侧）	.000	.008	.003	.264	.000	.002		.000	.006	.004	.090
	N	389	389	389	389	389	389	389	389	389	389	389
K₈	Pearson 相关性	.469**	-.033	.289**	-.220**	.206**	.086	.303**	1	-.091	-.083	.153**
	显著性（双侧）	.000	.518	.000	.000	.000	.092	.000		.074	.104	.003
	N	389	389	389	389	389	389	389	389	389	389	389
K₉	Pearson 相关性	-.218**	.044	-.316**	.347**	-.141**	-.175**	-.139**	-.091	1	.291**	.030
	显著性（双侧）	.000	.388	.000	.000	.005	.001	.006	.074		.000	.552
	N	389	389	389	389	389	389	389	389	389	389	389
K₁₀	Pearson 相关性	-.233**	.092	-.077	.188**	-.147**	-.094	-.146**	-.083	.291**	1	.032
	显著性（双侧）	.000	.071	.131	.000	.004	.064	.004	.104	.000		.530
	N	389	389	389	389	389	389	389	389	389	389	389
K₁₁	Pearson 相关性	.006	-.081	.135**	-.056	-.009	-.123*	.086	.153**	.030	.032	1
	显著性（双侧）	.906	.109	.008	.270	.864	.015	.090	.003	.552	.530	
	N	389	389	389	389	389	389	389	389	389	389	389

**. 在.01 水平（双侧）上显著相关。

*. 在.05 水平（双侧）上显著相关。

通常用 Pearson 相关系数 r 作为判定相关性的依据，当 r = 0 时表示不存在线性相关关系；当 r 的绝对值在（0，0.3）区间时表示微弱相关，在（0.3，0.5）时为低度相关，在（0.5，0.8）时为显著相关，在（0.8，1）时为高度相关，当 r 绝对值为 1 时，表明完全线性相关。从表 5.18 可以看出，存在低度相关关系的变量有：K_1 与 K_8（r = 0.469），K_3 与 K_9（｜r｜= 0.316），K_5 与 K_6（r = 0.356）、K_{10} 与 K_{11}（r = 0.032），而上述变量之间的双尾检验值 Sig.（2 - tailed）分别为 0.000、0.000、0.000、0.530，前三对变量均不能否定二者不相关的假设，最后只有"网吧"与"职业领域"存在微弱相关关系。由此可以说明，抽取的信息能力关键因素基本各自独立。这些关键因素可以大体上归为可用资本与信息素养两大类。

第二节 质性分析与讨论

前面章节基于问卷调研数据对信息能力关联因素加以验证，部分假设通过显著性检验，初步验证了第三章提出的信息能力模型。接下来将基于对新生代农民工群体及部分利益相关者的深度访谈材料，重点对不同主体对信息能力的认知、期望和具体行动进行分析，以期实现对信息能力研究的补充。

一 信息能力认知

关于对信息能力的认知，本书已经在问卷的 C 部分设置了较多的量表题加以考察。在访谈阶段，重点选取新生代农民工个体作为对象，了解他们对信息能力与个人发展关系的看法，同时兼顾从工作、生活等环境中与之关系密切的其他人的视角出发来看该信息主体的信息能力和效用的认知。该类访谈在征得当事人同意的前提下，对相关人访谈时请当事人暂时回避。

从受访人自己对自身信息能力与信息效用关系看法的表述来看，从访谈记录中抽取相关关键词,按照词频排列前5类内容见表5.19。通过该表可以看出,新生代农民工群体的信息能力体现的效用主要在娱乐消遣和感情沟通方面,诸如生活、职业和维权等方面虽有所表现,但相对于前两项而言,其比重相对有限。

表5.19　　　　　　　　受访人对信息效用的看法

排序	词汇	词频	说明
1	解闷、打发时间、八卦新闻、音乐、电影、游戏等	124	娱乐消遣效用
2	打电话、聊天等	113	感情沟通效用
3	租房、网购、缴话费、公交等	81	生活便利效用
4	求职、行情、待遇等	37	职业发展效用
5	法律咨询、维权等	12	权利维护效用

同时,选取其中一个有代表性的信息主体(称"当事人",其他相关受访者称"相关人")的访谈记录相关内容摘录如下。

当事人基本信息:31岁,初中文化,来自河南,出来打工超过15年,现为北京某公司司机。(访谈记录编号:FBJ20150210—001)

当事人自我描述:"我现在的笔记本已经是第三个了,现在配置高了,价钱也便宜了,平时也离不开,……手机是iPhone 5,我打算瞅瞅再换个6Plus,好手机用起来就是方便,好多功能都是你想不到的,也不难学……这微信、QQ、微话等比打电话方便……有时候我开车等领导,一等可能就是一两个小时,没事就玩玩手机,看看新闻,聊聊天,玩玩游戏,熬时间的同时还长见识了。……现在查天气、地图、订票、订酒店啥的哪样也离不开,有了网络,要啥有啥……生活离不开,工作也离不开啊,你说开车要是没有导航能行吗?……要是没有这些,我估计用不了一天肯定得憋疯。……"

相关人1基本信息:当事人女朋友,27岁,初中文化,来自河北,现为北京某饭店服务员。(访谈记录编号:FBJ20150210—002)

对当事人的描述:"他整天就爱摆弄那些(手机、电脑等),都没时间陪我说话……每个月在网费方面没少花钱,加上经常换手机,钱都不知道砸进去多少了……整天就知道玩玩玩,我总担心他开车时也跑神……他这个人聪明不假,但我不觉得他用网络真的能让他有啥发展,手机啊网络啊这些东西就是用来解闷的,用多了玩物丧志。……"

相关人 2 基本信息:当事人同事,40 岁左右,来自河北,现为北京某公司司机。(访谈记录编号:FBJ20150210—003)

对当事人的描述:"这哥们儿学东西快,啥东西到他手里没两天就熟了。我们有次去内蒙出差,要不是他上网查好路线,我们几个都摸不着道了。……他干啥事喜欢先上网查查,所以经常比我们其他人办事更有效率,老板也器重他,要不他比我小差不多 10 岁,当司机也没我时间长,挣得却不比我少呢?现在会上网真的很重要,这一点我服了他。"

相关人 3 基本信息:当事人父亲,近 60 岁,长期住在老家,春节到北京。(访谈记录编号:FBJ20150210—004)

对当事人的描述:"成天抠手机……其实没啥用。我觉得(他)就是为了显摆,为了面子,显得有本事。……"

通过上述记录片段不难看出,不同人对同一个信息主体的信息能力和效用的看法是存在差异的,如当事人强调信息能力在工作、生活方面带给自己的实际效用,相关人 2 比较同意这样看法,而相关人 1 则认为信息能力基本表现在消遣娱乐方面,对个人发展影响不大,而且已经给感情生活带来了负面影响,而相关人 3 认为当事人所表现出来的信息能力仅仅是为了面子。由此可以看出,信息主体对自身信息效用的感知是最能反映信息效用指标的数据来源,但却未必能获得公认,因此,这是一个主观性较强的相对指标,在未进一步明确其测度指标的前提下不能简单用于不同主体之间的比较。

从这个意义上看,信息分化不仅仅取决于技术手段获取差异而造成的信息获取机会不平等。如果单纯从人们工作和生活中信息技术普及和信息量增长来看,我们有理由宣称我们进入了信息社会或者数字化时代。然而,当我们将注意力放到信息内容本身时,我们又不难发现,海量的信息并不必然造就一个透明的信息社会，大量娱乐信息甚至垃圾信息充斥在我们周围，要找到我们所需要的信息仍然很困难甚至比以前还要困难。

研究信息分化，需要关注对象的特质和所处语境。对部分人而言，计算机和智能手机沦为玩具，不一定在增加信息获取方面有显著贡献，却实实在在为丰富娱乐生活提供了更多选择。这种自由是个体的偏好造成的，也有社会其他主体的原因，部分利益部门（经济的或政治的）实际左右着社会信息的流动，很多信息为了娱乐、转移注意力甚至是为了蒙蔽欺骗而生产。这种背景下，信息分化话语空间早已超越了技术层面。

二 信息能力期望

在访谈过程中，受访者会被要求描述所期望的信息生活，实际上是期望的信息能力状态。受访者对该问题反馈积极，他们的答复可以在一定程度上反映新生代农民工群体对信息能力的期望状态，表5.20是抽取的部分记录。

此外，案例2中D购买电脑也是为了进一步完善女儿的信息能力，对她的期望就是能够"上网找学习资料"，也有利于家人聊天沟通。案例4的F也期望信息能力得到改善，以便摆脱"严重的信息不足状态"，至于具体什么样的信息能力才能满足这种期望却难以清楚描述。

表5.20　　　　　　　　　受访人对信息能力的期望

序号	期望描述	来源
1	无论走到哪里都有免费WiFi随意连	FBJ20141201
2	快速找到自己想要的信息	FBJ20140610
3	想要啥样信息就能获得啥样的信息	FBJ20140725
4	以后我就指挥电脑替我干活	FBJ20141230
5	利用信息挣更多的钱	FBJ20150104

从表5.20和相关案例都不难看出，新生代农民工普遍希望自身的信

息能力得到进一步改善，但具体的改善目标并不明朗。而且，这些期望都不能简单通过提升个人信息素养就能实现，往往还与其他社会主体的保障和支持密不可分。新生代农民工通过对自己所期望的生活状态的描述来表达对信息能力改善的期望，从这个意义上说，与生活世界的目标相结合是该群体信息能力改善应当肯定和值得关注的地方。

三 改善信息能力的行动

认识到信息对于自己的工作、生活和发展的意义，信息主体就会主动地寻求改善自身信息能力的途径，本书在未作任何提示的前提下向部分受访者询问他们在改善信息能力方面的具体行动（要求受访者举出具体实例说明），根据访谈记录抽取的部分实例见表5.21。

表5.21　　　　　受访人信息能力改善的具体行动（示例）

序号	实例概述	来源
1	为了跟家人聊天，买了一台电脑并在老家安装了宽带	FGZ20140930
2	向堂弟请教Excel基本操作，去应聘仓库管理员	FGZ20140930
3	利用百度自学工程监理的基本知识，通过赶集网求职	FBJ20141129
4	租房子就租能收到WiFi信号的，便于蹭网	FBJ20130725
5	利用单位提供的培训机会学习	FBJ20141226

案例5中的G为了维权和获得咨询，采取了网吧求助、手机录音、拍照、网络发帖等途径寻求问题解决方案，调动了结构和能动多方面的因素，在一定意义上可以作为新生代农民工信息行动的典型案例。

由表5.21和相关案例可以看出，新生代农民工为了利用信息技术和信息内容，在改善自身信息能力方面采取了多种积极的具体行动，比如，从基础设施、设备、互联网内容等结构因素方面加以完善，也会通过向人请教、参与培训等途径不断提升自身信息素养。无论哪一种途径，具体行动都有一个相对明确的目标（如为了聊天、求职等）指引，这也说明新生代农民工的信息能力改善是基于具体现实需求提出的，与信息主体的知觉性信息实践和目的性信息实践结合，并且往往与个人发展相关。

四 讨论与思考

前面三小节重点从访谈记录抽取部分主题词或纪录片段对新生代农民工信息能力认知、期望和行动三个方面展开分析，接下来重点结合部分案例对信息能力与信息效用、信息贫困、信息世界与生活世界的关系作进一步讨论。

（一）信息能力与信息效用

对于最终的效用而言，我们不能简单依据设备和技术的获取、利用情况划分信息优势和弱势群体。基于实际访谈发现，信息主体在技术采用、信息获取、信息利用等行为过程中会将预期的应用效果作为主要考虑因素。

针对案例1，选择直接询问、依赖传统媒介、依赖数字化媒介，只要能达到满足需求的目的即可，但不同的手段所受的限制也不一样，自由程度不同。数字化手段在特定语境下未必比传统手段更有效，但随着ICTs发展，数字化手段相对更加省力，选择更加自由。拥有多种数字化设备，是否就意味着信息能力强？关键要看其信息需求和能力是否匹配，是否有利于增强信息效用，如果说是焦虑，信息过载并不能带来快乐，一味提升设备和信息的拥有程度并无意义。

信息能力这个概念强调的是"可行能力"，既要考虑信息主体的基本信息素养，也要考虑所处的具体语境和预期的信息效用。上面案例中，A的信息素养可能高于B、C，但由于受到具体情境（所在工地网络信号差）的限制，在利用ICTs获取和利用信息方面的实际效用就受到了限制。

此外，信息效用还是信息行为的出发点，例如，案例5通过网络寻求维权支持和诊疗咨询，都是带有明确目标的目的性信息实践活动。目标的实现，还会进一步强化信息主体的信息行为，也会提供改善信息能力的动机。

（二）信息能力与信息贫困

案例4中针对母女信息效用的不同情况，从当事人自身的感知而言，应当也视为一种信息分化状态。正如美国学者Sweetland[①]将"信息超载（Information Overload）"与"信息获取的匮乏（Lack of Access）"一并列入"信息贫困"一样，信息量的丰富对个体而言并不一定意味着信息富有。关于这背后的深层原因，不是本书的主旨所在，通过这个案例要表达的是，从信息能力视角理解信息分化，是否有足够的自由选择来满足信息需求才是应有之义。

在调研中笔者也遇到部分对智能手机和上网呈现较低热情的个体。按照我们对数字贫困的传统理解，他们应当归入信息贫困群体，但他们个人却未必认同。例如，有受访者这样评价自己：

"我现在的状态（不上网）挺好。我没有那么多需要了解的东西，也不爱玩游戏，喜欢看书，但不喜欢在（电脑或手机）屏幕上看书。我不觉得我比那些整天对着屏幕的人知道的东西少。（别人）就算信息量大，也不见得就比我好，因为很多信息是没用的。"（来源：FBJ20140720）

我们假设这样一种场景：一个被信息过载折磨而感到焦虑的人，决定暂时放弃网络和手机的使用，去一个偏远的山村去度假，静养一段时间。这跟那些处在偏远山村本来就没有接触过互联网和手机的人相比，尽管暂时的信息获取状态是相似的，但绝不能说他们处在同样的信息能力状态。信息贫困即信息能力缺失或被剥夺，信息贫富可以用信息能力缺失或被剥夺的程度来衡量，但这并不意味着信息主体的主观感知与此保持一致。某些我们看起来处于信息富裕阶层的个体，可能对这种信息富裕并不具有很高的主观认同，总感觉所需要的信息太少或者难以获得，信息能力无法与信息需求相匹配。

（三）信息能力与信息世界

信息能力是在信息世界的框架内得以展现的。某些群体（如某些老

---

① Sweetland J. H., "Information Poverty", *Database Magazine*, Vol. 16, No. 4, 1993.

年人）尽管意识到自己在信息获取和利用方面落伍，但并没有意愿去改变现状或不知如何改变。个人信息世界的边界与生活世界的边界不一致，信息能力的边界与个人信息世界具有一致的边界。信息能力与其他能力具有紧密关联和转化作用，信息能力有望为个人信息世界的拓展起到衔接作用。

针对案例3，拿春运购买火车票为例，不会上网，不会打电话预订，或者去火车站、代售点排队购票，但在余票、车次、票价、时刻信息等方面的信息几乎难以便利获取；不会上网，但会拨打预订电话，要求有可用的电话，会操作电话订票流程，可以查询车次、余票、票价等信息，但速度慢，花费贵，订票操作慢，即使成功还需要在指定时间去车站或代售点缴费取票；会上网订票，需要有设备（电脑）和网络，可以快速查询车次、时刻、票价、余票等信息，并且可以在线支付，开车前取票或直接凭二代身份证上车即可。

会使用智能移动终端，需要智能终端（平板电脑、手机等）和无线网络或流量，跟网络订票一样，而且可以灵活选择操作地点，更加自由。

对于不会使用电脑和智能手机的人而言，直接给他电脑或智能手机或让其处在 WiFi 覆盖的环境里并没有意义。他的需求是车票，附带可能需要车次、票价、余票等信息。

就这些人的实际选择自由而言，信息能力是显然不同的。外界条件变化会影响能力，比如，没有网络或手机信号，即使拥有设备并且有操作的技能，也只好通过其他手段去买票。尽管可能最终的信息效用是一样的，但由于个人信息世界的差异，潜在信息能力差别很大，一旦条件改变，一部分人可以快速跃迁到较高层次能力。

从这个意义上讲，研究信息分化，最终目的不是为了 ICTs 应用和信息资源分配均匀等，而是为了尽可能使信息主体的信息行为满足个体发展的需要。信息能力与信息主体的个人信息世界具有一致边界，狭小的个人信息世界必然导致信息主体相对贫弱的信息能力。但这并不意味着信息主体的信息效用感知结果的低下，因为相对意义的信息能力是信息主体的信息需求的满足能力，本来就比较低的信息需求得到满足，那么信息主体的信息效用感知可能依然是很高的。

（四）信息能力与生活世界

案例 5 是信息能力与生活世界结合的代表案例，正是基于解决生活中的维权问题和医疗咨询问题，G 才尝试通过互联网求助，并借助信息设备采集证据，信息实践的结果，让 G 更进一步增添了信息能力改善的信心。

智能手机在青年群体的高分布情况已经成为整个社会的普遍现象，主要原因除了它获取信息的便捷性之外，还有一个重要原因是可以接受的价位。如下受访记录即可在很大程度上对该现象作出解释。

"住的条件差点没关系。这东西（手机）可绝对不能含糊，这是我的武器。上网买东西、跟女朋友联络感情、吃喝玩乐都靠它。而且，关键是它也不贵，要买肯定买个智能机。"（来源：FBJ20130725）

与高昂的房价相比，拥有一部智能手机的成本显然低得多。而且，对于大多数新生代农民工而言，买房的愿望与享受当下数字化生活相比，后者要现实得多。对新生代农民工而言，在数字化生活方面赶上城市人，是最容易实现的目标，所以部分受访者表示宁可用 1—2 个月的工资去买一部智能手机，这样做不仅是为了身份的象征，也是现实的生活需求的体现。

部分社区的房东或管理员意识到信息基础设施这个问题，也采取了积极的应对措施，只有保证租客们享受信息化利益才可能吸引更多的租客。北京一位房东讲述他的出租屋"信息化"改造过程：

"前年开始，我就给每个房间都排了网线，每个房间都有一个台式机。这些人（房客）都是年轻人，没有网不行。我是用小区的电信网络，在管理室安上分线器，每个房间虽然网速有点慢，但有总比没有强。现在，我直接安几个 WiFi 就解决了，省去了网线的麻烦，大家用起来也方便。"（来源：FBJ20130725）应该说，房东的"信息化"举措在很大程度上推动了社区信息化福利向新生代农民工群体的转移。

针对不同的案例，不同信息主体的信息能力有差别，并且实际从事的工作和收入也有较为显著的差别。尽管我们不能因此就宣称信息能力与生活能力存在必然对应关系，但至少可以说信息能力强的个体实际上拥有更多的生活机会，也即他们对生活方式的选择空间更大。在这一点上，信息分化与社会分化实现了关联。

通过锁定特定层面的信息分化现象作为研究对象，往往难以完整揭示信息分化的复杂性，还有可能导致凸显特定信息分化的内在倾向。有些情形下信息主体因为自身生活、工作的信息需求低，而获取较少量的信息就可以满足；有些情形下，虽然信息主体本来就缺乏明确的信息需求，仅仅是打发时间，在处理大量的信息（如一整天都在观看视频）却未必获得信息需求的满足感；有些情形下，由于主体有特定的明确的信息需求，却苦于无法从海量信息中找到有用的信息；……这些情形下，信息分化的含义是显著不同的。

一个经常利用电脑上网的人跟一个经常阅读报刊的人相比，无疑前者在数字化技术采用方面具有更大优势，但是并不能据此宣称二者居于信息分化的两端。还要看具体信息需求和信息效用，不能脱离信息需求和信息效用谈信息分化。我们不能仅仅从信息设备、使用时间这些指标简单描述信息能力的高下，自我控制、自我效能也是应该考虑的因素。使用不同的设备，拥有不同的信息技能，这些意味着信息获取和利用的"机会"不同，这些"机会"不仅取决于信息主体所掌握的外部资源，还依赖于信息主体自身的能动因素。

结合上述材料的支持，我们也不难发现，在很多情况下，信息显然不是我们追求的东西，因为它只是有用，而且是因为其他事物而有用。ICTs 也不是作为外部变量而存在的，不是从外部注入就能带来一定的结果。相反，ICTs 以复杂的方式与社会的系统和过程交织在一起。如果要有效地获取新技术，内容和语言，基础素养和教育，以及社区和体制结构都应该纳入考虑范围。并且，从这个意义上说，弱势群体对 ICTs 和信息获取利用的过程不是要克服数字鸿沟，而是为了促进社会包容的进程。

政策研究者要做到这一点，有必要"关注转变，而不是技术"①。

第三节　新生代农民工信息能力模型

基于前面两节对新生代农民工信息能力数据的分析和讨论，信息能力一般模型中的部分因素未能通过检验，在19个显著的关联因素中有信息费用支出、法律法规、学历教育、自学、信息意识、信息技能、设备使用经历、信息活动投入时间、图书馆、网吧和职业领域11个关键关联因素的重要性得到进一步确认。同时，通过质性材料支持，新生代农民工信息效用的表现得到进一步明确。由此可见，信息能力一般模型和基于该模型提出的假设在新生代农民工的信息能力考查中有必要对其因素进行筛选和对模型做相应修正，以便突出对该群体信息能力的显著关联因素，这样有利于提高对策研究的针对性。

在前面章节工作的基础上，本节对原来的信息能力一般模型进行修正，作为新生代农民工信息能力模型。图5.4是基于图3.8信息能力关联因素和5.1节相关内容修正而得，删除了检验结果不显著的关联因素，进一步突出了关键因素（用☆标注）；图5.5是基于图3.10信息能力一般模型并结合5.1、5.2节相关内容修正而得，同样只保留检验结果显著的关联因素，并对关键因素做了突出标注，其中的因素解释与5.1、5.2节相关内容一致，在本节不再赘述。

与信息能力一般模型相比，图5.5的模型强调对新生代农民工信息能力的关键关联因素，例如，能动因素中的信息素养、学历、自学培训及信息设备使用经历等因素属于新生代农民工信息能力的关键关联因素，而网络使用经历和互助经历虽然也是显著的因素，但与前面几个因素相比显著性要低一些；同时对信息效用的表现也做了更加具体的描述，信息效用主要集中在娱乐消遣、感情沟通、生活便利、职业发展和权益保

---

① Jarboe K. P., *Inclusion in the Information Age: Reframing the Debate* (http://www.athenaalliance.org/inclusion.htm).

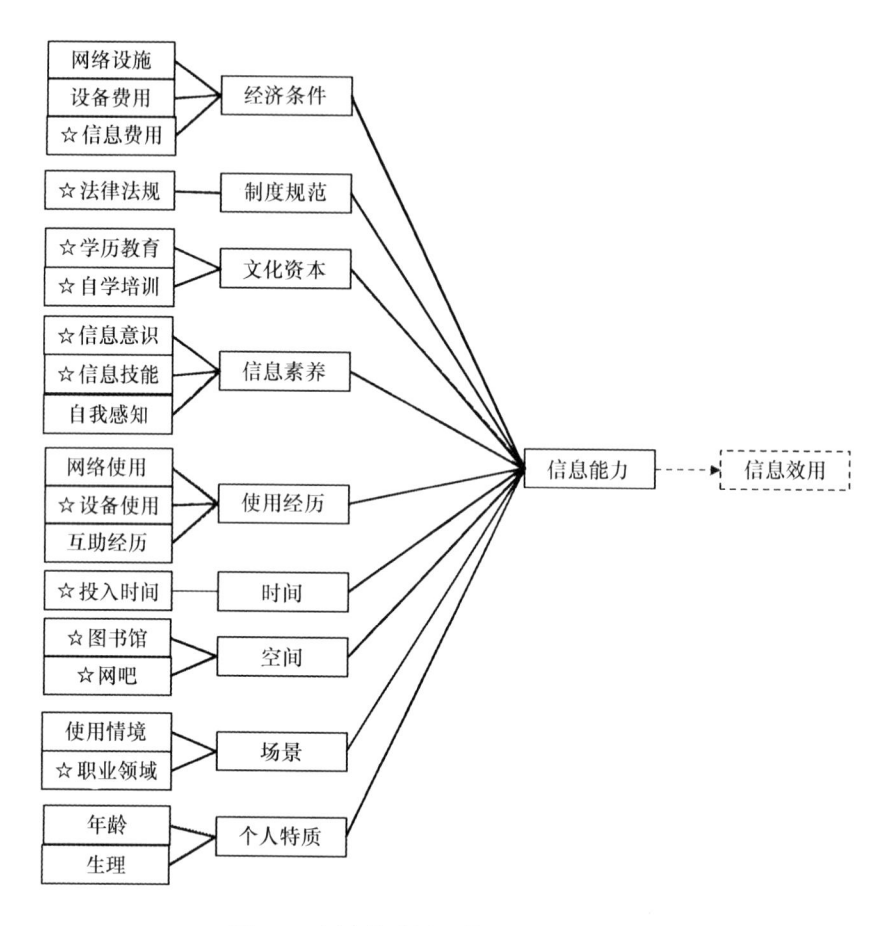

```
网络设施
设备费用  → 经济条件 ⟶
☆信息费用

☆法律法规 → 制度规范 ⟶

☆学历教育
☆自学培训 → 文化资本 ⟶

☆信息意识
☆信息技能 → 信息素养 ⟶
自我感知

网络使用
☆设备使用 → 使用经历 ⟶        信息能力 ⇢ 信息效用
互助经历

☆投入时间 → 时间 ⟶

☆图书馆
☆网吧    → 空间 ⟶

使用情境
☆职业领域 → 场景 ⟶

年龄
生理     → 个人特质 ⟶
```

图 5.4 新生代农民工信息能力关联因素

注：标☆符号的因素为新生代农民工信息能力关键关联因素。

障等方面，这种分布情况符合新生代农民工群体的信息能力特征。

对上述因素的取舍和提取是基于对新生代农民工信息能力调查的量化数据和质性材料分析来完成的，至少在实证研究程序上可以保证这种结果的科学性和可靠度。如果受访群体换成其他社会群体（如大学生），上述不同因素的显著性可能会出现不同的结果，这样针对不同群体都可以得出具备该群体特征的信息能力模型。从这个意义上看，这个模型是针对新生代农民工信息能力的具体模型，因此与信息能力一般模型相比，

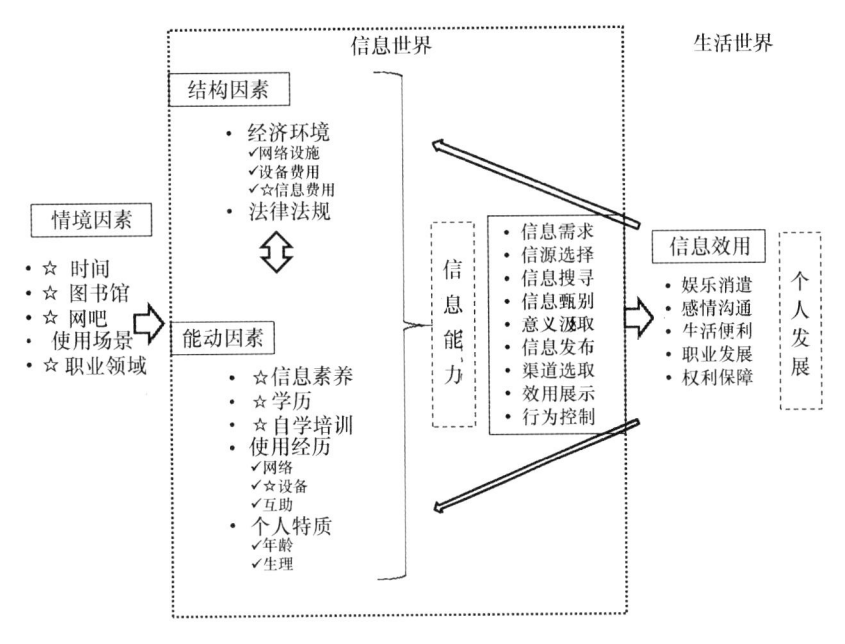

图5.5 新生代农民工信息能力模型

该模型对新生代农民工信息能力改善的对策研究也更具参考价值。

第四节 新生代农民工信息分化类型

信息分化最终要指向信息效用的差异,即信息能力的差异对个人发展的不同影响。根据5.1节关键关联因素讨论结果,信息素养和可用资本是信息能力的关键因素的两个主要方面,加上信息效用维度,从这三个维度出发可以划分不同类型的信息能力状态,假设对每个维度分为两个状态(李克特量表得分4分及以下为劣,5分以上为优),理论上应该有 $2^3=8$ 种不同类型的组合,但根据数据分布情况来看,个别类型的组合在实际数据中因缺乏实际数据的支持而需要排除。综上,信息能力由于信息素养、可用资本和信息效用的差异而表现出差异,信息分化可以理解为信息能力的差异化表现,结合信息能力数据支撑,实际上新生代农民工信息分化（信息能力差异）可以表现为如下几种类型，见表5.22。

表5.22　　基于信息能力模型的新生代农民工信息分化类型

类型＼维度	信息素养 L	可用资本 C	信息效用 U
Ⅰ	+	+	+
Ⅱ	+	+	-
Ⅲ	-	+	-
Ⅳ	-	-	+
Ⅴ	-	-	-

注：+表示高，-表示低。

如果分别用L（Literacy）、C（Capital）和U（Utility）指代上述的信息素养、可用资本和信息效用的话，上述五种类型可以简化表述为：类型Ⅰ（L+C+U+）、类型Ⅱ（L+C-U-）、类型Ⅲ（L-C+U-）、类型Ⅳ（L-C-U+）和类型Ⅴ（L-C-U-）。

类型Ⅰ：L+C+U+

这种类型的新生代农民工典型表现就是在信息素养、可用资本和信息效用维度都处于高的水平，具体表现如拥有相对高档的智能手机，可以自由接入网络，工作生活遇到问题时可以快速找到相关信息并将其转化为解决问题的工具，对自身信息状态感觉满意。这种类型的人群在以往信息分化研究中往往被视为处于信息富裕的阶层而不被纳入关注范围。实际上，对新生代农民工这个群体而言，我们有必要了解这种类型的信息状态的可持续性和普遍性问题，比如，经济条件对这种设备拥有是否可持续支持、技术环境是否对其网络接入可持续支持等问题。

类型Ⅱ：L+C-U-

这种类型可以认为是类型Ⅰ可用资本缺乏情况下的表现，信息主体已经具备了较高的信息素养，对信息的价值、敏感、需求等都有较高的期望，但受限于可用资本的缺乏，无法实现好的信息效用。比如说，一个可以熟练操作智能手机上网的人到了一个没有信号的环境，那么他的设备和查询技能都无法施展，最终也无法满足其信息需求。如下访谈记录反映的就是这种类型："不到两天我就快疯了，……那地方信号差成什么样，用手机打个网页几分钟都打不开，微信啥的都玩儿不了，都快把我憋死了"（来源：FBJ20140213—003）。

类型Ⅲ：L-C+U-

这种类型与类型Ⅱ相比，可用资本条件并不缺乏，但是缺少应有的信息素养，比如，在无线信号良好的环境有可用的上网设备，却不知如何查询信息，或者缺乏对获得信息的甄别和筛选能力，进而导致信息效用低下。这是一种"望洋兴叹"的状态，重点在于信息主体的信息素养提升，通过传统的自学和社会培训（如参加图书馆组织的培训）固然是可以考虑的途径，但限于新生代农民工的工作状态，最好还是能与工作自身需要结合起来完成这种素养的提升。

类型Ⅳ：L-C-U+

这种类型是一种特殊的状态，在调研过程中发现部分受访对象在信息素养和可用资本都缺乏的情况下反而表现出对自身信息效用的较高认知。这种状态与4.3节案例4中E的状态类似。这种类型源于信息素养低，并且缺少可用资本，进而将信息需求水平也维持在一个较低的层次，那么满足这种需求相应的难度就小，从主观效用感知来看反而会觉得自己能够获得较好的效用，这种效用是相对的。这种类型属于较为典型的信息贫困现象，并不能简单通过增加设备、技术供给或培训就能有效改观。

类型Ⅴ：L-C-U-

该类型与类型Ⅳ相似，区别在于信息主体已经意识到无法获得期望的信息效用。这种状态同样无法通过简单的单一途径寻求解决对策。调研过程中有相关的记录可以直观描述这种状态："想想在家（指农村）那会儿，我就有一个直板的诺基亚手机，除了打电话发短信别的啥功能也没有，也没有网络，我觉得我就跟个瞎子一样……"（来源：FBJ20140720）

这种划分实际上是一种对新生代农民工信息分化现象抽象处理的方式，将复杂的信息分化问题从信息能力的三个维度结合具体数据划分成不同类型。与以往对信息分化划分层次的做法相比，这种分类对信息分化不做定性分层，即不区分贫困到富裕的不同阶层。相应地，在开展相关对策研究时，也不只是针对贫困阶层，而是需要针对不同类型的信息分化状态开展共性和具体的对策研究。

第五节　本章小结

新生代农民工群体整体上在政治和社会地位上处于相对弱势地位，但在信息社会阶层中却拥有较高的信息设备拥有量和信息资源使用率，如果简单从占有情况来看，他们不能算作信息贫困者。但是综合其信息意识、信息技能、信息效用等因素考虑，该群体内部不同个体信息能力有显著差异，群体内部信息分化问题也更加凸显。通过经验数据分析发现：

结构因素方面，月信息费用支出、年设备费用支出、设备选择自由和网络接入自由对信息能力显著相关。而手机、个人电脑、可穿戴设备等的拥有情况与信息能力之间则不具备显著相关关系；制度限制对信息能力有显著性差异；除了新闻娱乐信息、股票基金信息之外，绝大部分信息活动内容对信息能力不存在显著相关关系。

能动性因素方面，在社会资本对信息能力关联方面，新生代农民工遇到技术使用困难时，通常理解的社会资本未表现出显著相关关系。但是，在信息互助（包括技术帮扶和直接信息提供）方面，却表现出显著的互动倾向，并且这种互动对信息能力有显著相关关系；文化资本中的学历层次、工作单位组织的培训、有关设备操作和专门软件的培训内容、离校时间、是否自学、上网查找和在线培训的自学方式及知识结构等因素对信息能力有显著相关关系；网络使用经历各个指标对信息能力均有显著相关关系；在信息素养相关因素中，除了传统媒体之外，其他因素均对新生代农民工信息能力有显著相关关系；个人特质方面生理原因和年龄对信息能力有显著相关关系。

情境因素方面，务工所在地对信息能力无显著相关关系，但工作地点或居住地点附近是否有图书馆或网吧等公共信息空间，以及他们对这些公共信息空间的使用经历对信息能力有显著相关关系。

在结构因素相对接近的前提下，新生代农民工个体在能动性方面能否有效利用相关条件实现最大的信息效用，就成为该群体信息分化的突出表现。通过因子分析，抽取信息费用支出、法律法规、学历教育、自学情况、信息意识、信息技能、设备使用经历、信息活动投入时间、图书馆、网吧和职业领域11个因素为新生代农民工信息能力的关键关联因素。

通过对量化数据和质性材料的综合分析，本章得出新生代农民工信息能力的关键关联因素和新生代农民工信息能力模型，并在此基础上从信息素养、可用资本和信息效用这三个维度将新生代农民工的信息分化分为L＋C＋U＋、L＋C－U－、L－C＋U－、L－C－U＋和L－C－U－这五种类型。

第六章　新生代农民工信息能力改善对策研究

信息能力改善是信息社会各个社会群体的现实需求，也是包括政府在内的相关社会主体为构建自由平等的社会环境无法推卸的责任和义务。基于第五章新生代农民工信息能力模型，本章针对该群体信息分化的五种类型分别分析其信息能力改善需求，立足该群体信息能力改善的需求和信息能力关键关联因素，从内部和外部途径开展相关对策研究。

第一节　信息能力改善的需求分析

新生代农民工信息能力改善对该群体无论是顺利融入城市主流社会还是返乡成为新型农业劳动者，都将发挥关键性的作用，同时，从宏观层面也是可能影响到经济发展和社会稳定等其他方面的重要内容。第五章质性材料分析显示，新生代农民工对自身信息能力改善普遍表现出较高的期望，但是就期望的信息能力状态缺乏明确的认知和表达，因此有必要对其需求进行梳理，并据此寻求对策途径。

一　新生代农民工信息能力改善的需求

结合表5.22描述的新生代农民工信息分化的类型，本节针对不同信息分化类型的新生代农民工的信息能力改善需求进行分析，以此作为提出相关对策的依据。

(1) 类型Ⅰ：L＋C＋U＋

该类型的特征是信息主体对自身的信息素养、可用资本和信息效用均有较高的正面评价。按照数字阶层划分，这类新生代农民工实际上处于信息富裕或更高的阶层，因此也往往不被列入信息分化研究所关注的对象范围。实际上这种优势是否可以持续存在是一个现实问题。新生代农民工跨地域、跨职业流动性较大，换一份工作导致收入发生变化，或者换一个新的工作地点，或者回到农村还能保证相应的信息设备和便利的网络接入，个人的生活状态能否保证相关的技能和知识等素养与时俱进，他们希望能尽可能不受限制地持续享用基础设施、信息内容、信息服务等外部资源，同时希望自身能够保持这种相对较好的信息效用体验。

(2) 类型Ⅱ：L＋C－U－

该类型的信息主体认为可用资本无法满足自身的信息素养，进而导致信息效用不足。该类型人群通常对自身的信息素养有信心，认为通过改善可用资本的结构（如加强基础设施建设）就可以提升自己的信息效用，在很大程度上这类人群的外部需求更强烈一些，从外部条件来看，主要需求体现在基础设施与服务的保障方面，从内部需求来看，这类信息主体往往会对信息设备有较高的要求。

(3) 类型Ⅲ：L－C＋U－

该类型的特征是认识到信息效用的不足是因为自身信息素养低下造成的，这是一种"望洋兴叹"的状态，重点在于信息主体的信息素养提升，通过传统的自学和社会培训（如参加图书馆组织的培训）固然是可以考虑的途径，但限于新生代农民工的工作状态，最好还是能与工作自身需要结合起来完成这种素养的提升。这类主体对外部的需求实际上不如内部需求那样迫切，在外部条件保持稳定的前提下，以提升自己信息素养为主要需求。

(4) 类型Ⅳ：L－C－U＋

这种类型的信息主体并不认可自身的信息素养和可用资本处于不利地位，往往对应的是较低层次的信息需求，所以信息主体依然对自身的信息效用表现出较高的评价。按照传统的数字阶层划分，这种类型的群体往往会被认为是意识贫困和物质贫困双重弱势群体，并不能简单通过增加设备、技术供给或培训就能有效改观。因为他们不认可自身的信息弱势地位，所以也缺乏技能提升和设施完善的动力。这类群体的信息能力改善需求往往难以清晰界定，需要唤起信息主体的信息意识才可以进而寻找能力提升对策。

（5）类型 V：L-C-U-

这种类型的信息主体已经意识到信息效用的低下，在主观上已经具备要改变这种状态的需求，所以与 IV 类型相比，该类型的群体可能更容易接受信息素养提升或外部主体的支持。这类群体对信息能力改善的外部需求和内部需求都较为强烈，而且信息能力改善的结果很容易得到体现，因此这类群体往往是信息贫困治理研究关注的对象群体。

结合上述分析，我们可以将新生代农民工信息能力改善需求大体上分为外部和内部两个方面。外部需求主要包括基础设施、信息资源、信息服务等能够更加广泛地覆盖，缩小甚至消除地域差异，我们将这种需求称为"普遍"需求；同时，部分人希望这种机制能够作为基本公共物品或服务而得到持续发展，我们将其称为"持续"需求。另外，希望从外部获得的支持与生活世界的具体行为需求和目标相结合，是该群体信息能力改善值得关注的地方，我们将其称为"关联"需求。内部需求主要体现在对产品购买、服务消费、操作技能提升、知识学习、意识唤起等方面，我们将与信息行为相关产品或服务的购买需求称为"充实"需求，将操作技能、知识学习等需求称为"提升"需求；对于由于对信息价值认识不足或敏感度不够而认为自己信息效用较好的群体在意识方面有必要激活，我们将其称为"激活"需求。在表 5.22 的基础上，结合上述分析，将不同信息分化类型的新生代农民工信息能力改善需求汇总见表 6.1。

表6.1 新生代农民工信息能力改善需求汇总

类型 \ 维度	信息素养 L	可用资本 C	信息效用 U	外部需求	内部需求
Ⅰ	+	+	+	普遍、持续	持续
Ⅱ	+	−	−	普遍、关联	充实
Ⅲ	−	+	−	关联	提升
Ⅳ	−	−	+	普遍、关联	激活、提升
Ⅴ	−	−	+	普遍、关联	提升、充实

综上,针对新生代农民工群体五种类型的信息分化,至少可以发现不同分化类型的群体信息能力改善存在部分共性的外部需求,比如,普遍服务、与工作生活关联和可持续发展等外部机制的要求,同时信息主体自身的能动性也需要进一步调动,针对不同分化类型信息主体信息能力改善对策应该是一个内外部结合的综合途径。

二 赋权途径的必要性

新生代农民工信息能力的改善过程也是促进信息包容的过程,信息包容的关键在于促进信息主体的自我赋权,而不是仅仅依靠外界的帮扶和救济,赋权理论对本书的对策研究具有指导意义。

Alsop 和 Heinsohn[①]将选择与赋权的定义结合起来:"增强个人或群体的能力来使得他们可以做出有效的选择,并且将这些选择转化为需要的行动和结果。"并提出了一个简单的框架用来描述赋权的中介作用,如图6.1所示。

信息能力是一个用来从整体性视角理解信息分化问题的概念,基于该理论视角的对策研究必然也带有整体性色彩,即需要综合考虑结构、能动性因素来开展对策研究。基于这种考虑,需要注意结构因素和能动性因素共同作用,同时还要考虑具体情境。整个社会的信息分化固然可

---

① Alsop R. and Heinsohn N., *Measuring Empowerment in Practice: Structuring Analysis and Framing Indicators*, Washington: World Bank, 2005, p. 5.

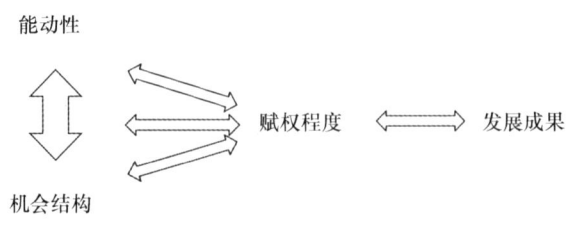

图6.1 赋权的框架

资料来源：Alsop R. and Heinsohn N., Measuring Empowerment in Practice: Structuring Analysis and Framing Indicators, Washington: World Bank, 2005, p. 5.

以在一定程度上归结于体制等大环境方面的原因，但政治经济地位相似甚至相同的群体内部的信息分化，在更大程度上是一件"怪不得别人的事"，从这个意义上讲，针对不同类型新生代农民工群体的赋权（Empowerment）是值得考虑的途径之一。

在信息分化的研究视域中，研究者也不能将信息弱势群体视为被动地等待救济的主体，他们需要的是信息获取和利用方面的赋权。结合图6.1给出的赋权框架，从对策的角度来看，新生代农民工信息能力改善过程可以看作一个赋权过程，需要将新生代农民工信息能力关联的结构因素和能动性因素综合考虑，通过赋权实现信息能力的改善和个人发展。从赋权的推动者来看，新生代农民工信息能力改善可以通过外力赋权和内力赋权两种途径来实现。

第二节 外力赋权对策

一 新生代农民工信息能力改善的外部主体

本书第五章对新生代农民工信息能力关联因素进行分析，提取了包括信息费用支出、法律法规、学历教育、自学情况、信息意识、信息技能、设备使用经历、信息活动投入时间、图书馆、网吧和职业领域在内的11个关键关联因素。除了新生代农民工之外，我们对这11个关键关联因素可能涉及的社会主体汇总见表6.2。

第六章 新生代农民工信息能力改善对策研究

表6.2 新生代农民工信息能力关键关联因素可能涉及的社会主体

序号	关键因素	可能涉及的社会主体
1	信息费用支出	网络服务提供商、内容服务提供商、监管部门
2	法律法规	立法机关、司法机关、政府部门、工会等组织
3	学历教育	学校、教育主管部门
4	自学情况	公共信息空间、网络服务提供商、内容服务提供商、用工单位
5	信息意识	学校、用工单位、所在社区、公益组织、相关政府部门
6	信息技能	学校、用工单位、所在社区、公益组织、相关政府部门
7	设备使用经历	设备供应商、公共信息空间、用工单位
8	信息活动投入时间	用工单位、公共信息空间
9	图书馆	公共信息空间、社区
10	网吧	公共信息空间、社区
11	职业领域	用工单位

由表6.2可以看出，新生代农民工信息能力关键关联因素可能涉及的社会主体按照类别合并，按照性质可以分为政府、市场和公益三方面的社会主体，形成新生代农民工信息能力改善的关键相关主体，如图6.2所示。针对新生代农民工信息能力改善的需求，特别是对信息分化中处于弱势地位的人群的帮扶问题，这些利益相关者有望成为共同参与的治理主体。

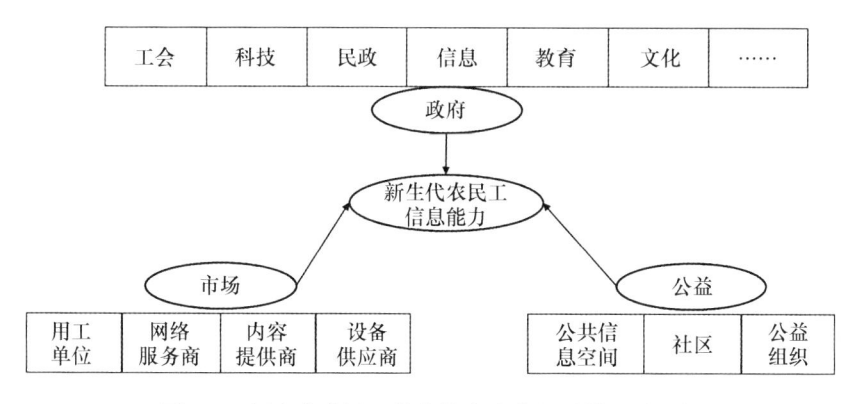

图6.2 新生代农民工信息能力改善的关键相关主体

二 宏观环境

宏观政策可以在一定程度上改变整个社会的信息环境，如良好经济运行环境、稳定的政治环境、信息基础设施的普及、针对全民的教育政策、良好文化环境的营造等，为个体提供了结构因素，保障个体的行为会被社会建构。这个建构过程会促使个体的社会状态发生分化。

制度建设是以政府为主体的多个社会主体共同参与的过程和结果，关于信息能力发展的制度建设目前已经取得一定进展，这些制度成果为新生代农民工信息能力的改善提供了制度层面的保障。不同的制度主体主要体现在政府、市场和社会三个方面，这三方主体的制度建设共同构成了新生代农民工信息能力发展的制度环境，这既是一个针对信息分化问题开展公共治理的环境，也是信息主体实现赋权的环境。

政府对全体社会成员的信息福利负有责任，对于信息分化中处于优势地位的群体，有义务为他们提供优质的信息资源和良好的信息空间，以期在更高层次上满足其信息能力改善的需求。对信息分化中处于弱势地位的群体，能够获得基本的公益信息服务无疑对其融入现代社会具有重要意义。在这种背景下，建设惠及全民的基本信息服务保障体系无疑是保障全民信息能力的必要条件。

在中央层面，我国在惠及全民的信息能力发展制度方面已经有所进展，相关制度体现既有面向全社会的普惠式制度，也有面向特定领域的指导文件，后者主要集中在工业和信息化、农业、科学技术、文化、教育、卫生与健康、民政、社会保障、工会等领域归口的相关政策，都在一定程度上为新生代农民工信息能力发展提供了制度层面的支持。部分代表性的政策文件见表6.3，从该表所体现的政策发文主体来看，基本与图6.2所涉及的关键主体一致。

第六章　新生代农民工信息能力改善对策研究

表6.3　　　　　　　　与信息能力改善相关的部分政策文件

序号	级别	政策文件
1	中央	中共中央、国务院《2006—2020年国家信息化发展战略》（2006）
2		国务院《国务院关于解决农民工问题的若干意见》（2006）
3		国务院《全民科学素质行动计划纲要（2006—2010—2020）》（2006）
4		中共中央、国务院《关于加大统筹城乡发展力度 进一步夯实农业农村发展基础的若干意见》（2010）
5	部委	农业部、劳动保障部、教育部、科技部、建设部、财政部《全国农民工培训规划》（2003）
6		文化部、人社部、全国总工会《关于进一步加强农民工文化工作的意见》（2011）
7		民政部《关于促进农民工融入城市社区的意见》（2012）
8		住建部、中央文明办、教育部、全国总工会、共青团中央《关于深入推进建筑工地农民工业余学校工作的指导意见》（2012）
9		工信部《信息化发展规划》（2013）
10		农业部《关于加快推进农业信息化的意见》（2013）
11		文化部《全国公共图书馆事业发展"十二五"规划》（2013）
12		人社部《农民工职业技能提升计划——"春潮行动"实施方案》（2014）
13	地方	北京市信息化工作领导小组办公室《北京市提高全民信息能力行动纲要》（2007）
14		宁夏回族自治区总工会《关于开展向农民工"送技能、送法律、送文化、送健康"活动方案（2011—2015）》（2011）

电信企业、互联网技术和内容服务商等市场主体在参与市场竞争和发展的过程中，由主管部门或者行业协会组织形成的关于"普遍服务"的制度为新生代农民工信息能力改善提供了机会。例如，2000年的《中华人民共和国电信条例》中就明确规定电信业务经营者"必须按照国家有关规定，履行相应的电信普遍服务义务"。为此，国家相关部门还发布了普遍服务的相关标准。

来自公共图书馆等领域的公共/公益信息组织对社会群体信息能力的发展也提供了相应的制度保障，这一点在图书馆学理论的相关表述中得到展现，如"促进人的全面发展是图书馆的最终与最高目标"[①]。正处在立法过程中的图书馆法及相关信息服务制度也将为新生代农民工信息能力发展提供相应的制度保障。此外，针对新生代农民工的社会培训和补偿式教育制度也是值得关注的领域。所谓补偿式教育，是指补偿新生代农民工未受到正规教育的知识空间，以非正规的教育方式，从经验出发，提供必需的知识和技能。

三 外力赋权对策

所谓外力赋权，即由新生代农民工群体以外的社会行动主体推动新生代农民工的赋权，即前面分析的包括政府机构、信息服务公益组织等在内的外部社会主体。根据前面章节关于新生代农民工信息能力的关联因素的分析和不同分化类型的新生代农民工信息能力改善的对策需求，有必要至少从以下三个机制加强外力赋权，如图6.3所示。

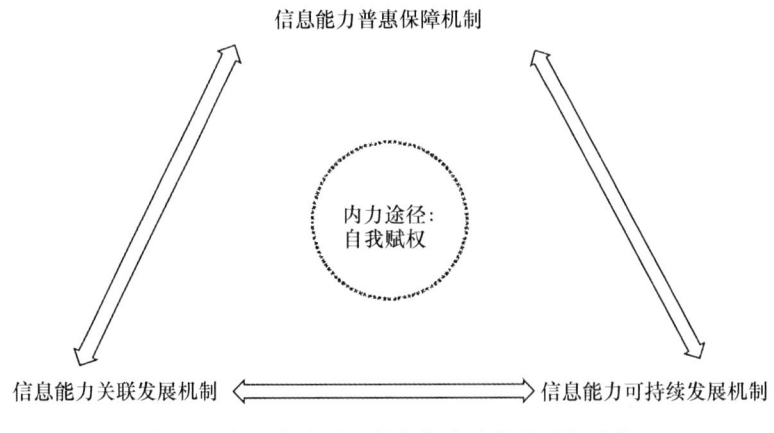

图6.3 新生代农民工信息能力改善的赋权对策

（1）信息能力普惠保障机制

该机制要求以政府为主导，其他相关主体有效参与配合。该机制面

---

① 徐引篪、霍国庆：《现代图书馆学理论》，北京图书馆出版社1999年版，第271页。

第六章 新生代农民工信息能力改善对策研究

向社会所有群体的信息能力建设,提供公共信息产品和服务,主要表现在影响信息能力改善的结构因素方面,比如,扩大公共信息空间的覆盖范围,提高信息源的可及性。信息源是否便于接近和利用是影响信息主体信息能力的重要因素。在信息行为研究领域,相关研究①②③也证实了信息主体所处的空间环境,特别是信息源在物理空间的分布对人们信息实践的影响。政府对信息基础设施及相关信息服务的投入,是信息普惠机制的基础。在中央政府和国务院的敦促下,2015年5月15日,移动、联通和电信三大运营商公布具体降费提速方案及目标,这是构筑信息社会普惠保障机制的具体行动。其他相关社会主体也需要进一步加强信息资源保障体系建设,构建内容丰富、形式灵活的信息服务体系。此外,诸如政府信息进一步公开、公共文化服务体系建设等相关制度的完善也是信息普惠保障机制的必要条件。

(2) 信息能力可持续发展机制

就目前条件而言,新生代农民工就业环境和条件仍然面临诸多变数,如流动性强和相关权益保障不到位等问题。作为信息社会中青年群体重要组成部分,新生代农民工无论是将来留在城市转化为城市产业职工,还是返回农村成为新型农民,信息能力对其而言都是至关重要的必备能力,如何保证该群体信息能力可持续发展就成为一个更加现实的问题,有必要将新生代农民工信息能力改善纳入城乡一体化发展和信息化发展的战略规划中。

政府等相关社会主体应当进一步明确和细化新生代农民工向产业工人身份地位转变过程中的政策导向,提供稳定而持续的公共信息服务,有计划地开展特定群体信息能力改善行动,在制度层面保障该群体信息

---

① Reneker M., Jacobson A. and Splink A., "Information Seeking Environment of a Military University", *The New Review of Information Bahaviour Research*, No. 2, 2001.

② Choo C. W., *Information Management for the Intelligent Organization: The Art of Scanning the Environment*, Medford, NJ: Information Today, 2002.

③ Savolainen R., "Spatial Factors as Contextual Qualifiers of Information Seeking", *Information Research*, Vol. 11, No. 4, 2006.

能力的可持续发展。

（3）信息能力关联发展机制

该机制强调从信息能力到其他能力的关联关系，注重对主体的实际效用的关注。新生代农民工信息能力的关联主体包括他们的用工单位、生活所在社区、相关社会组织等，加强新生代农民工获取和利用信息的培训，提高他们对信息作用和重要性的认识，促进新生代农民工充分利用信息解决工作、生活中的实际问题，信息能力应该置于具体职业发展或生活需要的语境中来完善。信息能力作为一项综合能力，对个体在工作、生活、学习等多方面都有影响。从这一点来说，传统公益信息机构（如图书馆）针对读者信息提供的信息检索、软件操作等培训，如果针对新生代农民工群体，有必要转变为求职应聘、日常生活、维权保障等方面信息的获取、利用培训，与服务对象的实际工作生活密切相关的能力培养显得更加实用，也更容易引起服务对象的共识。

忽略不同群体的具体信息需求和目的，单纯比较信息获取利用的差别，提出的对策建议也往往容易忽略信息服务的本质。部分信息主体缺乏清晰的信息需求，并不清楚自己需要找什么，仅仅是"跟着屏幕走"，这种表面的技能并未带来真正意义的效用。在特定群体，具有相同或相似工作生活需求的个体，关注他们的需求差异并提出有针对性的对策才有意义。

对于那些信息爆炸环境中苦于找不到"情报"的群体而言，解决手段恐怕就很难是操作层面的对策了，而是可能要通过技能培训、职业训练、经验总结甚至专业心理疏导等多种手段并用，也未必能缓解其信息不足状态。同时，信息弱势群体未必对自身在信息方面的弱势地位和由此带来的社会弱势地位持认同态度，案例表明某些虽然处于信息弱势地位却依然保持较高的信息体验认同。个人信息能力空间小，而信息需求也小，这种情况下单纯地从信息能力高低去考察信息分化就有失偏颇，信息能力只有与信息需求结合起来考察才是应有之意。信息行为不应该单独看待，应该与其他行为和终极目的结合起来才有意义。对特定需求而言，信息本身并不是目标，可能只具有工具层面的意义。

第三节 内力赋权对策

与外力赋权相对应，所谓内力赋权，指的是由新生代农民工自身来推动自己赋权，比较常见的是由新生代农民工中的精英分子、群体利益团体和个人来推动。新生代农民工群体在社会经济地位、年龄、利益诉求等方面具有较高的一致性，更加容易形成行动者共同体。所谓行动者共同体，强调信息行为主体不是被动接受信息的服务对象，而是主动寻求信息的行动者，在信息行为过程中具有相同或相似信息需求的新生代农民工有可能结成共同体采取集体行动，这样有助于突破单个行为主体的局限以便实现更好的效果。通过行动者共同体实现自我赋权。

一 自我赋权的情境

造成信息分化的个人责任不能忽略，不能以社会责任取代个人责任。从一定意义上说，信息主体应该为自己的信息处境负责，尽管可能存在造成这种处境的更广阔的社会原因，依靠外部救济终究不能摆脱信息贫困地位。特别是传统意义上处于弱势地位的特定群体中有部分个体已经明显摆脱弱势境地，灵活利用信息技术和信息资源用于改善自身的社会经济地位，我们身边不乏这样的例子，这些现象也证实了个人是有能动性的行动者，同时也反映了个人通过努力改变自身境遇是有可能的。

研究立场也是一个兼具理论和实践双重取向的问题，直接决定着研究结论和制度对策。信息分化和信息能力领域的研究者多站在政府或者公共信息服务机构角度，将研究对象视为帮扶的对象，进而要求政府、市场、公益组织采取措施，这种立场本身就带有割裂问题与答案主体关系的嫌疑。如果研究者将自身视为研究对象群体的一员，将"他们应该怎么做"变成"我们应该怎么做"，那么自我赋权（Self-empowerment）为主的内力赋权途径就很值得尝试。

新生代农民工群体缺乏足够的受教育资源（按照"个人信息世界"理论，时间、空间、智识方面的边界扩展都需要一定的条件），工作流动性较大使得该群体也缺乏稳定的社群环境，加之当前公益组织和公益信息制度尚未成熟，该群体的信息能力改善无法完全依赖政府、市场或公益组织等某一方面力量的推动，关键还需要靠信息主体的自我赋权。

"自我赋权"强调赋权对象积极利用自身的积极性、主体性和创造性最大限度地掌握自己的生活，而不是单纯地依靠其他力量使自身获得权力的过程。从这个意义上讲，新生代农民工信息能力改善过程就是为了更好地适应信息社会的过程，同时也是面对信息社会的需求而获得的信息能力改善的结果。

二 不同类型的新生代农民工自我赋权过程对策

依据自我赋权的层次，新生代农民工信息能力改善过程至少应该从以下几个层面开展实践活动。首先，作为信息能力培养的方法，不断挖掘自身的信息意识和培养信息技能，逐步提高自己对信息效用的感知能力，可称为能力培养层面；其次，尝试在信息实践中借助社会资本的支持，并且积极为其他成员提供信息内容帮助和技术支持，借此构建和巩固自己利用各种可能信息资源的能力，可称为信息互助层面；再次，从实际工作和生活层面来看，通过信息活动了解和认识现实，利用信息手段寻求解决渠道，有效利用各种政治、经济、社会、文化等多方面的活动，实现信息能力对生活世界的有效推动，可称为个人发展层面。此外，参照 Adams[①] 针对自我赋权提出的"规划—行动—反思"主要阶段，处于不同信息分化类型的新生代农民工群体在自我赋权的层次上应当结合自身情况选择不同的自我赋权起点。本书结合新生代农民工不同信息分化类型提出自我赋权的参考过程，如图 6.4 所示。

---

① ［英］罗伯特·亚当斯：《赋权、参与和社会工作》，汪冬冬译，华东理工大学出版社 2013 年版，第 102 页。

第六章 新生代农民工信息能力改善对策研究

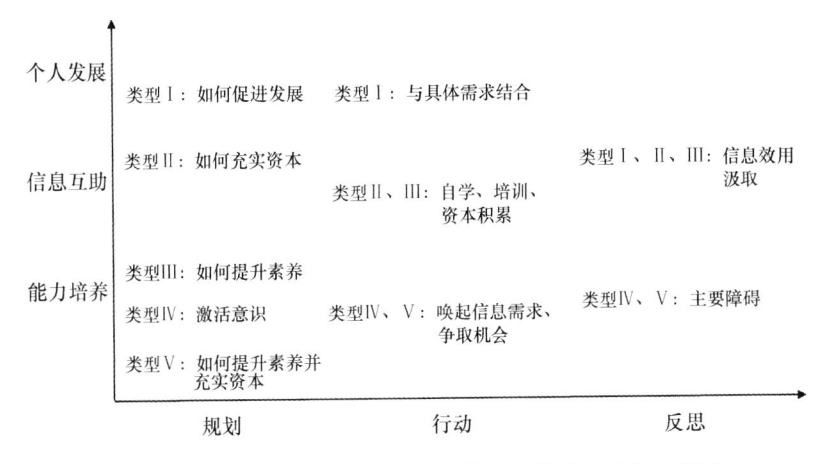

	规划	行动	反思
个人发展	类型Ⅰ：如何促进发展	类型Ⅰ：与具体需求结合	
信息互助	类型Ⅱ：如何充实资本	类型Ⅱ、Ⅲ：自学、培训、资本积累	类型Ⅰ、Ⅱ、Ⅲ：信息效用汲取
能力培养	类型Ⅲ：如何提升素养 类型Ⅳ：激活意识 类型Ⅴ：如何提升素养并充实资本	类型Ⅳ、Ⅴ：唤起信息需求、争取机会	类型Ⅳ、Ⅴ：主要障碍

图6.4 新生代农民工信息能力改善的自我赋权过程示意图

针对信息分化类型Ⅰ的自我赋权路径：如何保持信息获取和利用的优势地位并利用这种优势推动对工作、生活、学习等方面的发展是规划的起点，关键如何将信息需求与发展需求相结合，反思集中在信息效用汲取方面，应该更多关注对自身经济、社会、地位改善有利的方面；

针对信息分化类型Ⅱ的自我赋权路径：如何在设备拥有、网络接入、资源获取等方面充实自己的可用资本是规划起点，在力所能及的前提下购置相关设备、接入网络并通过信息互助积累社会资本，反思集中在如何在可用资本相对受限的情况下最大化满足自身的信息需求；

针对信息分化类型Ⅲ的自我赋权路径：提升信息素养是规划的起点，通过自学、培训和信息互助过程及他人的帮助可以有所改善，反思集中在如何利用现有信息素养最大化满足自身的信息需求；

针对信息分化类型Ⅳ的自我赋权路径：如何激活对信息价值的认可和对信息敏感的感知是规划起点，通过参与、观察、感知等途径激活信息需求，反思集中在自身信息能力提升的主要障碍方面；

针对信息分化类型Ⅴ的自我赋权路径：如何提升素养并充实可用资本是规划起点，通过对外部机会的争取来改变自身的不利地位，反思集中在自身信息能力提升的主要障碍方面。

需要说明的是，在调研过程中，笔者不止一次地遇到这样的情形，当访谈进行到某一话题或者结束时，受访者往往要追问或补充一些访谈提纲之外的内容，比如，如何利用网络手段维权、将来的研究成果能给他们带来什么样的具体效果等问题，上述情形至少折射出这样的现实，即新生代农民工群体中的很多人已经开始关注信息技术和信息给他们的现实生活（特别是在维护自身合法权益和改善自身不良处境方面）能带来的实际效果。个体一旦认识到了信息技术和信息对自身现实生活的影响，他们对信息技术和信息获取的能动性就能激活，他们会像努力改变自身经济贫困状态那样去努力改变自身的信息处境。信息分化这一社会问题也就会变得更加聚焦，对于学术研究、政策分析和实践领域而言，也都意味着更加清晰具体的合作框架，这样一来也就更有利于信息分化这一社会问题的解决。

在实际赋权过程中，有必要充分发挥外力和内力两种途径的协同作用。同时，作为研究者，针对新生代农民工信息能力改善问题，行动研究的取向需要进一步加强，研究者应当通过与面临现实需求的新生代农民工的合作来解决他们的实际问题。

第四节　本章小结

本章主要基于新生代农民工信息能力模型和信息分化类型，分析其信息能力改善的相关主体和现实条件，并结合不同的信息分化类型对信息能力改善的对策需求，提出内外部赋权途径相结合的综合对策。

信息行为应该指向对信息主体的效用，也就是通过信息行为可以为信息主体带来怎样的福利，关注信息分化最终指向的信息效用差异，关注社会弱势群体的信息权益，提倡信息获取和利用的平等。信息分化及相关问题不是单一的技术问题，而是社会、经济、技术、文化等多方面因素交织在一起的复杂问题。作为信息行为主体的个人，在对ICTs的接受过程和信息资源的获取利用及再生过程中也不是被动的接受者，外力与内力相结合的赋权是新生代农民工信息能力改善的重要途径。同时，现有的政策也为新生代农民工信息能力改善提供了制度环境条件。

结合新生代农民工信息能力模型和信息分化类型，应当充分调动不同利益相关者共同参与到新生代农民工的信息能力赋权过程中。信息能力普惠保障、可持续发展和关联发展机制在外力赋权途径中应该成为长效机制。此外，针对不同类型的信息分化，在外力赋权基础上，针对不同类型的信息分化状态采取有针对性的自我赋权对策是推动新生代农民工群体普遍享受信息福利的要求。

第七章 研究结论与展望

在ICTs快速发展并广泛渗透的技术背景下，不同社会群体之间和特定群体内部都表现出了显著的信息分化现象，新生代农民工信息能力的差异导致该群体内部也呈现出不同类型的信息分化。本书遵循背景分析、问题提出、理论研究、模型建构、假设检验、对策研究的研究思路完成相关研究任务。与"绪论"部分提出的研究内容相呼应，本书主要完成了如下研究内容：首先，完成信息分化和信息能力及其相关领域的文献综述，梳理了信息能力概念基本框架；其次，在信息能力概念基本框架的基础上结合相关理论基础和质性材料支持提出了信息能力一般模型；再次，据此模型对新生代农民工的信息能力现状开展描述性研究和解释性研究；而后，基于量化数据提取信息能力关键关联因素，对新生代农民工群体信息分化类型进行划分；最后，基于新生代农民工信息能力改善需求和信息分化类型，针对该群体开展信息能力改善的对策研究。

第一节 研究结论

本书完成了预设的研究任务，对"绪论"部分提出的研究问题作出了基本回答，相关研究结论总结如下：

（1）信息能力作为信息分化研究的逻辑出发点具备一定的可行性。

信息分化与信息能力在理论视角、表现维度和现实诉求等方面存在理论衔接，信息能力概念作为信息分化研究的逻辑出发点具有一定的可行性和成果基础。原有的信息能力概念框架和模型在整体性视角及对信息效用关注等方面存在局限，对信息分化的描述和解释力有限，不足以有效衔接二者的关联。从整体性视角来重构信息能力概念框架及模型，可以作为信息分化研究的逻辑出发点。

（2）信息能力是信息主体在信息行为过程中所拥有的实质性自由。

信息能力是一种可行能力，是信息主体在信息行为过程中所拥有的实质性自由，最终指向信息主体的信息效用和个人发展目标。信息能力可以从需求生成、信源选择、信息搜寻、信息甄别、意义汲取、信息发布、渠道选取、效用展示、行为控制等信息活动生命周期不同阶段得以体现，也可以通过信息行为的功能性活动清单来体现。信息主体的信息需求在满足后会产生更高层次的需求，与之相对应的信息能力也会有更高的要求，所以说信息能力是一个发展变化的动态概念。从这个意义上讲，信息分化可以视为不同信息主体信息能力差异的表现，信息贫困则可以视为信息能力缺失或被剥夺的状态。

（3）信息能力是结构因素、能动性因素和具体情境因素共同作用的结果。

信息能力关联因素包含结构、能动性和情境三方面的因素。其中，结构因素主要包括经济条件、社会规范、政策法规、基础设施、信息内容等内容，能动性因素主要包括个人意识、技能、知识状态、社会网络等内容，情境因素主要包括时间、空间和场景等内容。

（4）不同关联因素对新生代农民工信息能力的显著性存在差异。

新生代农民工信息能力关联因素中，信息活动费用支出、设备选择自由、网络接入自由、与他人的信息互动、信息内容（特别是娱乐信息）等结构因素的作用较为显著；个人知识状态、自学状态、信息活动经历、信息意识、信息技能、信息自我效能感知、使用习惯等能动性因素的作用比较显著；信息活动可投入时间、公共信息空间分布、非工作生活场景等情境因素作用比较显著；信息能力与个人经济社会发展状态存在较为显著的相关关系。其中，信息费用支出、法律法规、学历教育、自学情况、信息意识、信息技能、设备使用经历、信息活动投入时间、图书馆、网吧和职业领域 11 个因素为新生代农民工信息能力的关键关联因素。从信息素养、可用资本和信息效用这三个维度出发，结合具体数据可以将该群体信息分化划分为五种类型。

（5）外力赋权与内力赋权相结合的赋权对策是新生代农民工信息能力改善的途径。

新生代农民工群体不是被动的等待救济的信息主体，而是具有积极能动性的行动者，他们需要的是信息获取和利用方面的赋权。新生代农民工信息能力改善的需求分为外部需求和内部需求。普惠保障、关联发展和可持续发展是外力赋权的三种主要机制，针对不同信息分化类型的自我赋权是内力赋权的主要途径。

第二节　研究贡献与创新点

本书的研究贡献主要体现在如下方面：

（1）完成了对信息能力概念框架的梳理、总结与扩展，对信息能力的内涵和外延做了新的界定，从整体性、以人为核心和关注效益的视角出发，为信息分化研究提供了新的逻辑出发点；

（2）构建了信息能力模型，将结构因素、能动性因素和情境因素综合考虑，为描述和解释信息分化提供了切入点；

（3）对新生代农民工信息能力进行分析，抽取关键关联因素并据此划分信息分化类型，为针对性对策研究提供依据；

（4）提出了外力与内力相结合的赋权途径作为新生代农民工信息能力改善对策。

本书创新点总结如下：

（1）重构了信息能力模型，该模型从整体性视角出发，综合考虑结构因素和能动因素，强调信息能力是一种可行能力。信息能力作为信息分化研究的逻辑出发点，对描述和解释信息贫困、信息分化等问题研究具有一定的理论创新价值。

（2）针对新生代农民工群体，强调信息主体的"行动者"角色（对象不是被动的，不是等待救济的），提出外力与内力相结合的赋权途径作为信息能力改善对策，对该群体信息分化问题应对政策制度的完善具有可能的创新参考价值。

第三节 研究局限和未来研究方向

一 研究局限

首先，实证研究的样本数量存在局限。人力资源和社会保障部发布数据显示，新生代农民工已占农民工总数70%以上，人数已达约1亿。面对如此庞大的总体，本书受到调研经费限制，所获取的389份样本量在代表性方面不可避免地存在局限性。同时，样本采集地点主要集中在北京、上海、广东、河南等地，面对新生代农民工在全国各地大面积分散的现状，上述样本的覆盖度显得不足。尽管本书还采用了访谈分析等手段对其进行补充，但仍然无法完全消除样本量偏少的缺憾。这也促使本书在未来条件许可的情况下进一步扩充样本量，以期获得更有代表性的结论和更有针对性的对策。

其次，信息能力指标及其体系的扩展利用方面存在一定局限。本书提出的信息能力模型重点在关键关联因素方面，在对信息能力的综合评价方面有待进一步加强。此外，所使用的量化数据来源于针对新生代农民工的调查问卷，其中涉及信息能力的各项指标均来自受访者自身的主观判断，这样处理的优点在于可以较为真实地从研究对象的真实情境出发来认识问题，但在一定程度上，这样的量化数据客观性略显不足，也就缺乏与其他社会群体信息能力数据进一步比较的基础。

再者，本书所提的信息能力模型作为解释信息分化问题的尝试性研究成果，与现有的可行能力、信息素养、信息世界、信息行为等理论实现了一定的衔接，但如何进一步整合上述相关理论，实现更强的解释力仍然需要进一步扩充和提升。

二 进一步研究问题

鉴于前面所述的研究局限，本书需要进一步研究的问题至少包括以下几个方面：

（1）选取其他有代表性的社会群体（特别是与新生代农民工群体年龄相仿的其他社会群体，如大学生、青年白领等人群）作为研究对象群体，实证检验信息能力关联因素及信息效用，描述群体内信息分化现状，尝试解释出现差异的原因，探索具有普适性的对策建议。

（2）基于更加丰富的质性材料和更大样本量的量化数据，将更多利益相关者和专家的评判作为现有数据的补充，尝试描述基本信息能力集合，为描述和评价信息分化现状提供可测度的综合评价指标参考。

（3）通过对信息能力概念及其模型的进一步修正和完善，尝试与信息分化领域现有其他逻辑起点（如"个人信息世界"概念）实现更加有效的衔接和融合，拓展信息能力在图书馆学情报学乃至更宽广的其他学科领域的解释力。

参考文献

中文文献

《中国情报学百科全书》编委会：《中国情报学百科全书》，中国大百科全书出版社2010年版。

曹晋：《传播技术与社会性别：以流移上海的家政钟点女工的手机使用分析为例》，《新闻与传播研究》2009年第1期。

曹凌：《大数据创新：欧盟开放数据战略研究》，《情报理论与实践》2013年第4期。

曹荣湘：《解读数字鸿沟：技术殖民与社会分化》，上海三联书店2003年版。

曹荣湘：《数字鸿沟引论：信息不平等与数字机遇》，《马克思主义与现实》2001年第6期。

查春燕：《农民工求职的信息障碍研究：基于工作搜寻理论的视角》，硕士学位论文，东北财经大学，2007年。

陈建龙：《大学生信息意识的群体差异定量研究》，《大学图书馆学报》1993年第6期。

陈建龙：《情报意识测量方法论》，《情报学刊》1991年第6期。

陈建龙：《情报意识的理论研究》，《情报学刊》1990年第3期。

陈军：《农民工求职的信息短缺问题研究》，硕士学位论文，湖南师范大学，2005年。

陈兰：《新生代农民工的发展和归宿》，法律出版社2013年版。

陈树强：《增权：社会工作理论与实践的新视角》，《社会学研究》2003年第5期。

陈喜红：《社区图书馆为农民工服务的探讨》，《图书馆论坛》2010年第4期。

陈向明：《在行动中学作质的研究》，教育科学出版社2003年版。

陈艳红：《我国数字鸿沟问题的理论分析与应对策略》，《档案学通讯》2005年第6期。

成华威、刘金星：《新生代农民工信息素养现状及培养路径探析》，《情报科学》2015第2期。

成列秀、尚克聪：《加强大学生情报能力的培养》，《晋图学刊》1999年第1期。

丁未、宋晨：《在路上：手机与农民工自主性的获得——以西部双峰村农民工求职经历为个案》，《现代传播》2010年第9期。

杜元清：《信息环境与信息传递样式》，《情报理论与实践》2009年第8期。

杜忠锋、史晓宇：《对农民工媒介素养现状的调查研究：以昆明大学城建筑工地为个案》，《东南传播》2011年第3期。

樊佩佩：《从传播技术到生产工具的演变：一项有关中低收入群体手机使用的社会学研究》，《新闻与传播研究》2010年第1期。

樊振佳：《近十年国内信息能力研究综述》，《情报科学》2006年第7期。

樊振佳：《可行能力视角下的信息不平等》，《图书馆建设》2014年第9期。

冯玲、周文杰、黄文镝：《社会性公共文化联动对于信息贫富分化的干预效果研究——来自东莞社会阅读调查的证据》，《图书馆》2015年第1期。

高静、贺昌政：《信息能力影响农户创业机会识别：基于456份调研问卷的分析》，《软科学》2015年第3期。

顾江霞：《自我赋权视角下的农民工社区教育》，《山西师大学报》（社会科学版）2010年第3期。

国务院：《关于促进信息消费扩大内需的若干意见》（http：//politics.people.com.cn/n/2013/0814/c1001-22563427.html）。

何兰萍：《公共空间与文化生活：冀中平原N村调查》，中国社会科学出版社2012年版。

何启琼、俞传正：《高职院校图书馆影响高职学生个人信息世界构建的路径研究》，《内蒙古科技与经济》2013年第24期。

胡鞍钢、周绍杰：《新的全球贫富差距：日益扩大的"数字鸿沟"》，《中国社会科学》2002年第3期。

胡春娟：《公共图书馆：助力农民工市民化》，《图书馆论坛》2014年第8期。

胡延平：《跨越数字鸿沟：面对第二次现代化的危机和挑战》，社会科学文献出版社2002年版。

黄寅寅：《"80后"农民工对图书馆信息服务需求的分析：基于浙江长兴县的调查》，《图书馆论坛》2011年第3期。

纪琴：《新生代农民工就业信息渠道研究》，硕士学位论文，长安大学，2014年。

焦雪、黄丽霞：《Big 6视角下农民工信息素养教育研究》，《图书馆学研究》2013年第9期。

焦玉英、余彩霞：《企业信息能力及其评价方法研究》，《现代图书情报技术》2005年第3期。

解敏、赵永华、姜懿庭：《信息意识研究：人格差异的视角》，科学出版社2013年版。

靖继鹏、马费成、张向先：《情报科学理论》，科学出版社2009年版。

赖茂生：《基于理解真实世界的标准来选择理论：〈情报理论与实践〉创刊50年有感》，《情报理论与实践》2014年第12期。

赖茂生：《信息化与数字鸿沟》，《现代信息技术》2000年第12期。

雷兰芳：《关爱农民工：公共图书馆在行动：福建省公共图书馆农民工信息服务调查与思考》，《福建图书馆理论与实践》2014年第3期。

雷蔚真：《信息传播技术采纳在北京外来农民工城市融合过程中的作用探析》，《新闻与传播研究》2010年第2期。

李道荣、彭麟竣：《中国农民工媒介素养问题研究》，《北京社会科学》2013年第5期。

李国秋：《基于ICTs核心能力的信息化测度研究》，华东师范大学出版社2011年版。

李红艳、安文军、旷宋仁：《农民工和市民作为受传者的信息传播内容之分析：北京市民与农民工之间信息传播内容的实证研究》，《图书与情报》2009年第5期。

李洁玉：《农民工网络媒介素养现状及提升对策研究：以广州市为例》，硕士学位论文，暨南大学，2012年。

李全喜：《新生代农民工城市融入中的信息短缺问题研究》，《图书馆工作与研究》2014年第2期。

李晓玲：《论信息生态环境的影响因素和建设管理》，《情报杂志》2003年第7期。

李新松、张焕：《新媒体环境下大学生信息能力的现状分析》，《现代情报》2013年第3期。

厉宁、邹志仁：《现代企业家的信息素质》（http：www.dfqyj.com/html/ehuangye/2000-04.htm）。

刘德寰、郑雪：《手机互联网的数字鸿沟》，《现代传播（中国传媒大学学报）》2011年第1期。

刘和发：《我国农民信息分化影响因素研究》，硕士学位论文，南开大学，2014年。

刘济群、闫慧：《农村女性居民信息搜寻行为研究：甘皖津三地的田野发现》，《图书情报知识》2015年第1期。

刘济群、闫慧、王又然：《新生代农民工就业信息获取行为中的内部社会资本现象：安徽省动至县的田野研究》，《图书情报知识》2013年第6期。

刘建国、高禅：《天津地区高校图书馆信息能力实证研究》，《图书馆工作与研究》2013年第7期。

刘瑞华、魏毅、郑瑜：《图书馆信息能力研究引论》，《图书情报工作》2010年第5期。

刘晓苏：《数字鸿沟的政治学思考：以发展中国家为例》，《理论与改革》2002年第1期。

刘亚：《教育对青少年信息贫困的影响研究》，博士学位论文，南开大学，2012年。

刘瑶、张新岭、林竹：《新生代农民工知识能力与公共图书馆知识服务研究》，《国家图书馆学刊》2012年第2期。

刘勇、王学勤：《新生代农民工信息素养现状及提升策略研究：以浙江省为例》，《图书馆工作与研究》2014年第7期。

卢喜梅：《我国农民工信息需求与信息行为的现状调查及特点分析》，硕士学位论文，华中师范大学，2014年。

罗德隆：《跨越数字鸿沟》，《情报学报》2005年第5期。

马意翀、许学峰：《农民工媒介素养教育初探》，《东南传播》2009年第7期。

苗婷秀：《新生代农民工择业过程中信息行为相关问题研究：基于昆明市南坝人力资源中心的实证调查》，硕士学位论文，云南大学，2012年。

莫力科：《大学生信息能力建设模式与实证研究》，博士学位论文，浙江大学，2005年。

莫力科、王沛民：《公共信息转变为国家战略资产的途径》，《科学学研究》2004年第3期。

皮介郑：《信息素质理论与教育研究》，博士学位论文，中国科学院研究生院（文献情报中心），2003年。

齐港：《社会科学理论模型图典》，经济管理出版社2011年版。

丘东江：《新编图书馆学情报学辞典》，科学技术文献出版社2006年版。

邱均平、粟大为、余以胜：《企业信息能力综合评价研究》，《情报科学》2006年第10期。

邱林川：《信息"社会"：理论、现实、模式、反思》，《北京论坛（2007）文明的和谐与共同繁荣——人类文明的多元发展模式："多元文化、和谐社会与可选择的现代性：新媒体与社会发展"新闻传播分论坛论文或摘要集》2007年。

权丽桃：《新媒体在农民工信息行为中的价值研究》，《图书馆论坛》2014年第9期。

人社部：《新生代农民工已占农民工总数70%以上》（http：//edu.people.com.cn/n/2014/0220/c1053-24416559.html）。

任贵生、李一军：《"社会均衡器"：公益类基础设施的存在与价值：公共图书馆在美国缩小数字鸿沟中作用的考察》，《中国软科学》2006年第2期。

孙贵珍、王栓军：《基于农村信息贫困的河北农民信息素质调查分析》，《中国农学通报》2009年第24期。

孙贵珍、王栓军、李亚青：《基于农村信息贫困的农民信息购买力研究》，《中国农学通报》2010年第6期。

孙建军、郑建明、成颖：《信息素质评价标准研究》，《图书情报知识》2001年第2期。

孙君恒：《贫困问题与分配正义：阿马蒂亚·森的经济伦理思想研究》，当代中国出版社2004年版。

陶建杰：《新生代农民工的信息满意度及影响因素研究：兼与老一代农民工的比较》，《中国青年研究》2013年第8期。

童敏：《流动儿童应对学习逆境的过程研究：一项抗逆力视角下的扎根理论分析》，中国社会科学出版社2011年版。

汪明峰：《互联网使用与中国城市化："数字鸿沟"的空间层面》，《社会学研究》2005 年第 6 期。

王春光：《新生代农村流动人口的社会认同与城乡融合的关系》，《社会学研究》2001 年第 3 期。

王芳、陈永波：《我国农民工利用电子政务服务调查》，《中国信息界》2010 年第 10 期。

王锦贵：《论信息素质》，《大学图书馆学报》2006 年第 1 期。

王绍平等：《图书情报词典》，汉语大词典出版社 1990 年版。

王士军、彭忠良：《论移动新媒体破解新生代农民工信息饥渴的机遇与挑战》，《河北北方学院学报》（社会科学版）2013 年第 3 期。

王栓军、孙贵珍：《基于农民视角的河北省农村信息供给调查分析》，《中国农学通报》2010 年第 22 期。

王知津、樊振佳：《信息［火用］探讨：情报概念的一个新的认识视角》，《情报理论与实践》2007 年第 4 期。

王子舟：《图书馆如何向农民工提供知识援助》，《山东图书馆学刊》2009 年第 1 期。

韦路、张明新：《第三道数字鸿沟：互联网上的知识沟》，《新闻与传播研究》2006 年第 4 期。

韦路、张明新：《网络知识对网络使用意向的影响：以大学生为例》，《新闻与传播研究》2008 年第 1 期。

文军、蒋逸民：《质性研究方法概论》，北京大学出版社 2010 年版。

吴建中、金晓明、徐强：《消除数字鸿沟提高信息素养：以上海社区图书馆为》，《图书馆杂志》2002 年第 11 期。

吴诗贤、张必兰：《农转城新市民信息素养与城市社会融合度的神经网络映射模型》，《图书情报工作》2013 年第 23 期。

夏文斌：《公平、效率与当代社会发展》，北京大学出版社 2006 年版。

肖永英、张淼：《新生代农民工图书馆服务调查研究——以广州市海珠区图书馆为例》，《图书馆论坛》2015 年第 2 期。

谢俊贵：《信息的富有与贫乏：当代中国信息分化问题研究》，博士学位论文，南京大学，2003年。

谢俊贵：《信息的富有与贫乏：当代中国信息分化问题研究》，上海三联书店2004年版。

谢俊贵：《信息环境共享的信息社会学论析》，《中国图书馆学报》2004年第3期。

谢阳群、汪传雷：《数字鸿沟与信息扶贫》，《情报理论与实践》2001年第6期。

新生代农民工基本情况研究课题组：《新生代农民工的数量、结构和特点》（http：//data. bjstats. gov. cn/2011/xstd/201104/t20110411_ 199552. htm）。

徐仕敏：《论社会信息能力的演化》，《图书情报工作》2003年第7期。

徐仕敏：《社会信息能力的作用机制研究》，《中国图书馆学报》2003年第2期。

徐艳霞：《新生代农民工的信息需求及其实现途径》，《理论探索》2010年第2期。

徐引篪、霍国庆：《现代图书馆学理论》，北京图书馆出版社1999年版。

闫慧：《数字鸿沟研究的未来：境外数字不平等研究进展》，《中国图书馆学报》2011年第4期。

闫慧：《中国数字化社会阶层研究》，国家图书馆出版社2013年版。

严翅君、韩丹、刘钊：《后现代理论家关键词》，江苏人民出版社2011年版。

严怡民：《现代情报学理论》，武汉大学出版社1996年版。

杨海亚：《嵌入"个人信息世界"：公共图书馆消除信息不平等的一个分析框架》，《图书馆建设》2013年第7期。

杨可、罗佩霖：《手机与互联网：数字时代农民工的消费》，《中国社会科学报》2009年8月6日第7版。

杨嫚：《消费与身份构建：一项关于武汉新生代农民工手机使用的研究》，《新闻与传播研究》2011年第6期。

杨玫：《农民工市民化信息保障中的政府机制研究》，《图书馆》2014年第 1 期。

杨玫：《市民化进程中的农民工信息保障体系研究》，《情报资料工作》2013 年第 1 期。

杨玫：《外来工融入城市过程中公共图书馆的作用与对策研究》，《山东图书馆学刊》2013 年第 4 期。

杨敏文：《培育农民工信息素养的服务策略探讨》，《农业图书情报学刊》2012 年第 8 期。

杨善华、朱伟志：《手机：全球背景下的"主动"选择：珠三角地区农民工手机消费的文化和心态解读》，《广东社会科学》2006 年第 2 期。

杨英新：《城市融入之推手：新生代农民工的网络媒介素养》，《中国劳动关系学院学报》2012 年第 2 期。

杨哲、王茂福：《新生代农民工信息能力与城市融入研究》，《中国名城》2014 年第 8 期。

姚缘、张广胜：《信息获取与新生代农民工职业流动：基于对大中小城市新生代农民工的调研》，《农业技术经济》2013 年第 9 期。

于丽敏：《农民工消费行为影响因素研究：以东莞为例》，经济管理出版社 2013 年版。

于良芝：《"个人信息世界"：一个信息不平等概念的发现及阐释》，《中国图书馆学报》2013 年第 1 期。

于良芝：《图书馆学导论》，科学出版社 2003 年版。

于良芝、李晓新、王德恒：《拓展社会的公共信息空间：21 世纪中国公共图书馆可持续发展模式》，科学出版社 2004 年版。

于良芝、刘亚：《结构与主体能动性：信息不平等研究的理论分野及整体性研究的必要》，《中国图书馆学报》2010 年第 5 期。

于良芝、谢海先：《当代中国农民的信息获取机会：结构分析及其局限》，《中国图书馆学报》2013 年第 6 期。

于良芝、俞传正、樊振佳、张瑶：《农村信息服务效果及其制约因素研究：农民视角》，《图书馆杂志》2007 年第 9 期。

余光岚：《公共图书馆为农民工提供信息服务的理论与实践初探》，硕士学位论文，云南大学，2010年。

俞可平：《治理与善治》，社会科学文献出版社2000年版。

俞立平：《地区信息资源差距与经济增长关系研究》，博士学位论文，南京农业大学，2007年。

岳奎、赵小丽：《强与弱：代际农民的信息能力差异及信息化策略》，《河南师范大学学报》（哲学社会科学版）2015年第1期。

岳一凡：《公共图书馆为农民工提供知识援助的方法研究》，硕士学位论文，西北大学，2011年。

曾凡斌：《大学生第二道数字鸿沟的测量及影响因素研究》，《现代传播（中国传媒大学学报）》2011年第2期。

张厚生、袁曦临：《信息素养》，东南大学出版社2007年版。

张涛甫：《警惕"新数字鸿沟"加剧信息不平等》（http：//roll.sohu.com/20120921/n353669702.shtml）。

赵静、王玉平：《群体信息能力测试分析模型》，《图书情报工作》2008年第6期。

赵静、王玉平：《群体信息能力评测指标体系》，《情报理论与实践》2008年第6期。

赵静、王玉平：《西部农村群体信息能力培育及区域信息共享机制研究》，科学出版社2010年版。

赵巳雨：《公共图书馆为外来劳务工提供社区信息服务的必要性分析》，《内蒙古科技与经济》2015年第1期。

赵媛、淳姣、王远均：《我国农民/农民工信息意识现状及提升对策》，《四川大学学报》（哲学社会科学版）2014年第6期。

郑松泰：《"信息主导"背景下农民工的生存状态和身份认同》，《社会学研究》2010年第2期。

中共中央办公厅、国务院办公厅：《2006—2020年国家信息化发展战略》（http：//politics.people.com.cn/GB/1026/4353762.html）。

中国互联网络信息中心：《CNNIC 发布第 35 次〈中国互联网络发展状况统计报告〉》（http：//www.cnii.com.cn/internetnews/2015-02/04/content_1528557.htm）。

中华全国总工会：《新生代农民工调查报告出炉》（http：//hzdaily.hangzhou.com.cn/dskb/html/2011-02/21/content_1020232.htm）。

钟柏昌：《信息素养高级教程》，科学出版社 2013 年版。

周建芳、刘桂芳：《和谐社会构建与全面信息素养的提升》，《人民论坛》2012 年第 23 期。

周金元：《研究生信息素质高级教程》，江苏大学出版社 2009 年版。

周文杰：《基于个人信息世界的信息分化研究》，博士学位论文，南开大学，2013 年。

周文杰、闫慧、韩圣龙：《基于信息源视野理论的信息贫富分化研究》，《中国图书馆学报》2015 年第 1 期。

周文骏：《图书馆学情报学词典》，书目文献出版社 1991 年版。

周晓虹、成伯清：《社会理论论丛》（第四辑），北京大学出版社 2009 年版。

周毅：《论政府信息能力及其提升》，《情报理论与实践》2014 年第 10 期。

朱莉、朱庆华：《从我国互联网络宏观状况看数字鸿沟问题：对 CNNIC 最近 6 次互网信息资源调查报告的分析》，《中国图书馆学报》2003 年第 5 期。

朱强、俞立平：《知识能力与信息能力模型的构建及其关系研究》，《情报理论与实践》2009 年第 10 期。

［法］布迪厄：《实践感》，蒋梓桦译，译林出版社 2003 年版。

［法］布迪厄：《实践与反思》，李猛、李康译，中央编译出版社 2004 年版。

［美］巴克兰德·迈克尔：《图书馆信息科学的理论与实践》，严吉森译，复旦大学出版社 1994 年版。

〔美〕丹·席勒：《信息拜物教：批判与解构》，邢立军译，社会科学文献出版社 2008 年版。

〔美〕何马克：《比特素养：信息过载时代的生产力》，郑奕玲译，电子工业出版社 2013 年版。

〔美〕凯西·麦卡兹：《建构扎根理论：质性研究实践指南》，边国英译，重庆大学出版社 2009 年版。

〔美〕科瑞恩·格莱斯：《质性研究方法导论》，王中会、李芳英译，中国人民大学出版社 2013 年版。

〔美〕尼古拉斯·尼葛洛庞帝：《数字化生存》，范海燕译，海南出版社 1997 年版。

〔美〕尼霍尔·本诺克拉蒂斯：《像社会学家一样思考》，黄剑波、张媛、谭红亮译，机械工业出版社 2011 年版。

〔美〕谢拉：《图书馆学引论》，张沙丽译，兰州大学出版社 1986 年版。

〔印〕阿马蒂亚·森：《以自由看待发展》，任颐、于真译，中国人民大学出版社 2012 年版。

〔印〕阮冈纳赞：《图书馆学五定律》，夏云等译，书目文献出版社 1988 年版．

〔英〕弗兰克·韦伯斯特：《信息社会理论》（第三版），曹晋等译，北京大学出版社 2011 年版。

〔英〕罗伯特·亚当斯：《赋权、参与和社会工作》，汪冬冬译，华东理工大学出版社 2013 年版。

〔英〕约翰·穆勒：《功利主义》，徐大建译，上海人民出版社 2007 年版。

《工业和信息化部尚冰副部长在 2012 中国互联网大会上做主旨报告》（http：//www.isc.org.cn/zxzx/xhdt/listinfo-22448.html）。

英文文献

ALA and AECT, *The Information Literacy Standards for Student Learning* (http：//www.nlc.state.ne.us/libdev/informationliteracystandards.html).

参考文献

Alkire S. , *Valuing Freedom: Sen's Capability Approach and Poverty Reduction*, Oxford: Oxford University Press, 2002.

Alsop R. and Heinsohn N. , *Measuring Empowerment in Practice: Structuring Analysis and Framing Indicators*, Washington: World Bank, 2005.

American Library Association, *American Library Association Presidential Committee on Information Literacy-final Report*, Chicago: ERIC Clearinghouse, 1989.

Attewell P. , "The First and Second Digital Divides", *Sociology of Education*, Vol. 74, No. 2, 2001.

Avgergou C. and Madon S. , "Information Society and the Digital Divide Problem in Developing Countries", in: Berleur J. and Avgerou C. , *Perspective and Policies on ICT in Society: An IFIP TC9 Handbook*, New York: Springer, 2005.

Azari R. and Pick J. B. , "Understanding Global Digital Inequality: The Impact of Government, Investment in Business and Technology, and Socioeconomic Factors on Technology Utilization", *Proceeings of the 42nd Annual Hawaii International Conference on System Sciences*, Hawaii: IEEE Computer Society, 2009.

Baker J. , Lynch K. , Cantillon S. , et al. , *Equality: From Theory to Action*, New York: Palgrave Macmillan, 2009.

Behrens S. J. , "A Conceptual Analysis and Historical Overview of Information Literacy", *College and Research Libraries*, Vol. 55, No. 4, 1994.

Boekhorst A. K. , "Becoming information literate in the Netherlands", *Library Review*, Vol. 52, No. 7, 2003.

Bourdieu P. , "The Forms of Capital", in: Richardson G. , *Handbook of Theory and Research for the Sociology of Education*, New York: Greenwood Press, 1986.

Bourdieu P. , *The Field of Cultural Production: Essays on Art Literature*, Cambridge: Polity press, 1993.

Britz J., "To Know or Not to Know: A Moral Reflection on Information Poverty", *Journal of Information Science*, Vol. 30, No. 3, 2004.

Brooks B. C., "Foundations of Information Science. Part III. Quantitative Aspects: Objective Maps and Subjective Landscape", *Journal of Information Science*, No. 2, 1980a.

Brooks B. C., "Measurement in Information Space", *Journal of American Society for Information Science*, No. 4, 1980b.

Bruce C. S., "The Relational Approach: A New Model for Information Literacy", *The New Review of Information and Library Research*, No. 3, 1997b.

Bruce C. S., *Seven Faces of Information Literacy in Higher Education* (http://sky.fit.qut.edu.au/—bruce/inflit/faces/faces 1.php).

Bruce C. S., *Seven Faces of Information Literacy*, Adelaide: AULSIB Press, 1997a.

Bure C., "Digital Inclusion Without Social Inclusion: The Consumption of ICTs within Homeless Subculture in Scotland", *The Journal of Community Informatics*, No. 2, 2006.

Caidi N. and Allard D., "Social Inclusion of New Comers to Canada: An Information Problem", *Library & Information Science Research*, Vol. 27, No. 3, 2005.

Cartier C., Castells M. and Qiu J. L., "The Information Have-less: Inequality, Mobility, and Translocal Networks in Chinese Cities", *Studies in Comparative International Development (SCID)*, Vol. 40, No. 2, 2005.

Castells M., Fernandez-Ardez-Ardevol M., Qiu J. L., et al., *Mobile Communication and Society: A Global Perspective*, Cambridge: MIT Press, 2007.

Castells M., *The Networked Society: A Cross-cultural Perspective*, London: Edward Elgar, 2004.

Castells M., *The Rise of the Neworked Society*, Oxford: Blackwell, 2000.

Charmaz K. , *Constructing Grounded Theory*: *A Practical Guide through Qualitative Analysis*, California: Forge Press, 2006.

Chatman E. A. , "A Theory of Life in the Round", *Journal of the American Society for Information Science*, Vol. 50, No. 3, 1999.

Chatman E A. , "The Impoverished Life-world of Outsiders", *Journal of the American Society for Information Science*, Vol. 47, No. 3, 1996.

Chatman E. A. and Pendleton V. E. M. , "Knowledge Gaps, Information-seeking and the Poor", Reference Librarian, No. 49/50, 1995.

Chatman E. A. , "Framing Social Life in Theory and Research", *New Review of Information Behaviour Research*, No. 1, 2000.

Chatman E. A. , "Information, Mass, Media Use and the Working Poor", *Library & Information Science Research*, No. 7, 1985.

Chatman E. A. , "The Information World of Low-skilled Workers", *Library & Information Science Research*, No. 9, 1987.

Chatman E. A. , *The Information World of Retired Women*, Westport, CT: Greenwood Press, 1992.

Choo C. W. , *Information Management for the Intelligent Organization*: *The Art of Scanning the Environment*, Medford, NJ: Information Today, 2002.

Colby D. , *What is the Digital Divide?*, Boulder: University of Colorado, 2004.

Cooper J. and Weaver K. D. , *Gender and Computers*: *Understanding the Digital Divide*, Mahwah: Lawrence Erlbaum Associates, Inc, 2003.

Crump B. and McIlroy A. , "The Digital Divide: Why the 'Don't-want-tos' Won't Compute: Lessons from a New Zealand ICTS Project", *First Monday*, Vol. 8, No. 12, 2003 (http://pear.accc.uic.edu/ojs/index.php/fm/article/view/1106/1026).

Cullen R. , "Addressing the Digital Divide", *Online Information Review*, Vol. 25, No. 5, 2001.

Derr R. L. , "A Concept Analysis of Information Need", *Information Processing and Management*, Vol. 19, No. 5, 1983.

Dervin B. , "Communication Gaps and Inequities: Moving toward a Reconceptualization", in: B. Dervin and M. Voigt, *Progress in Communication Sciences*. Norwood, NJ: Ablex, 1980.

Dervin B. , "An Overview of Sense-making Research: Concepts, Methods and Results to Data", *International Communications Association Annual Meeting*, Ddlas Texas, 1983.

DiMaggio P. , Hargittai E. , Neuman W. R. and Robinson J. P. , "Social Implications of the Internet", *Annual Review of Sociology*, No. 27, 2001.

Doyle C. S. , "Outcome Measures for Information Literacy within the National Education Goals of 1990", *Final report to the National Forum on Information Literacy* (http://www.education.tas.gov.au/0278/issue/026/christina.htm).

Eisenberg M. and Berkowitz B. , *Big 6: An Information Problem-solving Process* (http://www.big6.com).

Eubanks V. , *Digital Dead End: Fighting for Social Justice in the Information Age*, Cambridge and London: MIT Press, 2011.

Ganley D. , *The Digital Divide: A Multi-generational Country-level Analysis*, Irvine: University of California, 2005.

Gilster P. , *Digital Literacy*, New York: John Wiley & Sons, 1997.

Glaser B. G. and Strauss A. L. , *The Discovery of Grounded Theory: Strategies for Qualitative Research*, Chicago: Aldine, 1967.

Goldfarb A. and J. Prince. , "Internet Adoption and Usage Patterns are Different: Implications for the Digital Divide", *Information Economics and Policy*, Vol. 20, No. 1, 2008.

Goulding A. , Anne, "Information poverty or overload?", *Journal of Librarianship and Information Science*, Vol. 3, No. 3, 2001.

Hanson E. C. , "Globalization, Inequality and the Internet in India", in: Abbott J. P. , *The Political Economy of the Internet in Asia and the Pacific: Digital Divides, Economic Competitiveness, and Security Challenges*, Westport: Praeger Publishers, 2004.

Hargittai E. and Hinnant A. , "Digital Inequality: Difference in Young Adults' Use of the Internet", *Communication Research*, Vol. 35, No. 5, 2008.

Heeks R. , "ICT4D 2.0: The Next Phase of Applying ICTs for International Development", *IEEE Computer*, Vol. 41, No. 6, 2008.

Hilbert M. R. , *Latin America on Its Path Into the Digital Age: Where Are We?*, United Nations Publications, 2001.

Hsieh P. A. , Rai A. , et al. , "Understanding Digital Inequality: Comparing Continued Use Behavioral Models of the Socio-economically Advantaged and Disadvantaged", *MIS Quarterly*, Vol. 32, No. 1, 2008.

IFLA, *IFLA Trend Repor* (http://trends.ifla.org) .

Jaeger P. T. and Burnett G. , *Information Worlds: Social Context, Technology, and Information Behavior in the Age of the Internet*, New York: Routledge, 2010.

Jarboe K. P. , *Inclusion in the Information Age: Reframing the Debate* (http://www.athenaalliance.org/inclusion.htm) .

Kleine D. , *Technologies of Choice? ICTs, Development, and the Capabilities Approach*, Cambridge, London: The MIT Press, 2013.

Kowalski R. M. , Limber S. P. and Agatston P. W. , *Cyberbullying: Bullying in the Digital Age*, Chichester: Wiley and Blackwell, 2012.

Kress G. , *Literacy in the New Media Age*, London: Routledge, 2003.

Kuttan A. and Peters L. , *From Digital Divide to Digital Opportunity*, Lanham: Scarecrow Press, 2003.

Lievrouw L. A. and Farb S. E. , "Information and Equity", *Annual Review of Information Science and Technology*, No. 37, 2003.

Lin A. and Tong A. , "Mobile Cultures of Migrant Workers in Southern China: Informal Literacies in the Negotiation of Social Relations of the New Working Women", *Knowledge, Technology & Policy*, No. 21, 2008.

Lloyd A. , *Information Literacy Landscapes: Information Literacy in Education, Workplace and Everyday Contexts*, Oxford: Chandos Publishing, 2010.

Mack R. L. , *The Digital Divide: Standing at the Intersection of Race & Technology*, Durham: Carolina Academic Press, 2001.

Mansell R. , *The Information Society: Critical Concepts in Sociology (Vol. I: History and Perspectives)*, London: Routledge, 2009.

Martin H. , "Big Data for Development: From Information to Knowledge Societies", *Social Science Research*, 2013 (http://papers.ssrn.com/abstract=2205145).

Martin S. P. and Robinson J. P. , "The Income Digital Divide: An International Perspective", *IT & Society*, Vol. 1, No. 7, 2004.

Martin W. J. , *The Information Society*, London: Aslib, 1988.

May C. , *The Information Society: A Sceptical View*, Cambridge: Polity Press, 2002.

Mosco V. , *The Digital Sublime: Myth, Power, and Cyberspace*, Cambridge: The MIT Press, 2004.

Mossberger K. , Tolbert C. J. and Stansbury M. , *Virtual Inequality: Beyond the Digital Divide*, Washington D. C. : Georgetown University Press, 2003.

Murray J. , "Applying Big 6 Skills and Information Literacy Standards to Internet Research", *The Book Report*, No. 11/12, 2000.

Ngan R. and Ma S. , "The Relationship of Mobile Telephony to Job Mobility in China's Pearl River Delta", *Knowledge, Technology & Policy*, No. 21, 2008.

Norris P. , *Digital divide? Civic Engagement, Information Poverty & the Internet Worldwide*, New York: Cambridge University Press, 2001.

Nussbaum M. and Sen A. , *The Quality of Life*, Axford: Clarendon Press, 1993.

Ortiz J. A. , *The Perceived Impact of Municipal Wireless Brandboard Networks on the Digital Divide: A Tale of Five Cities*, University Park: The Pensylvania State University, 2008.

O'Harak and Stevens D. , *Inequality. com: Power, Poverty and Digital Divide*, Oxford: One World Publications, 2006.

Pettigrew K. F. , Field R. and Bruce H. , "Conceptual Framework in Information Behavior", *Annual Review of Information Science and Technology*, Vol. 35, 2001.

Ragnedda M. and Muschert G. W. , *The Digital Divide: The Internet and Social Inequality in International Perspective*, New York: Routledge, 2013.

Reneker M. , Jacobson A. and Splink A. , *Information Seeking Environment of a Military University*, The New Review of Information Behaviour Research, No. 2, 2001.

Robeyns I. , *Gender Inequality: A Capability Perspective*, Cambridge: Cambridge University Press, 2002.

Savolainen R. , "Spatial Factors as Contextual Qualifiers of Information Seeking", *Information Research*, Vol. 11, No. 4, 2006.

Savolainen, R. , "The Sense-Making Theory: Reviewing the Interests of a User-centered Approach to Information Seeking and Use", *Information Processing & Management*, Vol. 29, No. 1, 1993.

Schiller H. I. , *Information Inequality: The Deepening Social Crisis in America*, New York: Routledge, 1996.

SCONUL, *Information Skills in Higher Education: A SCONUL Position Pape* (http: //www. sconul. ac. uk/activities/inf_ lit/papers/Seven_ pillars. html) .

Sen A. , *Choice, Welfare and Measurement*, Oxford: Basil Blackwell, 1982.

Sen A. , "Capability and Well-Being", in: Nussbaum M and Sen A. , *The*

Quality of Life, Oxford: Clarendon Press, 1993.

Sen A., *Development as Freedom*, New York: Knopf, 1999.

Sen A., *Equality of What?*, Cambridge: Cambridge University Press, 1980.

Servon L. J., *Bridging the Digital Divide: Technology, Community and Public Policy*, Malden: Blackwell Publishing, 2002.

Shade L. R. A., "A Generated Perspective on Access to the Information Infrastructure", *The Information Society*, Vol. 14, No. 1, 1998.

Stanton J. M., Guzman I. R. and Stam K. R., *Information Nation: Education and Careers in the Emerging Information Professions*, Medford: Information Today, 2010.

Strauss A. L. and Corbin J., *Basics of Qualitative Research: Grounded Theory Procedures and Techniques*, Newbury Park, California: Sage Publications, 1990.

Strauss A. L., *Qualitative Analysis for Social Scientists*, Cambridge, UK: Cambridge University Press, 1987.

Sturgess P., "The Political Economy of Information", *International Information and Library Review*, Vol. 30, No. 3, 1998.

Sweetland J. H., "Information Poverty", *Database Magazine*, Vol. 16, No. 4, 1993.

Tester S., *Common Knowledge: A Conceptual Approach to Information-giving*, London: Center for policy of aging, 1992.

van Dick J. A. G. M. and Hacker K., "The Digital Divide as a Complex and Dynamic Phenomenon", *The Information Society*, Vol. 19, No. 4, 2003.

van Dijk J. A. G. M., *The Deepening Divide: Inequality in the Information Society*, Thousand Oaks: Sage, 2005.

van Dijk J. A. G. M., "A Theory of the Digital Divide", in: Ragnedda M. and Muschert G. W., *The Digital Divide: The Internet and Social Inequality in International Perspective*, New York: Routledge, 2013.

van Dijk, J. A. G. M., *Universal Service from the Perspective of Consumers and Citizens: Report to the Information Society Forum*, Brussels: European Commission/ISPO, 1997.

van Dijk, J. A. G. M., "Widening Information Gaps and Policies of Prevention", in: *Digital Democracy*, Thousand Oaks, CA: Sage, 2000.

Walsham G., "Development Informatics in a Changing World: Reflections from ICTD2010/2012", *Information Technologies & International Development*, Vol. 9, No. 1, 2013.

Warf B., "Segueways into Cyberspace: Multiple Geographies of the Digital Divide", *Environment and Planning B: Planning and Design*, Vol. 28, No. 1, 2001.

Warschauer M., *Technology and Social Inclusion: Rethinking the Digital Divide*, Cambridge: The MIT Press, 2003.

Webster F., *Culture and Politics in the Information Age: A New Politics?*, New York: Routledge, 2001.

Webster F., *Theories of the Information Society*, London: Routledge, 2006.

Wei K., Teo H., Chan H. C., et al., "Conceptualizing and Testing a Social Cognitive Model of the Digital Divide", *Information Systems Research*, Vol. 22, No. 1, 2011.

Welsh T. S. and Wright M. S., *Information Literacy in the Digital Age*, Oxford: Chandos Publishing, 2010.

Wessels B., "The Reproduction and Reconfiguration of Inequality: Differentiation and Class, Status and Power in the Dynamics of Digital Divides", in: Ragnedda M. and Muschert G. W., *The Digital Divide: The Internet and Social Inequality in International Perspective*, New York: Routledge, 2013.

Whitacre B. E., *Bridging the Rural-urban Digital Divide in Residential Internet Access*, Balckburg: Virginia Polytechnic Institute and State University, 2005.

Wilson R., Wallin J. S. and Reiser C., "Social Stratification and the Digital

Divide", *Social science Computer Review*, Vol. 21, No. 2, 2003.

Witte J. C. and Mannon S. E., *The Internet and Social Inequalities*, New York: Routledge, 2010.

Yang K., "A Preliminary Study on the Use of Mobile Phones amongst Migrant Workers in Beijing", *Knowledge, Technology & Policy*, Vol. 21, No. 2, 2008.

Yovits M. C. and Kleyle R. M., "The Avenue Decision Maker and Its Properties Utilizing the Generalized Information System Model", *Journal of American Society for Information Science*, Vol. 44, No. 6, 1993.

Yu Liangzhi, "Understanding Information Inequality: Making Sense of the Literature of the Information and Digital Divide", *Journal of Librarianship and Information Science*, Vol. 38, No. 4, 2006.

Yu Liangzhi, "Towards a Reconceptualization of the Information Worlds of Individuals", *Journal of Librarianship and Information Science*, Vol. 44, No. 1, 2012.

Zhang Pengyi, "Social Inclusion or Exclusion? When Weibo Meets the 'New Generation' Migrant Workers", *Library Trends*, Vol. 62, No. 1, 2013.

Zurkowski P. G., "The Information Service Environment: Relationship and Priorities", *National Commission on Libraries and Information Science*, No. 6, 1974.

附录 A 质性数据概况

质性数据概况

编号	性别	采访地	基本描述
BJ140213—1	男	北京朝阳区	河南淮阳人，司机，初中文化，在京务工10年，痴迷网游
BJ140213—2	男	北京朝阳区	河南西平人，司机，初中文化，当过保安，喜欢上网
BJ140213—3	女	北京朝阳区	河北深州人，餐厅领班，初中文化，时尚，对生活要求高
BJ140227—1	男	北京海淀区	河南西平人，建筑人，学历未知，不爱言谈，手机控
LN140623—1	男	沈阳沈河区	辽宁法库人，快递员，学历未知，开朗，装备先进
BJ140712—1	女	北京海淀区	籍贯不详，超市推销员，学历未知，健谈，敏感
BJ140912—1	男	北京昌平区	湖北孝感人，销售咨询，初中文化，反应快，关注金融信息
TJ140918—1	男	天津西青区	河南遂平人，送餐员，大专文化，有点自闭
GD140930—1	男	广州白云区	山东菏泽人，仓库保管，高中文化，为求职自学网络和Office
BJ141030—1	男	北京海淀区	山东菏泽人，快递员，学历未知，忙碌，没时间看新闻
BJ141030—2	男	北京海淀区	安徽阜阳人，快递员，学历未知，闲暇就抠手机玩
LN131006—1	男	沈阳沈河区	安徽界首人，装修工，学历未知，希望能像找个脑力活儿
HN140711—1	男	河南西平县	河南西平人，个体户，小学文化，学着在网上卖猪肉
HN140711—2	男	河南西平县	河南西平人，建筑工，小学文化，网恋成瘾
HN140713—1	女	河南西平县	河南西平人，初中文化，在家开网店，手机、电脑24小时开机
HN140713—2	男	河南西平县	河南西平人，"黑车"司机，学历未知，手机就是打电话的

续表

编号	性别	采访地	基本描述
JL140927—1	男	K1548 列车	山东曹县人，空调装机，学历未知，天天玩手机有啥意思
JL140927—2	男	K1548 列车	辽宁沈阳人，修路工，学历未知，经常野外作业，手机解闷
JL140927—3	男	K1548 列车	河北衡水人，装潢，学历未知，想学点新技术又怕花钱
LN131226—1	女	沈阳浑南区	辽宁沈阳人，IT员工，本科，特别想离开网络，清静几天
LN140103—1	女	沈阳和平区	吉林通化人，个体户，学历未知，有点怀念读书看报的生活
BJ130715	—	北京东城区	某机关内部信息传递过程，不同角色表现
BJ130718	—	北京东城区	某机关内部信息传递过程，不同角色表现
BJ130820	—	北京东城区	某机关内部信息技能培训，不同个体接受差异
BJ131107	—	北京朝阳区	某机关组织参观信息化展览
LN131212	女	沈阳皇姑区	辽宁沈阳人，图书馆员，硕士，离不开网络，自我感觉不错
JX140810—1	男	Z134 列车	籍贯不详，乘务员，对IT很感兴趣，特别是APP
JX140810—2	女	Z134 列车	山西晋城人，大学辅导员，工作信息化是必然
HB141018—1	女	武汉天河区	籍贯不详，机关人员，信息化影响每个人的生活状态
LN121001—1	女	抚顺望花区	籍贯不详，游客，不会上网也不想上网
BJ130720	—	北京朝阳区	某地下出租屋租客信息行为参与观察
BJ130721	—	北京朝阳区	某地下出租屋租客信息行为参与观察
BJ130722	—	北京朝阳区	某地下出租屋租客信息行为参与观察
BJ130723	—	北京朝阳区	某地下出租屋租客信息行为参与观察
LN130801	—	沈阳浑南区	软件园附近IT员工群租调研
BJ130804	—	北京西城区	某外地务工人员聚居区生活体验
BJ130812	—	北京西城区	某外地务工人员聚居区生活体验
BJ120918—1	女	北京海淀区	籍贯不详，卖小吃，学历不详，工作不体面，为了生活没办法
BJ120918—2	男	4471 列车	河北承德人，列车员，学历不详，发展太快，跟不上潮流
BJ120918—3	男	4471 列车	籍贯不详，乘客，学历不详，担心自己得了"网络综合症"
HB120626	—	武汉武昌区	武汉大学图书情报档案管理暑期学校观察记录

续表

编号	性别	采访地	基本描述
BJ120720	—	北京朝阳区	朝阳区图书馆社群信息学暑期实践采访
HB121026	—	武汉洪山区	华中师范大学博士生论坛观察及访谈
BJ130623	—	北京海淀区	电子政务高峰论坛会场观察记录
JS130921	—	南京鼓楼区	南京大学博士生论坛观察及访谈
TJ140707	—	天津南开区	南开大学海峡两岸图书资讯学术研讨会观察及访谈
BJ140712	—	北京海淀区	北京大学LIS前沿国际研讨会观察及访谈
BJ141101	—	北京海淀区	科技传播与互联网社会会场不同角色观察记录

附录 B 深度访谈大纲

一 介绍环节（10 分钟）

问候和介绍访谈的目的

规则说明：话题和保密承诺

二 讨论环节（60 分钟）

（一）"信息能力的表现"主题讨论（20 分钟）

是否使用过电脑、互联网或手机等设备；

描述说明您最近几次使用这些数字化设备用来做什么；

使用的效果如何；

您需要获取某方面信息时，通常是直接询问别人，还是依赖于上网查找；

是否有过帮助别人获取信息的经历；如有，简要描述该过程；

是否有过接受别人帮助获取信息的经历；如有，简要描述该过程；

（二）"信息分化的原因"主题讨论（25 分钟）

能够或者未能有效获取所需信息的原因；

能够或者未能使用相关设备的原因；

是否认为自己的受教育程度对获取和利用信息有影响；

是否认为基础设施对获取和利用信息有影响；

举例说明影响信息获取和利用的因素还包括哪些方面；

(三)"信息能力改善"主题讨论(15分钟)

您所期望的信息能力是什么状态;

举例说明,在改善信息能力方面自己有过哪些行动;

您认为哪些社会主体(如政府、运营商、所在工作单位、公益组织等)有责任推动您的信息能力改善;您最需要他们做什么。

三 结束环节(5分钟)

关于这个话题,是否还有需要补充说明的内容;

保持联系并请有意者推荐更多联系信息。

附录 C 调查问卷

问卷编号：□□—□□□□□□□□

个体信息能力调查问卷

尊敬的朋友：

您好！感谢您在百忙之中参与本次调研活动。

本问卷调查旨在通过对样本群体成员的调查，采集获取个体信息能力的有关数据，为开展相关学术研究提供科学的资料支撑，并预期为相关政策建议提供参考依据。

本次调研的全部问题答案无对错之分，请您依据真实情况作出选择或者回答。您所提供的信息将与其他受访人员的信息汇总在一起用于科学研究和政策分析。在未获得您许可的前提下，本调查会对您所提供的全部信息绝对保密，您所提供的信息或案例不会以任何可以辨别出您个人身份的形式出现在任何研究成果之中，并且承诺不会非法授权给任何其他个人或组织用于非学术研究目的。本问卷中，标注"可多选"的题目可以选择 1 个或多个选项，其他题目只能选择 1 个选项，如果没有您认为最符合真实情况的选项，请选择与之最接近的选项。

再次向您的配合表示最诚挚的感谢！

联系人：樊振佳
2014 年 9 月

A. 基本信息活动

A1 您平时获取信息的主要途径包括？（可多选）

□报纸、广播、电视等传统媒介

□互联网或移动互联网

□公共场合显示屏

□其他途径（请填写）_____

A2 您对以下哪些设备/设施有过使用经历？（可多选）

□公共报栏　　　　　　　　□收音机

□电视机　　　　　　　　　□手机

□个人电脑（台式机或笔记本）

□iPad 等平板电脑　　　　　□公共信息自助设备

□其他设备（请填写）_____

A3 您现在拥有以下哪些数字化设备？（可多选）

□手机　　　　　　　　　　□个人电脑

□iPad 等平板电脑　　　　　□可穿戴数字设备（如计步器等）

□其他设备（请填写）_____

A4 您平时主要在哪些场合使用数字化设备？（可多选）

□休息日在家使用

□上下班路上或差旅途中（如公交、地铁、火车等）

□工作单位

□网吧或图书馆等有公共数字设备的场所

□其他场合（请注明）_____

A5 距离您第一次使用互联网已经有

□1 年以下　　　□1 年至 2 年以下　　□2 年至 3 年以下

□3 年至 5 年以下　□5 年及以上

A6 距离您第一次使用手机已经有

□1 年以下　　　□1 年至 2 年以下　　□2 年至 3 年以下

□3 年至 5 年以下　□5 年及以上

A7 距离您第一次使用手机上网已经有

□1 年以下　　　□1 年至 2 年以下　　□2 年至 3 年以下

□3 年至 5 年以下　□5 年及以上

A8 近 6 个月来，您每天大约多长时间用于使用电脑、手机或其他信息设备？

□2 小时以内　　　　　□2 小时至 4 小时内

□4 小时至 6 小时内　　□6 小时至 8 小时内

□8 小时及以上

A9 您使用设备主要进行哪些活动？（可多选）

□打电话或发短信

□浏览时事新闻、娱乐信息等

□通过 QQ、微信等工具与家人和朋友聊天

□玩游戏

□看小说或其他文学作品

□听音乐、看视频

□查询天气、交通等信息

□网上缴费/普通购物/团购/抢购

□预订车票/机票/住宿/美食

□关注股票或基金

□处理工作任务

□学习专业知识

□使用社交网站发布状态、发微博、写博客或论坛发帖

□其他（请填写）_____

B. 信息能力培养

B1 您在使用相关设备和技术时曾经遇到过困难吗？

□遇到过（请继续回答第 B2 题）

□没有遇到过（请直接跳到第 B3 题）

B2 当您遇到困难时，最常用的解决方式是？

□自己摸索尝试

□求助于家庭成员

□求助于同事/同学/朋友

□求助于设备或技术的客服人员

□放弃使用

□其他方式（请填写）_____

B3 您是否参与过相关设备或技术的培训或说明活动？

□经常参加　　　　　□偶尔参加　　　　　□未参与过

如果您选择的是"经常参加"或"偶尔参加"，请继续回答第 B4—B5 题，否则请直接跳过这两个问题。

B4 您曾经参加过哪些机构或个人开展过相关培训或说明活动？（可多选）

□所在工作单位　　□所在社区　　　　□当地图书馆

□志愿者组织　　　□设备厂商　　　　□群众自发组织

□其他（请填写）_____

B5 您参加过的培训活动主要内容包括？（可多选）

□计算机网络使用培训　　　□设备操作说明

□专门软件的使用　　　　　□其他（请填写）_____

B6 您认为除了自身条件之外，下列哪些因素影响您对设备和技术的利用？（可多选）

□基础设施配备不全（如基站不够、网络带宽不足等）

□相关客户服务不到位

□设备和服务的使用方法难以掌握，培训不足

□信息太多，找不到想要的有用信息

□其他（请填写）_____

B7 近一年来，您每月平均在上网、通信支出（包括话费、流量费等）是？

□20 元及以下　　□21—50 元　　　□51—80 元

□81—100 元　　　□101—150 元　　□150 元以上

B8 过去一年，您在购买、维修各种信息和通讯设备（如台式电脑、

笔记本电脑、手机、iPad、固定电话等）及配件的总费用是多少？

　　□1000 元及以下　　□1001—2000 元　　□2001—3000 元
　　□3001—4000 元　　□4001—5000 元　　□5000 元以上

B9 您是什么时间离开学校的（距离现在最近的一个阶段在校学习经历，毕业或中止学业）？

　　□1 年以内　　　　□1 年至 3 年以内　　□3 年至 5 年内
　　□5 年至 7 年内　　□7 年至 9 年内　　　□10 年及以上

B10 您现在还会自学一些知识吗？

　　□有计划的经常自学　□无计划的经常自学　□偶尔自学
　　□不自学

B11 如果会，主要通过什么方式自学（自己看书、上网、参加培训班或辅导班、旁听课程）？

　　□自己看书　　　　□向人请教　　　　□上网查找
　　□参加培训　　　　□其他_____

B12 您住的地方或工作地方附近有网吧吗？您去过吗？

　　□有并且去过　　　□有但没去过　　　□没有
　　□不清楚

B13 您住的地方或工作地方附近有图书馆吗？您去过吗？

　　□有并且去过　　　□有但没去过　　　□没有
　　□不清楚

C. 信息能力主观认知

请您根据您的理解对以下每个陈述句问题进行判断，并在问题后面的相应数字（包括 1、2、3、4、5、6、7，其中 1 表示强烈不同意，7 表示强烈同意，从 1 到 7 表示同意程度逐级递增）处进行选择。您的回答反映您的判断，不存在正确或错误。请不要遗漏任何一个问题，如果您感觉对某个问题难以做出完全准确的判断，请提供尽可能接近的判断。

附录 C 调查问卷

	我对热点信息很敏感	□1	□2	□3	□4	□5	□6	□7
	我对出现的新信息很敏感	□1	□2	□3	□4	□5	□6	□7
	我对我关注的信息很敏感	□1	□2	□3	□4	□5	□6	□7
	我知道哪些信息对我是有用的	□1	□2	□3	□4	□5	□6	□7
	我有很多的信息设备可供选择	□1	□2	□3	□4	□5	□6	□7
	只要我喜欢，哪怕节衣缩食我也会买昂贵的手机等信息设备	□1	□2	□3	□4	□5	□6	□7
	我的信息行为会受到别人信息行为的影响	□1	□2	□3	□4	□5	□6	□7
	我现在的生活离不开智能手机	□1	□2	□3	□4	□5	□6	□7
	智能手机的功能大部分其实都是没用的	□1	□2	□3	□4	□5	□6	□7
	我可以方便接入网络	□1	□2	□3	□4	□5	□6	□7
	我可以快速获取丰富的信息	□1	□2	□3	□4	□5	□6	□7
	我能及时了解到与我相关的政策和法律信息	□1	□2	□3	□4	□5	□6	□7
	我能掌握我的工作情况的信息	□1	□2	□3	□4	□5	□6	□7
	我会通过网络缴费或购买东西	□1	□2	□3	□4	□5	□6	□7
	我会通过网络参与社会事务	□1	□2	□3	□4	□5	□6	□7
	我可以快速甄别有用的信息	□1	□2	□3	□4	□5	□6	□7
	我可以很好地理解我获取的信息	□1	□2	□3	□4	□5	□6	□7
	学习某些信息设备或相关功能的操作技能对我来说很困难	□1	□2	□3	□4	□5	□6	□7
	我可以清晰表达信息	□1	□2	□3	□4	□5	□6	□7
	我可以自由发布信息	□1	□2	□3	□4	□5	□6	□7
	我在信息活动中遇到困难时可以获得有效帮助	□1	□2	□3	□4	□5	□6	□7
	我经常为信息活动中遇到困难的人提供帮助	□1	□2	□3	□4	□5	□6	□7
	即使没有人帮助，我也能及时获得有效的信息	□1	□2	□3	□4	□5	□6	□7
	我周围的人经常为我提供有效的信息	□1	□2	□3	□4	□5	□6	□7
	我经常为周围的人提供有效的信息	□1	□2	□3	□4	□5	□6	□7
	我会克制不良的信息行为	□1	□2	□3	□4	□5	□6	□7
	我获取的信息对我都很有用	□1	□2	□3	□4	□5	□6	□7
	我从信息活动中获取效用	□1	□2	□3	□4	□5	□6	□7

续表

	我的工作学习生活会因为信息活动受益	□1	□2	□3	□4	□5	□6	□7
	我因为找不到有用的信息而苦恼	□1	□2	□3	□4	□5	□6	□7
	我因为要处理的信息太多而焦虑	□1	□2	□3	□4	□5	□6	□7
	我很依赖某一类媒体或渠道的信息	□1	□2	□3	□4	□5	□6	□7
	我会长时间痴迷于浏览某一类信息	□1	□2	□3	□4	□5	□6	□7
	我获得的大部分信息是没用的	□1	□2	□3	□4	□5	□6	□7
	我因为自身生理原因无法获取足够的信息	□1	□2	□3	□4	□5	□6	□7
	我因为自身知识结构原因无法理解获得的信息	□1	□2	□3	□4	□5	□6	□7
	我因为技术的原因无法获取有效的信息	□1	□2	□3	□4	□5	□6	□7
	我因为法律制度的原因无法获得所需的信息	□1	□2	□3	□4	□5	□6	□7
	与使用手机等数字化设备相比，我更喜欢阅读报纸、图书等传统媒介	□1	□2	□3	□4	□5	□6	□7
	与上网查找信息相比，我更喜欢通过打听获得有关信息	□1	□2	□3	□4	□5	□6	□7
	与通过网上发布信息相比，我更倾向于直接表达或者通过人际关系表达诉求	□1	□2	□3	□4	□5	□6	□7
	我能够区分出哪些是虚假信息哪些是真实信息	□1	□2	□3	□4	□5	□6	□7
	我知道哪些信息有用哪些信息没用	□1	□2	□3	□4	□5	□6	□7
	我每天有充足的时间来获取或发布信息	□1	□2	□3	□4	□5	□6	□7
	我经常主动查找信息	□1	□2	□3	□4	□5	□6	□7
	我总是浏览手机推送的信息	□1	□2	□3	□4	□5	□6	□7
	与经常相处的周围人群相比，我有较高的信息技能	□1	□2	□3	□4	□5	□6	□7
	整体而言，我具有很强的信息能力	□1	□2	□3	□4	□5	□6	□7
	我的信息能力与我的信息需求相匹配	□1	□2	□3	□4	□5	□6	□7

D. 受访者基本信息

D1 您的性别：□男　　□女

D2 您是哪一年出生的？_____年

D3 您的最高学历处于哪个阶段？

☐没上过学　　　　　☐小学　　　　　　☐初中

☐高中/中专/技校　　☐大专　　　　　　☐本科及以上

D4 您在现在的单位工作多长时间了？

☐6 个月以下　　　☐6 个月以上 1 年以下　　☐1 年至 3 年以下

☐3 年至 5 年以下　☐5 年及以上

D5 您现在这份工作在工作日平均每天工作多少小时？

☐少于 8 小时　　　　　　　☐8 小时

☐8 小时以上 10 小时以下　　☐10 小时及以上

D6 您目前这份工作属于以下哪个行业？

☐建筑业　　　　　☐制造业　　　　　☐金融业

☐餐饮业　　　　　☐个体户

☐物流仓储业（如搬运、快递）

☐物业与家政服务（如保安、保洁、保姆等）

☐其他（请填写）_____

D7 您目前的个人月收入处于以下哪个区段？

☐1500 元以下　　☐1501—3000 元　　☐3001—4000 元

☐4001—5000 元　☐5001—6000 元　　☐6000 元以上

D8 您目前工作所在的地点是：

☐直辖市　　　　　　☐省会/副省级城市　　☐普通地级市

☐县级市或县城所在地　　　　　　　　　　☐乡镇

☐境外（含港澳台）

D9 您之前外出务工期间工作过时间最长的地点在哪儿？

☐直辖市　　　　　　☐省会/副省级城市　　☐普通地级市

☐县级市或县城所在地　　　　　　　　　　☐乡镇

☐境外（含港澳台）

☐之前没有过外出务工经历

D10 您的婚姻状况是哪类？

☐未婚　　　　　　☐已婚　　　　　　☐离异

□丧偶
D11 您的未来打算是？
□回乡务农　　　　　□所在城市定居　　　　□其他城市定居
□没想好

　　本次问卷到此结束，再次感谢您的支持和配合！如果您愿意持续关注进展或进一步参与相关调研活动，请随时与我取得联系！真诚欢迎您的参与！

附录 D 问卷设计及回收补充信息

问卷编号规则：发放区域代码（2位）—回收年月日 YYMMDD 流水号 NN

本书采用的行政区划、数字代码和拼音简码对照及各地发放回收问卷情况见表 D.1，问卷剔除情况见表 D.2。

表 D.1　　　　　　　　问卷发放地域及代码

省级区划	数码	拼码	回收	有效	省级区划	数码	拼码	回收	有效
北京	11	BJ	100	87	湖南	43	HN	3	2
天津	12	TJ	14	9	广东	44	GD	73	64
河北	13	HE	9	7	广西	45	GX	13	9
山西	14	SX	1	0	海南	46	HI	5	4
内蒙古	15	NM	2	2	重庆	50	CQ	1	1
辽宁	21	LN	15	10	四川	51	SC	12	12
吉林	22	JL	0	0	贵州	52	GZ	1	1
黑龙江	23	HL	1	1	云南	53	YN	0	0
上海	31	SH	76	67	西藏	54	XZ	0	0
江苏	32	JS	16	14	陕西	61	SN	0	0
浙江	33	ZJ	17	13	甘肃	62	GS	2	2
安徽	34	AH	0	0	青海	63	QH	0	0
福建	35	FJ	12	11	宁夏	64	NX	3	3
江西	36	JX	3	3	新疆	65	XJ	3	3
山东	37	SD	15	12	台湾	71	TW	0	0
河南	41	HA	51	45	香港	81	HK	0	0
湖北	42	HB	8	7	澳门	82	MO	0	0

表 D.2　　　　　　　　　　　　　问卷剔除情况

原始编号	批次	空答	单一	逻辑	测试	卷面	雷同	其他
BJ—14112001	1	√						
BJ—14112301	2		√					
BJ—14112302	2		√					
BJ—14112303	2		√					
BJ—14112501	2				√			
BJ—14112802	1			√				
BJ—14112804	1			√				
BJ—14112810	1	√						
BJ—14112811	1	√						
BJ—14112813	1	√						
BJ—14112814	1		√					
BJ—14112815	1		√					
BJ—14113001	2			√				
FJ—14112301	2		√					
GD—14111801	1			√				
GD—14111802	1			√			√	
GD—14112301	2		√					
GD—14112302	2		√					
GD—14112303	2		√					
GD—14112304	2		√					
GD—14112305	2		√					
GD—14112501	2			√				
GD—14112705	1	√						
GX—14112301	2		√					
GX—14112302	2		√					√
GX—14112303	2		√					
GX—14112304	2		√					
HA—14111603	1	√						
HA—14111702	1			√				
HA—14111710	1	√						
HA—14111712	1	√						
HA—14112301	2		√					
HA—14112401	2							√
HB—14112301	2		√					

附录D 问卷设计及回收补充信息

续表

原始编号	批次	空答	单一	逻辑	测试	卷面	雷同	其他
HE—14112301	2				√			
HE—14112402	2		√		√			
HI—14112401	2		√			√		
HN—14112301	2		√					
JS—14112301	2				√			
JS—14112302	2		√					
LN—14111102	1	√	√					
LN—14111103	1			√				
LN—14112301	2		√					
LN—14112302	2		√					
LN—14112303	2		√					
SD—14112301	2				√			
SD—14112302	2		√					
SD—14112303	2		√					
SH—14112006	1	√		√				
SH—14112008	1			√				
SH—14112301	2		√					
SH—14112302	1		√				√	
SH—14112304	2		√					
SH—14112305	1		√	√				
SH—14112305	1		√	√				
SH—14112310	1			√				
SH—14112401	2			√				
SX—14112401	2		√					
TJ—14112301	2		√					
TJ—14112509	1			√				
TJ—14112510	1			√				
TJ—14112513	1		√				√	
TJ—14112514	1		√				√	
ZJ—14112301	2		√					
ZJ—14112302	2		√					
ZJ—14112401	2		√					
ZJ—14112501	2		√	√				

后　　记

这部书稿是基于我 2015 年的博士论文修改完成的。所以，这篇后记，也是一声迟到了五年的致谢。

整部书稿，也许只有在这个部分才能使内心深处的情感以散文的笔触得以表达。不知从什么时候开始，我内心中逐渐升起一种隐忧，开始担心自己的青春逝去得太快。青春，是难得的资源，与信息资源相比，是更加宝贵的不可再生资源，逝去了也就永远不可能再找回来了。我希望有机会梳理那些逝去的青春，并把其中值得永久保存的东西珍藏起来。此时，是这样的机会。

2011 年 8 月 28 日到 2015 年 7 月 12 日，这是我以博士研究生身份在北京大学度过的时光，也是一个追梦的过程。曾记得，当年满怀着对北大神话般的憧憬迈进燕园。几年过去，激情逐渐褪去，"北大是这样"的梦呓般自语却实实在在留在了心头。我想，这也许正是我成长与进步的过程！只有亲身经历，才会褪去迷信的狂热，以更加理性和冷静的态度去审视和感恩眼前的一切，无论是自己的母校，还是身处的时代和社会。

这期间，在赖茂生教授指导下完成培养计划，跟同学们一起上课聆听老师教诲，和课题组成员们一起讨论研究问题，与兄弟院校同侪在学术会议上畅所欲言地交流，向学界和业界领域前辈请教前沿进展……除了这些，也有孤独地行走在未名湖畔考虑一些不着边际的人生问题，还有埋头在图书馆却依然对学术问题感到茫然与彷徨，有时甚至还会陷入短暂的自我怀疑，等等。无论是上述哪种状态，我很庆幸始终没有放弃对这个梦的追求。

以新生代农民工信息能力作为研究主题，一方面归结于从本科、硕士阶段逐渐形成的对信息社会问题的研究兴趣，对公共图书馆问题、公共信息资源分配、数字包容等问题的关注使得该选题成为顺理成章的选择；另一方面则是我内心深处的乡土情结在发挥作用，儿时在农村的成长经历，让我对乡土和农民有特殊的情感。为了改变个人和家庭的生存境遇，我的父辈和儿时的玩伴很多人都踏上进城务工的道路并长期在城市打拼，我深知其中的艰辛，他们都是可亲可敬的人。他们为社会发展做出了积极的贡献，他们也应该享受到应得的社会福利（包括信息福利），他们所享受福利的增长过程也是社会发展和进步的表现。我，和他们一样，都是从农村走出来的寻梦人。

在本书付梓之际，我要特别向我的博士生导师赖茂生教授致谢！从2007年12月我与赖老师第一次见面至今，多年来的交往，我已经将赖老师当作了自己家里的一位长辈，在多次一起上课、出差、开会、观看演出……很多场合无话不谈，以至于对赖老师多年来在学习、科研和生活方面给予的帮助很少言谢，在此向导师诚挚地道一声感谢！

向北京大学信息管理系和南开大学商学院信息资源管理系的各位教师致谢，与很多老师亦师亦友的关系，让我非常享受每一个阶段的求学历程。同时，向国防科技信息中心霍忠文、中国科学院文献情报中心冷伏海、中国人民大学周晓英、北京师范大学耿骞、中国社会科学院梁俊兰等老师，还有多年来一直给予我无私帮助的闫慧、屈宝强、刘冰、王琳、姚乐、赵康等学长学姐们的支持表示诚挚的感谢！向伴我度过北大时光的好友李彦篁、张丽丽、黄开木、郭鹏、罗戎、刘凌、孙璐、赵需要、韩秋明、程煜华、周亚、谢丽娜、何芳、李璐、刘永君等同学致谢！同样诚挚的感谢送给调研过程中给予我无私帮助的新生代农民工朋友们。

最少言谢的往往是自己的家人，母亲多年来替我分担了照顾孩子的绝大部分责任；我父亲孤身一人留在河南老家打工，作为儿子，我亏欠他们的太多；妻子默默忍受不少的离别，默默为家庭付出，还要时常与我分担我学习和工作中遇到的困难。儿子虽然年幼，但从他的眼神中也能体会到他对父亲在身边的渴盼。岳父岳母身体一直不好，对我不能在身边照顾依然毫无怨言，这些我都记在心底。

特别向中国社会科学出版社刘艳女士鸣谢，从选题申报到最后书稿校对的整个过程都离不开她的倾力支持。特别是新冠疫情肆虐期间，刘艳女士和她的同事仍然以强烈的责任心和饱满的工作热情保证了出版进度，在此向她们致以最诚挚的感谢！特别向南开大学科研管理相关部门和我所在学院系所相关领导及同事给予的支持和帮助表示真诚的谢意！

最后，谨以此记致我已经逝去的和仍然攥在手中的青春。

樊振佳
2020 年 4 月 22 日
于印第安纳大学布卢明顿分校